本书系国家社科基金项目“《德意志意识形态》的政治经济学批判逻辑及其当代价值研究”（22BKS004）的阶段性成果

Generalized
Marxism

张永庆 著

广义马克思主义论

——《德意志意识形态》中的马克思主义理论体系研究

首都师范大学出版社
CAPITAL NORMAL UNIVERSITY PRESS

图书在版编目(CIP)数据

广义马克思主义论:《德意志意识形态》中的马克思主义理论体系研究/张永庆著.—北京:首都师范大学出版社,2023.6(2024.4重印)

ISBN 978-7-5656-7576-8

Ⅰ.①广… Ⅱ.①张… Ⅲ.①马克思主义理论—研究 Ⅳ.①A81

中国国家版本馆CIP数据核字(2023)第093017号

GUANGYI MAKESI ZHUYI LUN

广义马克思主义论

——《德意志意识形态》中的马克思主义理论体系研究

张永庆 著

责任编辑 钱 浩

首都师范大学出版社出版发行

地 址 北京西三环北路105号

邮 编 100048

电 话 68418523(总编室) 68982468(发行部)

网 址 http://cnupn.cnu.edu.cn

印 刷 北京印刷集团有限责任公司

经 销 全国新华书店

版 次 2023年6月第1版

印 次 2024年4月第2次印刷

开 本 710mm×1000mm 1/16

印 张 15.75

字 数 250千

定 价 48.00元

前　　言

众所周知，《德意志意识形态》(以下简称《形态》)在马克思主义发展史上占有重要的地位。但是，当审视《形态》何以据有重要地位时，一方面，大多数人认识到《形态》系统阐发了历史唯物主义和共产主义理论；另一方面，缺少对这种历史唯物主义和共产主义理论的系统把握。症结产生的主要原因在于，如何理解《形态》阐发的马克思主义理论体系及其在马克思主义思想史上的地位，是个有待深入探讨的问题。本书的一个主要目标，是在梳理学界已有《形态》研究成果的基础上，探索不同于既有的《形态》历史唯物主义和共产主义解读方式，着力分析《形态》开阔的理论视野，阐释《形态》中的马克思主义理论体系建构特点。对于《形态》中的马克思主义理论体系，本书侧重分析被人们长期忽视的交往逻辑。以深入解析马克思交往理论为突破口，对《形态》的马克思主义意识形态批判理论、新哲学观、科学历史观、政治经济学批判思想和共产主义理论之间相互关系做新解读，以期在广义的马克思主义理论体系视野下深化《形态》理论内容、历史地位和当代价值的认识。

《形态》表达的理论体系，体现在它阐述的核心观点和由之建构的全部理论体系。这里，首先要明确《形态》提出了什么核心观点。可以说，自《形态》问世以来，人们对《形态》中的核心理论进行研究，积累了丰硕的学术成果，现列举代表性主张如下：

第一，实践的唯物主义理论。持实践的唯物主义观点的人认为，《形态》的核心观点是接续《关于费尔巴哈的提纲》所论述的、具有世界观意义的实践观而来的。《形态》进一步探讨了实践理论，明确提出：共产主义就是“实践的唯物主义”。沿着实践唯物主义的叙述思路，《形态》之中的生产力、生产关系、交往关系、生产方式、感性及感性世界、分工、所有制、国家、意识形态批判、共同体等理论，被视为实践理论的派生思想，换言之，实践成为一个本体论范畴。以实践为本体论，马克思主义思想体系就合乎逻辑地表达为：实践第一的新世界观哲学、突出生产力和生产方式观点的历史唯物主义、研究资本主义生产方式的政治经济学和追求个性自由全面发展的共产主义。

第二，感性世界理论。持这种观点的人将马克思主义归结于关于感性世界的理论，首先是一种哲学观点，它强调相较于全部旧哲学，马克思主义反对“唯灵论”。“唯灵论”是所有唯心主义的最终结论，因为唯心主义推崇的世界是基于人的抽象精神能动性的世界，感性世界处于被贬抑、被否定的地位。此外，旧唯物主义没有能力对抗唯心主义，并且在理论前提上同样接受了主客二分的错误预设，这为它堕入“唯灵论”埋下伏笔。在这个意义上，旧唯物主义和唯心主义一样，都是“超感性世界”的意识形态。基于哲学史的问题梳理，可以把《形态》看作批判青年黑格尔派唯心主义和费尔巴哈人本学唯物主义的新哲学，其理论形式就是马克思的感性世界理论。《形态》以感性世界理论为中轴，全面批判了德意志意识形态，揭示了意识形态的唯心主义实质，阐述了历史的发展规律，展望了共产主义社会。

第三，日常生活理论。有人援引晚期胡塞尔生活世界理论和舍勒日常生活理论的思想史资源，在日常生活理论角度解释《形态》中的核心观点和相应的理论体系。在持这种观点的人看来，《形态》表达的是一种面向人们日常生活的主体际理论。关于人们的“共在”论述，是贯通《形态》的思想主线，它赋予现实的个人、生产力、共同体等范畴主体际含义，进而，确立一个完整的主体际逻辑的马克思主义理论体系。从逻辑起点上的“一些现实的个人”到“共同活动”的生产力；从“虚假的共同体”批判再到“真实的共同体”的科学预见，主体际的日常生活一直处在理解现实世界的始源性关系地位。

第四，意识形态批判理论。持此种观点的人认为，《形态》的核心理论及其理论体系，是在超越认识论范式之际，以意识形态批判理论面孔出场的。马克思正是围绕意识形态批判理论阐发了他的科学社会历史观和共产主义观点。相比较而言，以往的认识论哲学范式，都没有认真研究哲学和人类认识活动的实践基础以及广泛的社会条件，所以，不可能科学地认识现实。作为克服认识论范式哲学的新哲学，它是“真正的实证科学”，是时刻跟随现实的历史运动的科学认识，从而也就是具体的、历史的辩证法。

第五，市民社会理论。在一些人看来，历史唯物主义的真正确立在于生产关系范畴明晰化。持市民社会理论为《形态》核心观点的人认为，当以生产关系理论为视角看《形态》的理论脉络，市民社会概念就是《形态》所论全部理论的核心。这里，市民社会有两种含义，一是覆盖整个人类历史的一般生产关系，二是专指资产阶级社会的生产关系。马克思由市民社会出发，侧重论述了社会存在和社会意识、生产方式、共同体、分工、所有制、国家等一系列社会历史观问题，并运用新确立的，以市民社会理论为核心内容的历史观，初步探讨了资产阶级社会的生产关系及其决定的上层建筑。

第六，社会形态理论。在持社会形态理论说的人看来，《形态》核心的观点是社会形态理论。以社会形态理论为统领，马克思探讨了生产力、生产方式、国家、世界历史在人类社会发展中的地位和作用。《形态》基于社会形态理论的科学论说，把此前的实践观点推向新的理论高度，洞悉社会发展的总体运动，并且，还为此后的政治经济学批判、科学社会主义的论证提供了历史观前提。

第七，共产主义理论。持这种观点的人认为，马克思之所以写作《形态》，其初衷在于服务于共产主义革命实践。当时，无论是哲学上的费尔巴哈式的共产主义理论，还是实践中存在的“真正的社会主义”，都妨害了现实的共产主义革命。为了反驳冒牌的共产主义理论，为共产主义革命提供科学指引，马克思决心从理论上廓清笼罩在共产主义上的错误认识。从这一根本目的考虑，意识形态批判和历史观的论说就成为十分必要的理论工作。正如我们可以用科学社会主义指称马克思主义全部理论一样，《形态》当中阐发的全部理论皆可以视为共产主义理论体系的构成内容。

第八，世界历史理论。有人认为，《形态》阐发的历史唯物主义是一种有别于黑格尔的世界历史理论，也就是说，马克思的世界历史理论是其历史观的个性化表达。持这种观点的人认为，从单个民族国家、单个文明的发展看，无法验证马克思的社会历史规律认识，只有在“历史转变为世界历史”的意义上，才能证成马克思关于人类历史发展提出的规律性认识。比如，人们熟知的马克思社会发展五形态理论，尽管它具备理论上的普遍性，但是就任何民族国家和文明来讲，确实难以在经验事实方面得到直接的证明。由此，我们讨论历史唯物主义的理论观点，都应当放在马克思世界历史理论中来理解。

上述学界研究成果，一方面，构成了《形态》当中马克思主义理论研究的构成环节、要素，各有其价值；另一方面，每一个观点也存在形形色色的争议，对于以实践唯物主义称呼马克思主义哲学是否合适，感性世界的理解能否凸显马克思哲学本质，市民社会理论是否有独立价值，马克思是否提出一个自己的世界历史理论等等，尚存在不同的看法。就推进《形态》的马克思主义理论研究来说，首先要积极吸收以往研究的有价值成果，同时，更重要的是如何在有争论议题上开展新的研究。梳理和分析既有研究中的种种观点交锋，抛去因各自理解角度不同而产生的一系列分歧不谈，我认为，从总体上看，许多争论产生的根本原因在于没有理解《形态》阐述的马克思主义理论体系，片面理解和强调某方面的观点及其论述，以至于知性化对待马克思使用的概念和提出的命题。脱离《形态》中的马克思主义理论体系，很难做到深入理解阅读的文献，出现直观化、碎片化以及望文生义的主观化解释自然不足为怪。

准确把握《形态》当中的马克思主义理论体系，以此合乎实际地评价已有研究成就，克服脱离文本语境的直观化、碎片化、主观化解读，已经成为推动《形态》研究的一项重要课题。

对于《形态》中的马克思主义理论体系，学界已有下述四种代表性观点：

第一种观点认为，《形态》所阐发的马克思主义是历史唯物主义和共产主义。无论是1960年出版的《马克思恩格斯全集》第三卷，还是此后出版的《马克思恩格斯选集》(1972年版、1995年版、2012年版)，以及《马克思恩格斯文集》(2009年版)，它们对《形态》作介绍或注释之时，皆持此种看法。这种观点，一方面立足《形态》的重要论述展开分析，有客观的文献依据；另一方面，抓住了《形态》与后来马克思主义经典著作的思想一致性，具有一定的合理性。相当长时间内，学界赞成这一观点的人较多。他们据此解释《形态》所包含的历史唯物主义和共产主义思想。大致说来，有社会存在和社会意识辩证关系理论、生产方式理论、社会形态理论、意识形态理论、阶级理论、分工理论、人的发展理论和共产主义革命理论等等。同时，他们对历史唯物主义体系内各种观点，以及历史唯物主义与共产主义两个理论之间的关系，也做出了辨析和阐释，指出了这些观点之间存在的逻辑联系。这种观点最大的问题在于，基本上用1859年《〈政治经济学批判〉序言》的理论范畴和认识框架来解读《形态》，缺乏对《形态》语境和表达个性的足够重视，由此容易形成理论认识盲区，导致在阅读《形态》中错失它独特的思想贡献。

第二种观点认为，《形态》阐发的马克思主义是历史唯物主义。《形态》最主要的贡献在于系统论证了马克思历史观即历史唯物主义，而对共产主义理论尚未做到科学论证。《形态》中关于阐述的历史唯物主义，包括社会存在与社会意识辩证关系理论、生产力与生产关系矛盾运动规律理论、经济基础与上层建筑矛盾运动规律理论以及社会形态理论。《形态》中关于其他问题的讨论，依赖历史唯物主义所提供的理论观点和方法论。比如，对青年黑格尔派的批判，特别是对费尔巴哈人本学唯物主义的批判，以及对真正的社会主义思潮的批判，从核心观点看，无一不是依靠社会存在与社会意识关系的辩证理解，依靠在生产力与生产关系之间关系、经济基础与上层建筑之间关系上所形成的科学判断。同时，持这种观点的人当中，还有一部分认为，由于《形态》尚未展开政治经济学批判，所以，就《形态》表达的马克思主义理论体系来讲，提出的只是关于历史唯物主义的科学假说。由于缺少政治经济学批判的必要支持，相应地，马克思关于共产主义的论说也不可能达到科学证明。

第三种观点认为，《形态》阐发历史唯物主义之际，就政治经济学的一些具体问题展开批判性分析。持这种观点的人认为，《形态》首先是一个历史唯物主义文本，在阐述历史唯物主义观点的时候，触及了多学科问题。在这一总体认识下，可以提出如下的判断：尽管马克思没有提出系统的政治经济学理论，也没有发展此前的政治经济学研究，但是，仍然在历史唯物主义视野下处理了一些政治经济学问题，它所形成的思想延续着此前的政治经济学认识。比如，《形态》继续《巴黎手稿》时期以来的私有制批判，结合"真正的社会主义"批判，论证了消灭私有制与实现共产主义的关系。再有，马克思曾以"我的大礼服"为例，指出"大礼服"兼有自然属性和社会属性，并进一步就"大礼服"的社会属性揭示私有财产的本质是支配他人的劳动。此外，就市民社会的分析而言，既有一般性的生产关系分析，也有专门针对资产阶级市民社会的分析，后者无疑蕴含着政治经济学批判思想。

第四种观点认为，《形态》既系统论证了历史唯物主义和共产主义，还阐发了政治经济学批判，从而确立了完整的马克思主义理论体系。对于《形态》存在历史唯物主义和共产主义理论，并不是这种观点立论的侧重点和突破口。持这种观点的人，有的认为《形态》存在政治经济学批判的“基因”。“基因”表现为马克思使用了政治经济学的概念以及经济发展事实，同时，由于哲学革命和方法论革命，能够使马克思的政治经济学论述达到政治经济学批判的高度。持这种观点的人，还有的提出更加激进的论说，认为“基因”说没有抓到《形态》政治经济学批判的要旨，当马克思提到他的理论是“真正的实证科学”时，表达的就是政治经济学批判。无论是以“基因”说去证明，还是以“真正的实证科学”说去证明，两者共同之点是，认为《形态》有原创性的政治经济学批判，大大推进了此前的马克思政治经济学研究。源于此，则不难形成如下断定：《形态》实现了马克思主义理论体系的完整叙述。

本书认为，四种观点反映了《形态》关于马克思主义理论体系认识的发展进程，在抓到《形态》中的重要马克思主义观点的同时，对《形态》中的马克思主义理论体系的理解渐次丰富。但是，就马克思主义理论体系的完整性和独特性的解释方面，尚存在一个大的漏洞和偏差，即它们都没有注意到交往逻辑及其在马克思主义理论体系中的位置，也就没有完整把握《形态》中的马克思主义理论体系。对于《形态》的马克思主义理论体系，本书提出两个基本看法：其一，这里的马克思主义理论体系不仅有历史唯物主义、共产主义，还有政治经济学批判，虽然学界逐渐认识到三者的存在，但是，没有认识到对于三者的表达是由一个严密的叙述逻辑构成。这个叙述逻辑包括：意识形态批判、历史唯物主义、政治经济学批判以及共产主义理论。其二，较之此后的马克思主义理论体系，这个体系不仅论述了生产理论，还提出了交往理论。正是因为交往理论的提出，使马克思主义理论体系的逻辑层次更加丰富、叙述逻辑链条更长。如果把《形态》之后论及的马克思主义理论体系称为“狭义的马克思主义”，那么，这里形成的就是“广义的马克思主义”。

这里，需要特别突出的是马克思交往理论。由于以往研究没有认识到《形态》交往阶段的叙述逻辑，没有呈现《形态》生产理论的完整性，即总体生产理论的交往阶段、交往环节。这大大限制了《形态》研究走向深化。我认为，为了进一步深入理解马克思生产方式理论，充分挖掘《形态》的思想资源，从而正确评价《形态》在马克思主义史上的地位及当代价值，就必须恢复交往理论在马克思主义理论体系中的地位。本书的主要目标就在于，挖掘、阐发《形态》已经提出、还未及深入细致论证的马克思交往论，以此呈现《形态》中的广义马克思主义理论体系。

本书由五篇构成。第一篇阐释《形态》对"广义历史唯物主义—广义共产主义"的论述。这构成广义马克思主义的第一层级内容，勾画出广义历史唯物主义的总体逻辑。在论述广义历史唯物主义之际，同步展开广义共产主义的论证。第二篇把第一篇中的"广义历史唯物主义—广义共产主义"的理论应用于现代社会，阐发广义的政治经济学批判理论。第三篇探讨广义马克思主义微观视角所关注的主要问题和理论观点，以现实的个人为聚焦点，透视广义马克思主义微观层面的交往逻辑。同时阐明，广义马克思主义微观分析与宏观分析并非隔绝，而是处于相互渗透、彼此交织的浑然一体关系。第四篇探讨的是广义马克思主义中观视野下的问题和观点，以讨论马克思主义交往理论研究共同体的内在矛盾运动和历史类型。通过阐释马克思主义阶级理论的交往逻辑，回应阶级理论在当代思想语境中遇到的挑战。第五篇探讨广义马克思主义宏观视野下的问题：分析作为一般性实践形式的交往，阐发马克思主义交往观形成、主要内容以及方法论价值；从马克思世界交往观来分析现代社会，对现代社会在世界市场及意识形态反映——"世界历史"作双重批判；从交往角度分析广义马克思主义的批判理论，探寻批判理论的生长点。

最后，对于学界多年争论的《形态》著作"分担"问题，我赞成马克思主导说。① 之所以做出这样的选择，除了学界已经提供的文献考证和理论分析外，我更强调以下两个理由：一是写作《形态》前后，恩格斯在施蒂纳哲学评价问题上高度认同马克思的理解，并因此改变自己的既有错误判断，这表明马克思是这一时期的思想主导者。二是，恩格斯对于整个马克思主义理论的贡献居于马克思之后，这是恩格斯本人也一再申明的观点。所

① 参见侯才：《〈德意志意识形态〉"费尔巴哈"章的重释与新建——兼评 MEGA2 第一部分第5卷〈德意志意识形态〉正式版》，《哲学研究》，2018年第9期；[日]大村泉：《〈德意志意识形态〉"费尔巴哈"章作者身份问题再考察(上、下)》，《武汉大学学报(哲学社会科学版)》，2019年第2、3期；田毅松：《〈德意志意识形态〉"第一小提琴手"再考察》，《山东社会科学》，2021年第2期。

以，《形态》这部包含了马克思主义最具原创思想的著作，就不可能是以恩格斯为主导的。鉴于上述理由，行文之中，我们对《形态》作者只提及主导者一人——马克思。

目　　录

第一篇

第二篇

第三篇

第四篇

第五篇

第一篇

本篇包括四章，阐释《形态》对"广义历史唯物主义—广义共产主义"的论述。这构成广义马克思主义的第一层级内容。第一章分析马克思的意识形态批判与他发动的哲学观变革之间的内在联系，以之为广义历史唯物主义论证准备理论基础和方法论前提；第二章、第三章、第四章分析《形态》叙述的物质生产总运动规律，勾画出广义历史唯物主义的总体逻辑。马克思的意识形态批判、哲学观变革、广义历史唯物主义论证，具有鲜明的实践品格，指向现实的政治斗争；在论述广义历史唯物主义之际，同步展开广义共产主义的科学论证。

第一章　意识形态批判与哲学观变革

《形态》所建构的马克思主义理论体系，绝不是由纯粹思辨和逻辑推导而产生的观念体系，也不是以直观的、抽象的物质世界为研究对象来建构外在于人的客观知识体系，而是立足于活生生的现实需要，尤其是服务于无产阶级和全人类解放的需要建构的科学理论。这一科学理论的方法论与西方哲学发展，特别是黑格尔哲学密切相连，由此塑造了新世界观的理论叙述逻辑。这里，无论是提出新思想，还是规划新思想的叙述逻辑，都存在一个如何破旧立新的问题，即为了"立"新哲学，就要"破"旧哲学。

我们将看到，在《形态》的"费尔巴哈Ⅰ"中，马克思所完成的哲学变革包括两个方面：一是批判全部旧哲学即观念论哲学，二是论证新哲学形态——"真正的实证科学"。马克思以意识形态批判为切入点，在批判唯心主义历史观及其对共产主义的错误理解，以及批判资产阶级政治经济学过程中，提出由广义历史唯物主义、广义共产主义和广义政治经济学批判所构成的广义马克思主义思想体系。其中，意识形态批判及其所依赖的现实基础——关于生产和交往的阐释，是沿着"微观—宏观—微观和宏观相统一"，即从抽象到具体的辩证叙述逻辑展开的。

一、哲学观变革的时代契机

(一)提出批判旧哲学的理论任务

马克思创立的新哲学是通过批判旧哲学而"出场"的。新哲学批判的"靶子"，直接看，是青年黑格尔派哲学。不过，它的"巢穴"却是黑格尔哲学。在马克思看来，青年黑格尔派的哲学观念无非是黑格尔哲学的“变种”和“漫画式”完成罢了。马克思把以青年黑格尔派以及黑格尔哲学为代表的以往全部观念论哲学划归到脱离现实世界的旧哲学阵营。在此，新哲学的任务就是马克思早些时候已经提出的“消灭哲学”。为彻底完成这一任务从而论证新的哲学形态，马克思初步论证何谓现实生活的意识，又如何表现为“真正的实证科学”。对于现实的意识的分析和把握，马克思将核心问题设置为：了解意识，就必须回到现实生活的生产和再生产。通过澄清物质生产、物质交往与精神生产、精神交往之间的关系，马克思把意识形态的“祛魅”和如实反映人们生活在其中的现实世界引向了新的哲学范式，这为整个马克思主义思想体系的“出场”拉开了序幕。

马克思站在有别于旧唯物主义的新唯物主义立场上，阐述现实的人所从事物质生产之于全部社会生活的决定性作用，以之揭示旧哲学在物质生产和精神生产关系的认识方面存在“颠倒性”。在此基础上，马克思在批判吸收黑格尔哲学的基础上，提出把握现实生活及其历史过程的科学方法论。

围绕哲学观的革命性理解，马克思在《形态》“费尔巴哈Ⅰ”中首先讨论青年黑格尔派的哲学局限性，指出其本质属性及表现形式就是“意识形态”。

(二)何谓意识形态

从思想史看，马克思这里所讲的意识形态，主要有两层规定性：一是观念世界的虚幻性，二是“颠倒性”。这两层意思带有法国思想家特拉西和黑格尔两人的意识形态说影响。

作为启蒙运动信奉者的特拉西，对理性的作用深信不疑。然而，由启蒙运动催生的法国大革命所带来的社会动荡，令特拉西一度陷入迷茫。经过一番深思熟虑之后，他提出了自己的意识形态说，即通过完善理性工程克服启蒙运动在实践环节的不足。特拉西的主张和实践沉湎于观念世界的虚幻性，遭到实力人物拿破仑的嘲笑和否定。从此以后，特拉西提出的理性工程建设乌托邦沦为世人的笑柄。意识形态的虚幻性，在马克思那里用来刻画青年黑格尔派哲学的不了解现实，沉溺于夸夸其谈、妄自尊大。

在黑格尔那里，意识形态理论构成了《精神现象学》的重要内容。我们知道，《精神现象学》侧重经验领域来分析绝对精神如何形成自我认识、自我运动。在这个意义上，《精神现象学》探讨的是绝对精神发育史、“胚胎学”。与后来的黑格尔《逻辑学》对绝对精神的叙述逻辑相比较而言，它不是正面讲绝对精神自身的自在自为的认识过程，而是透过绝对精神最终要扬弃的“异在”对立面来认识自身，故而，《精神现象学》所描述的经验活动，不过是颠倒地反映和实现着绝对精神。意识形态相对于真相和真理的颠倒性，在马克思那里被创造性地转化，用来指称青年黑格尔派哲学讲述的真理，实则是脱离现实，颠倒反映现实的虚妄之见。

(三)青年黑格尔派的哲学是意识形态

青年黑格尔派是马克思直接照面的论争对手；同时，论争对手当中还包括受青年黑格尔派影响，特别是以费尔巴哈哲学为理论基础的“真正的社会主义”者。马克思把他们一并称为“意识形态家”。

青年黑格尔派源于黑格尔去世后的一场思想解放运动。“从施特劳斯开始的黑格尔体系的解体过程发展为一种席卷一切‘过去的力量’的世界性骚动。”[①]属于青年黑格尔派的人物众多，但是，马克思基于理论斗争和政治斗争的实际需要，只选取其中三人展开批判：费尔巴哈、鲍威尔和施蒂纳。费尔巴哈以人本学唯物主义论证的类哲学、鲍威尔以辩证法的否定性为主轴阐发的自我意识哲学、施蒂纳以“创造性的无”为核心观点的“唯一者”哲学，都是黑格尔之后一度盛行的哲学思想。在哲学和整个思想界，青年黑格尔派的哲学可谓来势迅疾，仿佛是在德国发生了一场思想“流行病”。不光哲学和思想界，甚至普通民众也卷入其中，纷纷被击中。如何认识和评价青年黑格尔派掀起的思想运动呢？马克思指出，“为了正确评价这种甚至在可敬的德国市民心中唤起怡然自得的民族感情的哲学叫卖，为了清楚地表明这整个青年黑格尔派运动的狭隘性、地域局限性，特别是为了揭示这些英雄们的真正业绩和关于这些业绩的幻想之间的令人啼笑皆非的显著差异，就有必须站在德国以外的立场上来考察一下这些喧嚣吵嚷。”[②]意识形态批判表明的第一层主张，就是明确反对青年黑格尔派脱离现实，炮制特拉西式的精神统治论。

---

① 《德意志意识形态》(节选本)，第 6 页，北京：人民出版社，2018 年。

② 《德意志意识形态》(节选本)，第 7 页，北京：人民出版社，2018 年。

（四）青年黑格尔派与它的思想“巢穴”

马克思认为，青年黑格尔派本质上是黑格尔哲学的“漫画式”模仿者，没有走出黑格尔哲学限定的框架，终究不过是黑格尔哲学——这一观念论哲学巅峰的附庸。“不管怎样，这里涉及的是一个有意义的事件：绝对精神的瓦解过程。在最后一个生命的火花熄灭之后，这具残骸的各个组成部分就分解了，它们重新化合，构成新物质。那些以哲学为业，一直以经营绝对精神为生的人们，现在都扑向这种新的化合物。每个人都不辞劳苦地兜售他所得到的那一份。”[①]青年黑格尔派与黑格尔哲学之间的关系一旦阐明，其实也就道出了意识形态批判最终的、核心的靶子——黑格尔哲学。既然青年黑格尔派哲学的“巢穴”是黑格尔哲学，那么，黑格尔无疑是最大的、最有影响力的意识形态家。

就哲学发展看，在肢解黑格尔哲学过程中形成的青年黑格尔派，没有取得任何真正的积极成果，毋宁说，恰是进入“后黑格尔时代”发生的一次思想倒退。他们“所谈到的全部问题终究是在一定的哲学体系即黑格尔体系的基地上产生的。不仅是它的回答，而且连它所提出的问题本身，都包含着神秘主义。对黑格尔的这种依赖关系正好说明了为什么在这些新出现的批判家中甚至没有一个人试图对黑格尔体系进行全面的批判，尽管他们每一个人都断言自己已经超越了黑格尔哲学。”[②]青年黑格尔派的倒退和可笑之处在于：本来是在黑格尔哲学内部“打转转”，却拿着黑格尔哲学中的思想片段宣称自己超越了黑格尔哲学。于是，一方面，用某些新范畴演绎所谓的新理论，并相信自己的哲学瓦解了黑格尔哲学；另一方面，从提出的问题到解决问题的方式，无一不是依赖黑格尔哲学，完全沦为黑格尔哲学“漫画式”的模仿者。

（五）意识形态的症结

批判德意志意识形态课题的提出，有着理论斗争和政治斗争的双重时代需求。青年黑格尔派的意识形态逻辑及其影响下的政治实践，脱离现实，错误看待共产主义的思想主张和革命实践，阻碍共产主义思想的传播

① 《德意志意识形态》（节选本），第 7 页，北京：人民出版社，2018 年。

② 《德意志意识形态》（节选本），第 8 页，北京：人民出版社，2018 年。

和革命发展。它与其影响下的“真正的社会主义”一道为共产主义理论和革命树立了反面的“靶子”。在这个意义上，研究和批判青年黑格尔派具有重要的理论意义和现实意义。

就此，马克思对进行意识形态批判的必要性，做出了历史背景方面的剖析：“这些哲学家没有一个想到要提出关于德国哲学和德国现实之间的联系问题，关于他们所做的批判和他们自身的物质环境之间的联系问题。”[①]这里讲的“联系”问题，是一般性提示社会存在和社会意识之间的相互关系，即不了解德国的社会存在就不可能真正理解德国社会的观念。接下来，马克思将深入剖析青年黑格尔派哲学的意识形态属性，在哲学观变革的意义上细致分析包括青年黑格尔派“巢穴”——黑格尔哲学在内的所有唯心主义哲学的根本弊端：看不到社会存在和社会意识的辩证关系，不了解精神生产之于物质生产的从属性。对意识形态症结的诊断，同时预示着马克思“治疗”意识形态和确立新世界观抉择的唯物主义致思方向。

二、意识形态批判的唯物主义历史观基础

(一)现实的个人是马克思历史观的叙述逻辑起点

如何确定马克思历史观的叙述逻辑起点？马克思在《形态》“小束手稿”中已给出答案。已有文献学的考证证明，“小束手稿”是“费尔巴哈章”后来增添的内容，大体相当于全章的导言。“导言”的位置，呼应着前述意识形态批判任务的提出，表明马克思将以历史唯物主义批判意识形态。此处，马克思对历史唯物主义做了一般性表达。它从现实的个人的生产活动出发，提出了对于全部唯物主义历史观具有决定性意义的“生产方式”范畴。虽然尚处于逻辑起点阶段，生产方式概念表达只能交代抽象的一般，但是，其中已经蕴含着广义历史唯物主义的全部理论要素和萌芽。

首先，界定作为马克思历史观起点范畴的现实的个人。“我们开始要谈的前提不是任意提出的，不是教条，而是一些只有在臆想中才能撇开的现实前提。这是一些现实的个人，是他们的活动和他们的物质生活条件，包括他们已有的和由他们自己的活动创造出来的物质生活条件。因此，这

① 《德意志意识形态》(节选本)，第10页，北京：人民出版社，2018年。

些前提可以用纯粹经验的方法来确认。”[①]作为理论前提的现实的个人，“现实性”所及的客观活动和物质生活条件构成其主要内容。通过对“现实性”的强调，马克思将自己的理论研究与意识形态家们“钟情”于精神的致思方向区分开来。因为关注“现实性”，所以，“纯粹经验的方法”成为合理的方法论选择。当然，这里还不能对这种方法论作展开说明。到“费尔巴哈Ⅰ”结束的地方，马克思将自己使用的方法称为“真正的实证科学”。

其次，由理论叙述阶段所决定，目前只能指出一般的研究对象，尚不能细致展开它具体的内容。“全部人类历史的第一个前提无疑是有生命的个人的存在。因此，第一个需要确认的事实就是这些个人的肉体组织以及由此产生的个人对其他自然的关系。当然，我们在这里既不能深入研究人们自身的生理特性，也不能深入研究人们所处的各种自然条件——地质条件、山岳水文地理条件、气候条件以及其他条件。”“尽管受叙述阶段所限，此时不宜细致讨论任何具体问题，但又必须时刻明确，任何历史记载都应当从这些自然基础以及它们在历史进程中由于人们的活动而发生的变更出发。”[②]对于历史唯物主义而言，理论一般的存在，其价值都只在于服务于揭示每个历史时期的具体内容。

再次，人与动物的区别固然表现在许多方面，不过，作为始源性的人之为人的本质规定，只在于生产劳动。“可以根据意识、宗教或随便别的什么来区别人和动物。一当人开始生产自己的生活资料，即迈出由他们的肉体组织所决定的这一步的时候，人本身就开始把自己和动物区别开来。人们生产自己的生活资料，同时间接地生产着自己的物质生活本身。”[③]唯心主义不能达到这种历史唯物主义科学理解，所以，总是抓住一些精神性要素来定义人自身。而包括费尔巴哈在内的旧唯物主义，也经常在这个问题上偏离自己的唯物主义初衷，把宗教或者某种改造了的新宗教等诸如此类的东西看作人和历史的本质。

最后，生产方式之于现实的个人具有最终的决定性作用。“人们以生产自己的生活资料的方式，首先取决于他们已有的和需要再生产的生活资料本身的特性。这种生产方式不应当只从它是个人肉体存在的再生产这方

① 《德意志意识形态》(节选本)，第10—11页，北京：人民出版社，2018年。

② 《德意志意识形态》(节选本)，第11页，北京：人民出版社，2018年。

③ 《德意志意识形态》(节选本)，第11页，北京：人民出版社，2018年。

面加以考察。更确切地说，它是这些个人的一定的活动方式，是他们表现自己生命的一定方式、他们的一定的生活方式。个人怎样表现自己的生命，他们自己就是怎样。因此，他们是什么样的，这同他们的生产是一致的——既和他们生产什么一致，又和他们怎样生产一致。因而，个人是什么样的，这取决于他们进行生产的物质条件。”①生产方式是生产力与生产关系的统一体，现实的个人若想求得在人与自然之间关系中生产和再生产自身，就必须依赖一定的生产方式来实现。生产方式使自然和人双方获得了现实的规定性。

此外，对于生产方式对现实的个人的决定作用，马克思按照从抽象到具体的叙述逻辑，进一步讨论它如何在交往中实现，即现实的个人在生产和交往相统一中生存和发展。“这种生产第一次是随着人口的增长而开始的。而生产本身又是以个人彼此之间的交往为前提的。这种交往的形式又是由生产决定的。”②交往，这里表现为人口增长，即通过生产他人生命的方式展开。在后续的讨论中，马克思将详细分析家庭、生育之于生产的作用。此处，只是在一般意义上提出了交往和生产之间的关系问题。

(二)分工和所有制

在讨论过现实的个人在生产和交往中生存、发展自身后，马克思又将生产和交往看作民族和国家的基本实践形式。较之于现实的个人分析，对民族和国家的生产和交往分析，是通过生产力、分工、所有制这些概念实现的。其中，分工是最为核心的概念，生产力的发展往往表现为分工的发展，而所有制无非是分工的结果。在这里，由于是侧重分析上一个阶段现实的个人的生产是如何在人与人之间交往中实现的，因而实现了以生产和交往相统一的逻辑来叙述历史。

把生产力、分工、交往应用于民族之间关系分析，并非起自马克思。从政治经济学说的历史看，斯密、李嘉图等人都对这个问题做过比较细致的研究。马克思的贡献是把生产力、分工和交往视角引向对社会生活内部的观察，通过透视社会内在结构及其矛盾运动，为揭示社会历史发展规律准备理论前提。“各民族之间的相互关系取决于每一个民族的生产力、分

---

① 《德意志意识形态》(节选本)，第 12 页，北京：人民出版社，2018 年。

② 《德意志意识形态》(节选本)，第 12 页，北京：人民出版社，2018 年。

工和内部交往的发展程度。这个原理是公认的。然而不仅一个民族与其他民族的关系，而且这个民族本身的整个内部结构也取决于自己的生产以及自己内部和外部的交往的发展程度。一个民族的生产力发展的水平，最明显地表现于该民族分工的发展程度。任何新的生产力，只要它不是迄今已知的生产力单纯的量的扩大(例如，开垦土地)，都会引起分工的进一步发展。”[①]这样，马克思把斯密、李嘉图等人已经触及的生产力、分工和交往分析，从直接的，从而也是停留于现象的、经验的认识上升到科学理论，将外在描述引向社会内部结构分析。

分工作为能够深入到民族、国家内部的核心概念，是理解城乡关系、产业部门分化和体现社会权力的经营方式等问题的一条思想红线。“一个民族内部的分工，首先引起商业劳动同农业劳动的分离，从而也引起城乡的分离和城乡利益的对立。分工的进一步发展导致商业劳动同工业劳动的分离。同时，由于这些不同部门内部的分工，共同从事某种劳动的个人之间又形成不同的分工。这种种分工的相互关系取决于农业劳动、工业劳动和商业劳动的经营方式(父权制、奴隶制、等级、阶级)。在交往比较发达的条件下，同样的情况也会在各民族间的相互关系中出现。”[②]

分工不仅与一定历史时期的生产力互为表里，而且还与所有制互为因果，在现实生产中实为一体两面之关系。对此，马克思讲道：“分工的各个不同发展阶段，同时也就是所有制的各个不同形式。这就是说，分工的每一个阶段还决定个人在劳动材料、劳动工具和劳动产品方面的相互关系。”[③]在这里，马克思已然通过分工概念，将生产力与生产关系的辩证统一关系揭示出来。

(三)马克思社会形态理论的初次阐发

马克思聚焦与分工融为一体的所有制，以生产力和生产关系、经济基础和上层建筑矛盾运动演进次序为主线，提出了社会形态理论。

首先，“第一种所有制形式是部落所有制。”

从生产力来看，“这种所有制与生产的不发达阶段相适应，当时人们

---

① 《德意志意识形态》(节选本)，第 12 页，北京：人民出版社，2018 年。

② 《德意志意识形态》(节选本)，第 12 页，北京：人民出版社，2018 年。

③ 《德意志意识形态》(节选本)，第 12—13 页，北京：人民出版社，2018 年。

靠狩猎、捕鱼、畜牧，或者最多靠耕作为生。在人们靠耕作为生的情况下，这种所有制是以有大量未开垦的土地为前提的。”[①]对这个历史时期的生产力发展水平，马克思用分工作为衡量标准给出界定。“在这个阶段，分工还很不发达，仅限于家庭中现有的自然形成的分工的进一步扩大。”与生产力及其决定的生产关系相呼应，虽然没有发展出国家意义上的政治权力，但是“父权制”的社会权力已经成为支配性力量。此时，“社会结构只限于家庭的扩大：父权制的部落首领，他们管辖的部落成员，最后是奴隶。潜在于家庭中的奴隶制，是随着人口和需要的增长，随着战争和交易这种外部交往的扩大而逐渐发展起来的。”[②]马克思对部落所有制的总体认识，反映出他正在形成的原始社会理论，后来，马克思和恩格斯一道，结合人类学、历史学发展成果，对人类早期历史有了更加科学、准确的判断。

其次，“第二种所有制形式是古典古代的公社所有制和国家所有制。”

对于古典古代的所有制，马克思先描述了它的历史形成和本质特征。“这种所有制首先是由于几个部落通过契约或征服联合为一个城市而产生的。在这种所有制下仍然保存着奴隶制。除公社所有制以外，动产私有制以及后来的不动产私有制已经发展起来，但它们是作为反常的、从属于公社所有制的形式发展起来的。”[③]这里，马克思强调所有制的“公社”和“国家”属性，认为它们是超越此前部落所有制的主要特点。这个特点的产生，显然是与分工和生产力发展相一致的。在以“公社”和“国家”为所有制主体情况下，即便存在一定的“动产私有制”和“不动产私有制”，都不妨碍这个阶段所有制具备的总体性质。

就这种所有制对社会形态的决定作用来看，“公民仅仅共同拥有支配自己那些做工的奴隶的权力，因此受公社所有制形式的约束。这是积极公民的一种共同私有制，他们面对着奴隶不得不保存这种自然形成的联合方式。因此，建筑在这个基础上的整个社会结构，以及与此相联系的人民权力，随着私有制，特别是不动产私有制的发展而逐渐趋向衰落”。[④]

由于马克思按照生产力、生产关系和经济基础、上层建筑两对矛盾运

---

① 《德意志意识形态》(节选本)，第13页，北京：人民出版社，2018年。

② 《德意志意识形态》(节选本)，第13页，北京：人民出版社，2018年。

③ 《德意志意识形态》(节选本)，第13页，北京：人民出版社，2018年。

④ 《德意志意识形态》(节选本)，第13页，北京：人民出版社，2018年。

动分析社会形态，所以，作为生产力实现形式的分工依然是全部理论叙述的根据。需要说明的是，这里对分工历史作用的分析，与生产关系、上层建筑处于交织和缠绕的关系，即主要是通过生产关系、上层建筑来讨论分工。“分工已经比较发达。城乡之间的对立已经产生，后来，一些代表城市利益的国家同另一些代表乡村利益的国家之间的对立出现了。在城市内部存在着工业和海外贸易之间的对立。公民和奴隶之间的阶级关系已经充分发展。”[①]

上述的分析和描述，反映了当时历史条件下马克思关于奴隶社会的认识，可以看作他初步形成的奴隶社会理论。

对“公社所有制和国家所有制”的分析，还引出一个附带问题——现代私有制的“形式”起源。“随着私有制的发展，这里第一次出现了这样的关系，这些关系我们在考察现代私有制时还会遇见，不过规模更为巨大而已。一方面是私有财产的集中，这种集中在罗马很早就开始了（李奇尼乌斯土地法就是证明——公元前 367 年通过的，一项反对大土地占有制、反对扩大贵族特权的古罗马法律，引者注），从内战发生以来，尤其是在帝政时期，发展得非常迅速；另一方面是由此而来的平民小农向无产阶级的转化，然而，后者由于处于有产者和奴隶之间的中间地位，并未获得独立的发展。”[②]这表明，历史上各种所有制可能出现“形式”方面的类似，但是，任何一种所有制的产生和发展，最终都是与它的生产力根基，乃至整个社会结构紧密联系在一起的。真正的现代私有制，只能是现代大工业发展采取的所有制。

再次，“第三种所有制形式是封建的或等级的所有制。”

第三种所有制的出现，发生在历史上罗马帝国衰落之际，战争和征服是直接起因。不过，从长期来看，深层的社会结构及其矛盾运动仍然形成并实现于人们的实践，它同样涉及生产力与生产关系之间、经济基础与上层建筑之间的双重矛盾运动。

其一，在生产力与生产关系关系上，生产力发展水平低，相应地，生产关系显现出分散、狭隘、封闭的特征。以分工为主要表现形式的生产力，它在封建社会里，即便是封建社会的繁荣时代，受制于“小规模的粗

① 《德意志意识形态》（节选本），第 13 页，北京：人民出版社，2018 年。

② 《德意志意识形态》（节选本），第 13—14 页，北京：人民出版社，2018 年。

陋的土地耕作和手工业式的工业”，“分工是很少的”。“每一个国家都存在着城乡之间的对立；等级结构固然表现得非常明显，但是除了在乡村里有王公、贵族、僧侣和农民的划分，在城市里有师傅、帮工、学徒以及后来的平民短工的划分之外，就再也没有什么大的分工了。在农业中，分工因土地的小块耕作而受到阻碍，与这种耕作方式同时产生的还有农民自己的家庭工业；在工业中，各手工业内部根本没有实现分工，而各手工业之间的分工也是非常少的。在比较老的城市中，工业和商业早就分工了；而在比较新的城市中，只是在后来当这些城市彼此发生了关系的时候，这样的分工才发展起来。”[①]由这种分工状况达到的生产力水平，决定了封建时代的生产关系，其最主要关系为所有制，表现为两个基本形式：“一方面是土地所有制和束缚于土地所有制的农奴劳动，另一方面是拥有少量资本并支配着帮工劳动的自身劳动。”[②]

其二，在经济基础与上层建筑关系上，“封建的或等级的所有制”所决定的社会形态有三方面内容。第一，“土地占有的等级结构以及与此联系的武装扈从制度使贵族掌握了支配农奴的权力。这种封建结构同古典古代的公社所有制一样，是一种联合，其目的在于对付被统治阶级的生产者阶级；只是联合的形式和对于直接生产者的关系有所不同，因为出现了不同的生产条件。”第二，农村的土地占有，以改装换面的形式实现在中世纪的城市。“在城市中与这种土地占有的封建结构相适应的是同业公会所有制，即手工业的封建组织。”第三，在更大的空间范围内，封建所有制决定了中世纪的欧洲政治版图。“比较广大的地区联合为封建王国，无论对于土地贵族或城市来说，都是一种需要。因此，统治阶级的组织即贵族的组织到处都在君主的领导之下。”[③]

至此，马克思比较完整地考察了封建社会，初步形成了他的封建社会理论。

综上可见，马克思聚焦分工和所有制，阐明了社会形态理论中的生产力和生产关系之间、经济基础和上层建筑之间的辩证关系，标志着五种社会形态理论的初步形成。以上虽然只谈到三种所有制和对应的三个社会形

---

① 《德意志意识形态》（节选本），第 15 页，北京：人民出版社，2018 年。

② 《德意志意识形态》（节选本），第 15 页，北京：人民出版社，2018 年。

③ 《德意志意识形态》（节选本），第 15 页，北京：人民出版社，2018 年。

态，不过，联系到马克思后续还将批判资本主义私有制和展望理想的共产主义公有制，我们可以做出如下判断：马克思的社会发展五形态已经形成。同时，应当看到，受19世纪中叶的历史研究所达到的整体水平限制，马克思关于原始社会、奴隶社会的认识有明显缺陷，对部落所有制的认知，对奴隶产生和存在的时间的判断，都是有待后来历史学发展予以矫正和补充的。不过，这些局限，并没有妨碍马克思一个宝贵思想的确立，即社会形态理论第一次得到比较系统的阐述。立足人类实践，特别是物质生产实践的辩证的历史决定论，兼容了历史发展的必然性和选择性因素，恰当地把现实的个人等历史主体理解为历史的"剧中人"和"剧作者"。直到今天，马克思社会形态理论仍然具备强大的历史解释效力。

(四)现实的个人与社会结构的辩证统一

我们看到，关于现实的个人与所有制，也就是关于微观的个人与宏观的社会形态的论述，它们以历史的微观叙事与宏观叙事的相互规定、相互渗透的方式交汇一体。

"由此可见，事情是这样的：以一定的方式进行生产活动的一定的个人，发生一定的社会关系和政治关系。经验的观察在任何情况下都应当根据经验来揭示社会结构和政治结构同生产的联系，而不应当带有任何神秘和思辨的色彩。社会结构和国家总是从一定的个人的生活过程中产生的。但是，这里所说的个人不是他们自己或别人想象中的那种个人，而是现实中的个人，也就是说，这些个人是从事活动的，进行物质生产的，因而是在一定的物质的、不受他们任意支配的界限、前提和条件下活动着的。"①

这段话阐明唯物史观如下思想：其一，立足活生生的历史经验，主要是现实个人的生命生产，应答实践遭遇的现实问题。其二，现实的个人这个逻辑起点的确定，内在地包含了宏观逻辑的萌芽，即现实的个人那里引出的生产方式和交往方式分析，后来发展为分工和所有制分析，得出社会形态演进的科学认识。其三，研究宏观历史叙事，从社会结构到社会形态演变，不能离开现实的个人发展，始终要把历史发展必然性的事实判断与是否有利于现实的个人发展的价值判断结合起来。其四，在历史的微观叙事与宏观叙事交汇处，给出现实的个人更加具体化的规定。现实的个人，

① 《德意志意识形态》(节选本)，第16页，北京：人民出版社，2018年。

既与意识形态家所讲的精神性的个人相对立，受客观环境的制约，同时，又不是简单臣服于历史限制，不断改造既有条件。

及至“费尔巴哈Ⅳ”开展的广义政治经济学批判，马克思立足资本主义生产方式研究，对历史现实的微观叙事与宏观叙事相结合实现了更为具体的分析和论证。在那里，既提出了“生产力与交往形式的关系就是交往形式与个人的行动或活动的关系”命题，又具体论述了交往形式“在历史发展的每一阶段都是与同一时期的生产力的发展相适应的，所以它们的历史同时也是发展着的、由每一个新的一代承受下来的生产力的历史，从而也是个人本身力量发展的历史”。[①] 这些思想，是将生产方式总运动中的生产力、生产关系、交往关系、个人自主活动诸因素统一起来做整体思考，从而延展和深化了广义历史唯物主义和广义共产主义的论证，实现了广义马克思主义最完整的理论叙事。

三、意识与物质生产、物质交往的相互关系

(一)意识与周遭世界相互交织

意识与周遭世界的原初关系，体现在精神生产与物质生产、物质交往的一致性。“思想、观念、意识的生产最初是直接与人们的物质活动，与人们的物质交往，与现实生活的语言交织在一起的。人们的想象、思维、精神交往在这里还是人们物质行动的直接产物。”[②]这里所讲的“直接”的关系，意在阐明，由物质生产及其再生产所决定的物质交往，是意识、观念、思想进行生产的原初条件。在意识及其自身生产过程中，与物质条件形成了彼此“交织”的关系。从物质生产及其决定的物质交往逻辑看，意识生产永远只是它们的产物，即物质生产、物质交往决定精神生产、精神交往。简言之，社会存在决定社会意识。至于“语言”，则是直接反映人与人之间的交往关系，它同样与意识、物质生产、物质交往处于原初的交织关系。此外，把上述意识生产机制引向更复杂的精神生产领域后，我们会发现，“表现在某一民族的政治、法律、道德、宗教、形而上学等的语言中

---

① 《德意志意识形态》(节选本)，第69—70页，北京：人民出版社，2018年。

② 《德意志意识形态》(节选本)，第16页，北京：人民出版社，2018年。

的精神生产也是这样。”[①]鉴于此处探讨的是意识与物质生产的最一般关系，马克思没有展开分析多种多样的精神现象如何在物质生产中产生和运行，这个任务要留待下文，广义历史唯物主义的精神生产逻辑处完成。

(二)意识是被意识到的存在

意识与周遭世界处于互文性关系之中，既可以从物质生产、物质交往及语言来分析意识，也可以从意识来反观客观的社会物质生活。在这种互文性关系中，社会存在与社会意识处于交织、缠绕、可逆的关系状态，人们的意识只能被合理地理解为“被意识到的存在”。“人们是自己的观念、思想等等的生产者，但这里所说的人们是现实的、从事活动的人们，他们受自己的生产力和与之相适应的交往的一定发展——直到交往的最遥远的形态——所制约。意识在任何时候都只能是被意识到了的存在，而人们的存在就是他们的现实生活过程。”[②]意识之所以发生、发展，其内容、过程、检验、价值评价都被“嵌入”一定社会历史背景之中。由物质生产再生产辐射到的生产力、交往，是制约意识活动和精神生产的决定力量。就其根本机制而言，精神生产是物质生产的构成环节，精神生产无非是体现在精神领域的物质生产。意识与它的周遭世界的互文性关系对认识现实世界提出如下原则性要求：社会存在与社会意识的任何一方都不能离开对方得到单独的合理解释。

(三)意识形态是一种“病变”的、颠倒的意识

意识形态颠倒地反映着意识与周遭世界的关系，是一种“病变”的意识。马克思认为，无论何种意识，正确的、错误的，都是以自身的方式反映社会存在、社会生活。所以，尽管意识形态关于意识和现实生活之间关系，物质生产、物质交往和精神生产、精神交往之间关系的认识是颠倒的、错误的，但是，我们仍然可以透过“病理学”分析，揭示它发生的客观社会机制。“如果在全部意识形态中，人们和他们的关系就像在照相机中一样是倒立成像的，那么这种现象也是从人们生活的历史过程中产生的，

① 《德意志意识形态》(节选本)，第16页，北京：人民出版社，2018年。

② 《德意志意识形态》(节选本)，第16—17页，北京：人民出版社，2018年。

正如物体在视网膜上的倒影是直接从人们生活的生理过程中产生的一样。”①“照相机”和“视网膜”的比喻，意在强调，包括意识形态在内的所有社会意识的发生具有客观性、必然性。自然科学和人文社会科学的根本任务，乃在于揭示客观事实本身的运行规律。至于意识形态发生的客观社会原因有哪些，运行机制如何，对于这些，马克思将在广义历史唯物主义和广义政治经济学批判中做具体的、细致的分析。

四、创立新哲学："真正的实证科学"

(一)回到真实的历史，批判意识形态编造虚假“历史”

马克思研究客观世界的方法论原则，源于他们对现实生活和意识，从而也是物质和精神相互关系的看法。“不是意识决定生活，而是生活决定意识。”②他们对意识形态家们采取的“从天国到人间”的认识路线予以彻底驳斥。正是缘于社会意识与社会存在的关系的新理解，马克思批判了旧哲学的虚幻意识形态属性，从而在“真正的实证科学”意义上创立新哲学。

在马克思看来，对于认识出发点的理解，必须坚持从“从事实际活动的人”出发。这里不仅能够得到对客观世界的正面的认识，而且也是揭示意识形态所编造“历史”的虚假性、颠倒性的合适起点。因为，就后一个方面看，“从他们的现实生活过程中还可以描绘出这一生活过程在意识形态上的反射和反响的发展。甚至人们头脑中的模糊幻象也是他们的可以通过经验来确认的、与物质前提相联系的物质生活过程的必然升华物”。③ 就意识形态之于现实生活的从属性而言，马克思提出“道德、宗教、形而上学和其他意识形态，以及与它们相适应的意识形式便不再保留独立性外观了。它们没有历史，没有发展，而发展着自己的物质生产和物质交往的人们，在改变自己的这个现实的同时也改变着自己的思维和思维的产物”。④这样，马克思就与鼓吹精神独立性和创造性的意识形态家提出了一种完全不同的新世界观。这种世界观，通过深入历史来认识、把握现实世界。就

① 《德意志意识形态》(节选本)，第 17 页，北京：人民出版社，2018 年。

② 《德意志意识形态》(节选本)，第 17 页，北京：人民出版社，2018 年。

③ 《德意志意识形态》(节选本)，第 17 页，北京：人民出版社，2018 年。

④ 《德意志意识形态》(节选本)，第 17 页，北京：人民出版社，2018 年。

世界观与方法论相统一而言，又直接体现为科学的方法论——“真正的实证科学”。

(二)“真正的实证科学”是具体的、历史的辩证法

新哲学的总体叙述逻辑在于，从意识形态批判入手，阐明物质生产、物质交往与精神生产、精神交往之间的关系，论证新唯物主义立场在学理上具有的合法性，指出“抽象的经验主义者”和“唯心主义者”歪曲现实生活。最后它提出，必须坚持从实际出发，立足活生生的历史经验来把握合理形态的辩证法，即“真正的实证科学”。这是新哲学观得出的最富价值的方法论结论。

“在思辨终止的地方，在现实生活面前，正是描述人们实践活动和实际发展过程的真正的实证科学开始的地方。关于意识的空话将终止，它们一定会被真正的知识所代替。对现实的描述会使独立的哲学失去生存环境，能够取而代之的充其量不过是从对人类历史发展的考察中抽象出来的最一般的结果的概括。这些抽象本身离开了现实的历史就没有任何价值。它们只能对整理历史资料提供某些方便，指出历史资料的各个层次的顺序。”[①]这表明，“真正的实证科学”终归是一种社会意识。马克思按照意识对现实生活从属性的哲学前提，把它严格限制在工具和方法的地位，反对把精神性的东西独立化，更反对将任何观念或者哲学看成高于现实生活本身的东西。在这种“真正的实证科学”视野下，超历史的、一般的“历史哲学”必然被判定为意识形态的自负。“这些抽象与哲学不同，它们绝不提供可以适用于各个历史时代的药方或公式。”[②]那些服务现实的科学理论，并不具备超时代的特权，绝不会作为一般公式和万应灵药代替现实问题研究。

在“真正的实证科学”那里，对“这些抽象”的使用总是放入活生生的历史之中，即采取实践思维方式，在面对事件研究时显现自身的价值。“只是在人们着手考察和整理资料——不管是有关过去时代的还是有关当代的资料——的时候，在实际阐述资料的时候，困难才开始出现。这些困难的排除受到种种前提的制约，这些前提在这里是根本不可能提供出来的，而

① 《德意志意识形态》(节选本)，第18页，北京：人民出版社，2018年。

② 《德意志意识形态》(节选本)，第18页，北京：人民出版社，2018年。

只能从对每个时代的个人的现实生活过程和活动的研究中产生。”[①]“困难”，就是时代中的课题及其相应的问题意识，也就是实践需要面对的当下任务。每一代人从自己遭遇的时代课题中获得现实目标和现实生活的内容，从而确定自己如何从事物质生产、物质交往和精神生产、精神交往。作为“真正的实证科学”理论和方法的价值，在于合理把握作为“困难”的时代课题，依据事件的进展，为解决问题提供理论依据和方法论指引。

（三）新哲学方法论之于马克思主义理论体系的意义

在“费尔巴哈Ⅰ”末尾，马克思明确交代了下文的叙述方式：“这里我们只举出几个我们用来与意识形态相对照的抽象，并用历史的实例来加以说明。”[②]在接下来的理论叙述中，是三条线索及其决定的三部分内容的相互交织：意识形态批判—“历史的实例”—理想社会的展望。同时，在后续的叙述中，我们还会发现，“历史的实例”是按照从抽象到具体的方式叙述的。“抽象”的理论逐渐丰富，最终达到如实反映活生生历史经验的具体形态，即在理论层面再现历史，特别是呈现我们生存于其中的现代社会。

在“历史的实例”中，不仅有一般的历史观叙述，还有一般历史观落脚于现代社会的应用。在后一个层面上，进入了政治经济学批判领域。由此，形成了《形态》马克思主义体系结构：哲学观—历史观—政治经济学批判。在后续的论述中，我们还将看到，共产主义论证贯穿全部理论叙事过程中，这意味着，《形态》完整的马克思主义理论体系应当描述为：新哲学和共产主义—历史唯物主义和共产主义—政治经济学批判和共产主义。其中，对共产主义理论的每一次叙述都有所在位置的特殊规定性，由此，构成了共产主义理论的叙述逻辑，即从抽象到具体逐步丰富的理论叙事。

就学界已有研究看，俞吾金[③]、高清海[④]对意识形态批判之于哲学观变革意义的认识，做出了富有价值的探索。他们反对把马克思主义哲学形态看作抽象的认识论，而主张回到实践、回到活生生的现实生活世界来理解认识活动和马克思主义哲学。其中，俞吾金更是明确指出马克思意识形态

---

① 《德意志意识形态》（节选本），第 18 页，北京：人民出版社，2018 年。

② 《德意志意识形态》（节选本），第 18 页，北京：人民出版社，2018 年。

③ 俞吾金：《从抽象认识论到意识形态批判》，《天津社会科学》，1995 年第 5 期。

④ 高清海：《突破真理论的传统狭隘视界》，《哲学研究》，1995 年第 8 期。

批判具有本体论革命效应。不过，由于上述研究还没有进入新哲学诞生地做深入、细致的考察，所以，错失了意识形态批判研究的马克思主义理论体系自觉，未能发现意识形态批判引出的广义马克思主义的理论宝藏。而这，恰是本书着力思考的主要问题。

接下来，我们先进入马克思关于“广义历史唯物主义—广义共产主义”的叙述逻辑分析，在这里，《形态》勾勒出不同于学界既有历史唯物主义和共产主义的解释框架，体现出基于物质生产总运动逻辑而建构起来的“广义历史唯物主义—广义共产主义”的理论图景。

第二章　广义历史唯物主义(一)

在《形态》的“费尔巴哈Ⅱ”中，马克思运用确立的新哲学，以共产主义为主题统领，展开广义历史唯物主义的论述。以辩证法整体思维观之，它将构成“广义历史唯物主义—广义共产主义”的第一个理论“圆圈”。新哲学作为最一般的历史辩证法，在接触鲜活现实经验之际，方能获得自身的理论价值。在历史的、具体的辩证法原则走向鲜活历史经验的过程中，马克思结合政治斗争实际，在澄清共产主义革命的意识形态误解中，按照从抽象到具体的叙述逻辑，既阐明了共产主义革命的真实主张，又系统论证了广义历史唯物主义。

我们这里讲的广义的历史唯物主义是相对于既有的、狭义的历史唯物主义理解而言的。既有的、狭义的历史唯物主义理解，只是侧重研究生产力与生产关系之间的矛盾运动，以及由这个矛盾运动所决定的社会形态发展。广义的历史唯物主义在狭义历史唯物主义基础上，增加了生产力与交往关系的矛盾运动论述，揭示以利益关系为内容的生产关系如何实现在现实社会的人格关系之中。反映在社会批判领域，广义历史唯物主义既有生产关系层面的物象化批判，还有交往关系层面的人象化批判。后者，马克思虽然有所涉及却未做充分论述，而这方面的理论资源，在20世纪以来的文化研究上显现出极其重要的思想价值。

历史唯物主义以物质生产为主要研究对象，以生产方式为核心内容，包括两个叙述阶段：“物质生产1”，直接的物质生产运动，即生产力理论；“物质生产2”，在交往中的物质生产运动，即“交往和生产力”的辩证关系理论。相应地，共产主义革命的历史必然性和认识论上的科学性在生产力层面和交往层面得到证明。

本章，我们分析广义历史唯物主义内部的第一个叙述阶段，“物质生产理论1”：直接的物质生产，即生产力的本质、结构、作用和一般历史发展进程，从中得出广义共产主义革命的第一重历史观论证。

一、共产主义革命主题下的广义历史唯物主义论说

(一)批判人类解放问题的唯心主义理解

19世纪40年代的德国共产主义运动，参与者构成复杂。其中，“真正的社会主义”是当时影响很大的派别。“真正的社会主义”受青年黑格尔派哲学，特别是费尔巴哈人本学唯物主义影响，认为自己以德国哲学发现了社会主义和共产主义的本质。“真正的社会主义”者沉湎于费尔巴哈“爱”的哲学，妄想凭借爱的呓语实现社会主义。马克思认为，对这种从哲学出发的社会主义派别，必须从哲学角度进行清算。作为“真正的社会主义”主要思想资源的青年黑格尔派，特别是费尔巴哈的人本学唯物主义则是清算工作的重中之重。就这一点来讲，“费尔巴哈Ⅱ”与此前马克思所写的《关于费尔巴哈的提纲》之间具有一致性：两者都是通过批判费尔巴哈哲学论证共产主义。

正是在从哲学角度清算“真正的社会主义”过程中，马克思一方面批判费尔巴哈人本学唯物主义，另一方面以历史唯物主义新世界观科学地论证共产主义理论。

马克思对费尔巴哈哲学的批判，是从反思整个青年黑格尔派对人类解放的唯心主义理解开始的。人类解放，作为共产主义革命关心的总问题，又恰恰被青年黑格尔派意识形态家们弄得混乱不堪。

在人类解放问题上，马克思首先批判了青年黑格尔派的唯心主义立场，主张采取唯物主义观点来思考如何实现人类解放。针对意识形态家对人类解放的种种臆想，马克思辛辣批判道：“如果他们把哲学、神学、实体和一切废物消融在‘自我意识’中，如果他们把‘人’从这些词句的统治下——而人从来没有受过这些词句的奴役——解放出来，那么‘人’的‘解

放’也并没有前进一步。”[①]正确的道路在于，“只有在现实的世界中并使用现实的手段才能实现真正的解放；没有蒸汽机和珍妮走锭精纺机就不能消灭奴隶制；没有改良的农业就不能消灭农奴制；当人们还不能使自己的吃喝住穿在质和量方面得到充分保证的时候，人们就不能获得解放。”仅仅声明用唯物主义观点看待人类解放是不够的，因为一般意义上的唯物主义并不能为共产主义革命确立科学的哲学基础。就是说，我们必须坚定地站在马克思已经阐明的“新唯物主义”立场上，即强调的生产力理论立场上，并付诸以改变现实的革命来谋求人类解放。同时，它也能够“清除实体、主体、自我意识和纯批判等无稽之谈，正如同清除宗教的和神学的无稽之谈一样，而且在它们有更充分的发展以后再次清除这些无稽之谈”。[②] 如此一来，人类解放问题的提出和彻底解决，被合理地归结为现实世界中的客观生产力和相应的共产主义革命要求，而源于现实世界的共产主义革命将廓清人类解放问题上的意识形态重重迷雾。

(二)批判费尔巴哈对共产主义理解的局限性

费尔巴哈曾经力图以唯物主义原则探讨人类解放，对共产主义做出了人本学唯物主义的解释。他从人本学唯物主义出发，认为自己的哲学主张是共产主义的，自己已然是个“共产主义者”：“思想中的他，就是行动中的他，精神中的他，就是肉体中的他，本质中的他，就是感觉中的他；他是人，或者，说得更确切一些——因为，费尔巴哈把人的本质仅仅设定在共同性之中——他是共同人，是共产主义者。”[③]对此，马克思评判道：“费尔巴哈是多么错误，他(《维干德季刊》1845 年第 2 卷)竟借助于‘共同人’这一规定宣称自己是共产主义者，把这一规定变成‘人’的谓词，以为这样一来又可以把表达现存世界中特定革命政党的拥护者的‘共产主义者’一词变成空洞的范畴。”[④]从根本逻辑看，费尔巴哈没有摆脱德意志意识形态束缚，只是个理论家，故而，他只能用意识形态家的方式来理解何谓共产主义。

为了有力地批判费尔巴哈以人本学唯物主义解释共产主义，马克思一方面剖析费尔巴哈的感性理论，一方面阐发自己的“感性活动即实践”观

---

① 《德意志意识形态》(节选本)，第 19 页，北京：人民出版社，2018 年。

② 《德意志意识形态》(节选本)，第 19 页，北京：人民出版社，2018 年。

③ 《德意志意识形态》(节选本)，第 133 页，北京：人民出版社，2018 年。

④ 《德意志意识形态》(节选本)，第 42 页，北京：人民出版社，2018 年。

点。这是构成马克思物质生产理论叙述的一个哲学前提。

其实，在唯物主义和共产主义相互关系问题的探讨中，马克思对费尔巴哈的认识有一个从肯定到否定的转变过程。

我们知道，尽管费尔巴哈最终没有真正成为共产主义者，但是，他曾有意愿在唯物主义立场上探讨以共产主义方式追求人类解放。实事求是地讲，这对于马克思转向唯物主义和提出共产主义理论是有所启发的。此前马克思曾致信费尔巴哈，称赞他的唯物主义带给共产主义运动的积极影响，认为是费尔巴哈为社会主义、共产主义确立了哲学基础。如今，马克思站在实践的，特别是以生产力逻辑为根基的唯物主义立场，已经发现不宜过高估计费尔巴哈唯物主义及其在共产主义论证中的作用。“……对实践的唯物主义者即共产主义者来说，全部问题都在于使现存世界革命化，实际地反对并改变现存的事物。如果在费尔巴哈那里有时也遇见类似的观点，那么它们始终不过是一些零星的猜测，而且对费尔巴哈的总的观点的影响微乎其微，以致只能把它们看作是具有发展能力的萌芽。”[①]如果说以前马克思受过费尔巴哈人本学唯物主义启发，那么，从事后冷静评价这一令人激动的“启发”来看，恐怕很大程度上源于当事人过去的误判。就建立唯物主义和共产主义之间的联系看，与其说是费尔巴哈从外部给予“感性”这个理论支点来帮助马克思确立共产主义观点，不如说是马克思通过扬弃德国古典哲学、投身共产主义革命实践以及开始接触政治经济学之后必然产生的思想升华。如此看来，费尔巴哈至多算是一个来自外部的有益刺激。

费尔巴哈的根本局限性在于，不了解感性活动高于直观的感性；不了解感性活动，特别是生产力之于认识和改造感性世界具有决定性作用。

稍早的《关于费尔巴哈的提纲》中，马克思已经发现，费尔巴哈批评德国观念论哲学沉迷于抽象，转而突出强调感性的重要性，但是，他不懂得，感性只有在感性活动中才可能获得正确的理解。本来，认识到感性重要性的费尔巴哈，他建构的唯物主义哲学有可能成为对抗德国唯心主义哲学的利器，遗憾的是，费尔巴哈所言的感性，仍然是理论静观的，囿于意识形态视野之内。由此，产生了这样的困难：“费尔巴哈是从宗教上的自我异化，从世界被二重化为宗教世界和世俗世界这一事实出发的……但是，世俗基础使自己从自身中分离出去，并在云霄中固定为一个独立王

---

① 《德意志意识形态》(节选本)，第20页，北京：人民出版社，2018年。

国，这只能用这个世俗基础的自我分裂和自我矛盾来说明。因此，对于这个世俗基础本身应当在自身中、从它的矛盾中去理解，并且在实践中使之革命化。”[①]克服这种认识困难，不能指望在认识论哲学范式下得以解决。为此，马克思通过他的实践观点透视造成理论困境的原因和破解之路。

《形态》以两个论证来解答这个问题：一是现实世界与理想世界的分裂的客观必然性；二是真实的感性世界只能如其所是地呈现于感性活动之中。由此，马克思推进了对费尔巴哈唯物主义直观性的批判。

首先，费尔巴哈虽然强调人与自然之间、人与人之间应当统一起来思考，却不了解这种思维方式的客观基础，结果陷入理论主张的“二重性”矛盾之中。“费尔巴哈对感性世界的‘理解’一方面仅仅局限于对这一世界的单纯的直观，另一方面仅仅局限于单纯的感觉。……在前一种情况下，在对感性世界的直观中，他不可避免地碰到与他的意识和他的感觉相矛盾的东西，这些东西扰乱了他所假定的感性世界的一切部分的和谐，特别是人与自然界的和谐。为了排除这些东西，他不得不求助于某种二重性直观，这种直观介于仅仅看到‘眼前’的东西的普通直观和看出事物的‘真正本质’的高级的哲学直观之间。”[②]对于这种包含“二重性”的尴尬直观缘何产生以及如何克服，马克思将这个问题引向感性活动予以解答。

其次，马克思从感性活动出发，实际上是从生产力出发，指出囿于感性直观的费尔巴哈没有看到，“他周围的感性世界决不是某种开天辟地以来就直接存在的、始终如一的东西，而是工业和社会状况的产物，是历史的产物，是世世代代活动的结果，其中每一代都立足于前一代所奠定的基础上，继续发展前一代的工业和交往，并随着需要的改变而改变他们的社会制度。”[③]接下来，马克思又以“樱桃树”为例，生动诠释感性活动对“感性确定性”的奠基作用。“最简单的‘感性确定性’的对象也只是由于社会发展、由于工业和商业交往才提供给他的。大家知道，樱桃树和几乎所有的果树一样，只是在几个世纪以前由于商业才移植到我们这个地区。由此可见，樱桃树只是由于一定的社会在一定时期的这种活动才为费尔巴哈的‘感性确定性’所感知。”[④]

---

① 《马克思恩格斯文集》第1卷，第500页，北京：人民出版社，2009年。

② 《德意志意识形态》(节选本)，第20页，北京：人民出版社，2018年。

③ 《德意志意识形态》(节选本)，第20页，北京：人民出版社，2018年。

④ 《德意志意识形态》(节选本)，第20页，北京：人民出版社，2018年。

既然感性活动，从而，就是生产力改变、塑造了整个感性世界，那么，我们就应当通过它来把握感性世界。马克思"按照事物的真实面目及其产生情况"考察人与自然之间关系、人与人之间关系，廓清了意识形态迷雾，从而把"深奥的哲学问题"归结为"经验的事实"。

(三)人与自然之间的关系是在感性活动中发展的

前述分析表明，费尔巴哈不懂得感性活动原则之于认识世界的始源性地位，所以，他不能理解感性活动，认识不到生产力才是塑造人与自然关系的根本性力量。

马克思从四个方面论述人与自然关系不是静态的、直观的，而是由生产力所决定的。

第一，批判意识形态家们对人与自然之间关系理解的虚幻性。在马克思看来，当他们脱离人的感性活动，抽象地议论自然时，提出的问题皆是虚假的。"人对自然的关系这一重要问题(或者如布鲁诺在第 110 页上——即他写的《评路德维希·费尔巴哈》，载于 1845 年《维干德季刊》第 3 卷，引者注——所说的'自然和历史的对立'，好像这是两种互不相干的'事物'，好像人们面前始终不会有历史的自然和自然的历史)，就是一个例子，这是一个产生了关于'实体'和'自我意识'的一切'神秘莫测的崇高功业'的问题。然而，如果懂得在工业中向来就有那个很著名的'人和自然的统一'，而且这种统一在每一个时代都随着工业或慢或快的发展而不断改变，就像人与自然的'斗争'促进其生产力在相应基础上的发展一样，那么上述问题也就自行消失了。"[①]意识形态家们脱离生产力的历史，把人与自然之间的关系想象为观念世界中的"实体"与"自我意识"之间的关系，这种意识形态理解同时也是主客二分的形而上学思维的表现，他们看不到被意识形态颠倒反映的人与自然之间的关系不是外在形成的联系，而是始终发生在人们的感性活动之中，是一定生产力发展的历史结果。

第二，生产力决定自然界的呈现形式，它不断地推动自在的自然界向属人的自然界转化。"工业和商业、生活必需品的生产和交换，一方面制约着分配、不同社会阶级的划分，同时它们在自己的运动形式上又受着后者的制约。这样一来，打个比方说，费尔巴哈在曼彻斯特只看见一些工厂

① 《德意志意识形态》(节选本)，第 21 页，北京：人民出版社，2018 年。

和机器，而在100年以前在那里只能看见脚踏纺车和织布机；或者，他在罗马的坎帕尼亚只发现一些牧场和沼泽，而在奥古斯都时代在那里只能发现罗马富豪的葡萄园和别墅。”[①]不了解感性形成的生产力本源，这一点在费尔巴哈那里，直接表现为不了解感性对象的历史变迁，而本质上则在于他未能认清生产力所决定的阶级关系和社会结构。

第三，人的认识能力和生存发展的根基在生产实践。“这种活动、这种连续不断的感性劳动和创造、这种生产，正是整个现存的感性世界的基础，它哪怕只中断一年，费尔巴哈就会看到，不仅在自然界将发生巨大的变化，而且整个人类世界以及他自己的直观能力，甚至他本身的存在也会很快就没有了。”[②]生产力的重要性，不仅表现在它是思维方式、认识的出发点和认识的对象，还在于，人自身的认识能力以及存在方式都需要透过生产力来理解和把握。

第四，马克思还谈及相对于人类生产实践如何辩证地认识自然界“优先地位”的问题。他一方面强调，虽然感性活动之于认识和改造世界具有决定性意义，但是，并不能代替自然界成为世界的实体性本源。“外部自然界的优先地位仍然会保持着。”另一方面，他又认为，自然界的这种“优先地位”在如下两重意义上受到限制。一是从人类先民与自然的关系看，谈论自然的“优先地位”“不适用于原始的、通过自然发生的途径产生的人们。”因为“这种区别只有在人被看作是某种与自然界不同的东西时才有意义”。那时的人类与自然几乎是浑然一体，很难也没有必要区分保持“优先地位”的自然和通过人的实践呈现的自然。二是从现代历史视野看，“先于人类历史而存在的那个自然界，不是费尔巴哈生活于其中的自然界；这是除去在澳洲新出现的一些珊瑚岛以外今天在任何地方都不再存在的、因而对于费尔巴哈来说也是不存在的自然界”。[③]

(四)不懂得感性活动原则，就不会积极改变人与人之间的关系

当费尔巴哈以“类”，即抽象的、理想化的人与人之间关系去规定共产主义，他所说的共产主义与“真正的社会主义”并无二致。费尔巴哈的共产

① 《德意志意识形态》(节选本)，第21页，北京：人民出版社，2018年。

② 《德意志意识形态》(节选本)，第21—22页，北京：人民出版社，2018年。

③ 《德意志意识形态》(节选本)，第22页，北京：人民出版社，2018年。

主义之于现实虚幻无力，不可能解决“类”的理想世界与现实的苦难世界之间的分裂。

费尔巴哈对于共产主义的理解是以唯心主义历史观为基础的。费尔巴哈的两面性在于，他本想努力成为一个唯物主义者，也口头上宣称自己是共产主义者，却在历史观领域落入唯心主义窠臼，在行动上成为顺从现实的庸人。马克思对此批判道：“费尔巴哈与‘纯粹的’唯物主义者相比有很大优点：他承认人也是‘感性对象’。但是，他把人只看做是‘感性对象’，而不是‘感性活动’，因为他在这里也仍然停留于理论领域。”可见，费尔巴哈离开人的感性活动，特别是共产主义革命实践去谈论感性世界，难免导致如下情形：“他从来没有把感性世界理解为构成这一世界的个人的全部活生生的感性活动，因而比方说，当他看到的是大批患瘰疬病的、积劳成疾的和患肺痨的穷苦人而不是健康的人的时候，他便不得不求助于‘最高的直观’和观念上的‘类的平等化’，这就是说，正是在共产主义的唯物主义者看到改造工业和社会结构的必要性和条件的地方，他却重新陷入唯心主义。”[①]费尔巴哈不懂得感性活动与现实世界的内在联系，也不懂得扎根于感性活动的共产主义革命的世界观意义，这样，他堕入唯心主义历史观泥潭就不足为怪了。由上不难明白，在政治立场上，费尔巴哈不可能真正赞成改造世界的共产主义革命。

综上，马克思立足感性活动，以感性世界、人与自然之间的关系、人与人之间的关系为分析重点，全面批判费尔巴哈人本学唯物主义的直观性、保守性、意识形态本质。最终，马克思对费尔巴哈的唯物主义及相应的共产主义观念做出如下总结：“当费尔巴哈是一个唯物主义者的时候，历史在他的视野之外；当他去探讨历史的时候，他不是一个唯物主义者。在他那里，唯物主义和历史是彼此完全脱离的。这一点从上面所说的看来已经非常明显了。”[②]起于如何理解历史展开分析，马克思的目的在于清算费尔巴哈人本学唯物主义脱离历史理解哲学的错误，以及由此带来的关于共产主义的曲解。清算费尔巴哈，为共产主义理论奠定了全新的唯物主义基础。正是在此历史观和共产主义理论问题意识下，马克思确立了全新唯物主义，一种不同于包括费尔巴哈在内的所有旧唯物主义的新哲学，它最

① 《德意志意识形态》(节选本)，第23页，北京：人民出版社，2018年。

② 《德意志意识形态》(节选本)，第23页，北京：人民出版社，2018年。

鲜明的特质是突出人的实践即感性活动。

为了把上述问题研究引向深入，马克思一边批判以费尔巴哈为典型表现的意识形态家们不理解“历史”、臆想“历史”，一边论证生成于生产力发展之中的共产主义革命的必然性。当马克思沿着从抽象到具体的叙述逻辑描述生产力，呈现更加完整的生产力系统时，也就在更立体的层面阐发广义的历史唯物主义。

二、“原初的历史的关系”的构成

(一)以“生命的生产”理解历史的生产力逻辑

批判费尔巴哈时，马克思先是一般性地谈论何谓“历史”问题，强调感性活动的能动性、历史性，用以突显现实的个人的感性活动与感性直观的对立。进入“生命的生产”研究阶段，马克思继续阐述人类历史的规定性，并且，同样重视生产力逻辑的决定性地位。换言之，关于历史理解的具体化，也是生产力发展规律认识的不断具体化。承续前面已经提出的“全部人类历史的第一个前提无疑是有生命的个人的存在”命题，这里，马克思通过阐发“生命的生产”的细致规定，达到了生产力更加丰富的理解，从而比较完整地显现人类实践活动内部的复杂交织关系。同时，马克思还同步开展意识形态批判，辛辣批判德意志意识形态家们在“生命的生产”、生产力以及生产方式方面认识的无知，揭示出他们的唯心主义历史观充满了种种对现实关系的混淆和颠倒。

生产力逻辑以“生命的生产”的主题展开叙述，对于广义的历史唯物主义的立体展开以及后续的广义政治经济学批判、广义共产主义理论来讲是极其必要的。它表明，生产力不是片面的物的力量，而是从源头、过程、运行机制到结果、价值评价，都与现实的人息息相关。正如此前马克思反对抽象地谈论物质世界一样，对于生产力的理解，同样是在“道说”意义上进行的。马克思叙述的完整的生产力逻辑，打开了全面生产的理论视野，呈现作为“生命的生产”的人与自然、社会、精神之间的多重关系。

(二)“生命的生产”中的“原初的历史的关系”

以生产力为根本内容的现实历史，在“生命的生产”意义上包含四方面的“原初的历史的关系”。我们先来看其中的物质生产活动。

“生命的生产”的第一个方面是指作为生产物质生活本身的“生命的生产”。它生产满足吃喝住穿等基本生活需要的物质资料。对于这个历史活动，马克思指出，“我们首先应当确定一切人类生存的第一个前提，也就是一切历史的第一个前提，这个前提是：人们为了能够‘创造历史’，必须能够生活。但是为了生活，首先就需要吃喝住穿以及其他一些东西。因此第一个历史活动就是生产满足这些需要的资料，即生产物质生活本身，而且，这是人们从几千年前直到今天单是为了维持生活就必须每日每时从事的历史活动，是一切历史的基本条件。即使感性在圣布鲁诺那里被归结为像一根棍子那样微不足道的东西，它仍然必须以生产这根棍子的活动为前提。因此任何历史观的第一件事情就是必须注意上述基本事实的全部意义和全部范围，并给予应有的重视。”①紧接着，马克思批判在这个问题理解上出现的属于“德意志”民族的意识形态。“大家知道，德国人从来没有这样做过，所以他们从来没有为历史提供世俗基础，因而也从未拥有过一个历史学家。法国人和英国人尽管对这一事实同所谓的历史之间的联系了解得非常片面——特别是因为他们受政治意识形态的束缚——但毕竟作了一些为历史编纂学提供唯物主义基础的初步尝试，首次写出了市民社会史、商业史和工业史。”②马克思通过对比德国与英国、法国社会思想的差异，一方面分析了产生差异的经济根源，揭示出社会意识乃是社会存在的反映，另一方面着力批判了德意志的意识形态家漠视感性和感性活动，已经在历史观的起点处脱离了历史的真相。

“生命的生产”的第二个方面是与物质生产活动交织在一起的“新的需要”。“已经得到满足的第一个需要本身、满足需要的活动和已经获得的为满足需要而用的工具又引起新的需要，而这种新的需要的产生是第一个历史活动。”③可见，“新的需要”是与“第一个方面”所言的物质生产交织在一起的，是对生产活动的进一步具体描述。这就是说，狭义的生产与“新的需要”相互区别，相互作用，而广义的生产则是将“新的需要”纳入自身，作为自身的一个构成环节看待的。在正面阐述原初的历史的第二个方面

① 《德意志意识形态》(节选本)，第 23 页，北京：人民出版社，2018 年。

② 《德意志意识形态》(节选本)，第 23—24 页，北京：人民出版社，2018 年。

③ 《德意志意识形态》(节选本)，第 24 页，北京：人民出版社，2018 年。

后，马克思、恩格斯同样批判了在这个问题认识上的“德意志”民族的意识形态。“从这里立即可以明白，德国人的伟大智慧是谁的精神产物。德国人认为，凡是在他们缺乏实证材料的地方，凡是在神学、政治和文学的谬论不能立足的地方，就没有任何历史，那里只有‘史前时期’；至于如何从这个荒谬的‘史前历史’过渡到真正的历史，他们却没有对我们作任何解释。不过另一方面，他们的历史思辨所以特别热衷于这个‘史前历史’，是因为他们认为在这里他们不会受到‘粗暴事实’的干预，而且还可以让他们的思辨欲望得到充分的自由，创立和推翻成千上万的假说。”①

“生命的生产”第三个方面是与物质生产活动、增长的需要相交织的“通过生育而生产他人的生命”。对此，马克思指出：“一开始就进入历史发展过程的第三种关系是：每日都在重新生产自己生命的人们开始生产另外一些人，即繁殖。这就是夫妻之间的关系，父母和子女之间的关系，也就是家庭。这种家庭起初是唯一的社会关系，后来，当需要的增长产生新的社会关系而人口的增多又产生新的需要的时候，这种家庭便成为从属的关系了(德国除外——此为讽刺德意志意识形态之语，引者注)。”②继而，马克思还批判意识形态们的“家庭”观念，及其反映出来的意识形态思维方式。“这时就应该根据现有的经验材料来考察和阐明家庭，而不应该像通常在德国所做的那样，根据‘家庭的概念’来考察和阐明家庭。此外，不应该把社会活动的这三个方面看作是三个不同的阶段。”③科学历史观的叙述逻辑的进展只是形式上呈现为先验结构的发展，它只是客观地描述共时态“生命的生产”的“不同方面”，而不是像唯心主义想象的概念主体那样，通过某种神秘精神运动产生现实的人及其历史。

第四个方面是指包含着“生命的生产”二重性的“生产方式”。在生产方式阶段，我们看到，所有的“生命的生产”既表现为“自然关系”，也表现为“社会关系”。这就是说，沿着从抽象到具体的叙述逻辑，叙述至此的“生命的生产”，从而也是“原初的历史的关系”达到了一个圆圈式的完整规定——“生产方式”，即达到“生命的生产”和生产力两个范畴的完整规定性。生产方式范畴保留着前述各个“因素”和“方面”的规定性，完成科学历

① 《德意志意识形态》(节选本)，第24页，北京：人民出版社，2018年。
② 《德意志意识形态》(节选本)，第24页，北京：人民出版社，2018年。
③ 《德意志意识形态》(节选本)，第24页，北京：人民出版社，2018年。

史观的一个重要叙述阶段。对此，马克思从三个角度进行描述。

首先，“生命的生产，无论是通过劳动而生产自己的生命，还是通过生育而生产他人的生命，就立即表现为双重关系：一方面是自然关系，另一方面是社会关系”。“生命的生产”二重属性的明确概括，深化了对“劳动”“生育”这些历史因素的认识。其中，马克思对“社会关系”做了如下补充说明：“社会关系的含义在这里是指许多个人的共同活动，不管这种共同活动是在什么条件下、用什么方式和为了什么目的而进行的。”[①]显然，这是在抽象层面上，从而也是在具有广泛适用性意义上定义“社会关系”。就整个叙述逻辑发展来说，这个抽象之所以必要、合理，乃是在始源性关系层面揭示现实的个人的共同存在，指明现实历史当中的一种共同属性。阐明“生命的生产”具有一般性共同存在属性，即现实的人始终处于“共在”状态，为研究后续的各个特殊时代，特别是大工业时代的社会关系提供了一个分析视角和方法。

其次，正是基于“生命的生产”总体性认识，才可能提出完整把握现实生产力的“生产方式”范畴。“一定的生产方式或一定的工业阶段始终是与一定的共同活动方式或一定的社会阶段联系着的，而这种共同活动方式本身就是‘生产力’。”这里，完整的“生命的生产”、“生产力”、“生产方式”具有同等意义，可以看作是同一个概念的不同角度的表达。理解了这一点，我们会合乎逻辑地发现，“人们所达到的生产力总和决定着社会状况，因而，始终必须把‘人类的历史’同工业和交换的历史联系起来研究和探讨。”[②]马克思以生产力“总和”来定义“生产方式”范畴，就是更具体地表达前述的“生命的生产”和“生产力”理论，从而清晰、深刻地阐明了生产方式对社会历史发展的最终决定作用。

再次，马克思批判了在该问题上表现出的德意志意识形态观念。与科学历史观如实揭示“生命的生产”二重性即“四个方面”的“原初的历史的关系”不同，德意志意识形态家们漫画式绘制的是精神主宰的“历史”图谱，真实的历史被抛到九霄云外。对意识形态家们的想入非非、天马行空，马克思用揶揄的口吻评论道，以科学历史观所看到的真实的历史场景，“在德国是写不出来的，这也是很明显的，因为对于德国人来说，要做到

---

① 《德意志意识形态》(节选本)，第 25 页，北京：人民出版社，2018 年。

② 《德意志意识形态》(节选本)，第 25 页，北京：人民出版社，2018 年。

这一点不仅缺乏理解能力和材料，而且还缺乏‘感性确定性’；而在莱茵河彼岸之所以不可能有关于这类事情的任何经验，是因为那里再没有什么历史。”在与意识形态家们的观念做了对比之后，马克思进一步指出，“由此可见，人们之间一开始就有一种物质联系。这种联系是由需要和生产方式决定的，它和人本身有同样长久的历史；这种联系不断采取新的形式，因而就表现为‘历史’，它不需要用任何政治的或宗教的呓语特意把人们维系在一起。”①以科学的方式研究现实的历史，也就是如其所是地呈现历史之中发生的客观联系。当我们实现了如实呈现历史，认识到人们之间的物质联系及其物质生产、物质交往基础之后，意识形态家以主观幻想编造出来的精神联系和精神统治就变得不值一提了。

(三)由“原初的历史关系”所决定的意识活动

从已经得到的社会存在与社会意识辩证关系出发，马克思透过“原初的历史的关系”的理解，对意识及其向意识形态的转化做出新的探讨，推进了此前意识形态发生机制的研究。

意识在历史活动中的产生，是物质生产的内部环节和要素。对于意识形态家钟情的意识领域，马克思以反讽的方式展开论述：“只有现在，在我们已经考察了原初的历史的关系的四个因素、四个方面之后，我们才发现：人还具有‘意识’。但是这种意识并非一开始就是‘纯粹的’意识。‘精神’从一开始就很倒霉，受到物质的‘纠缠’，物质在这里表现为振动着的空气层、声音，简言之，即语言。语言和意识具有同样长久的历史；语言是一种实践的、既为别人存在因而也为我自身而存在的、现实的意识。语言也和意识一样，只是由于需要，由于和他人交往的迫切需要才产生的。”②相对于意识形态家讲的“纯粹的”意识，马克思首先在意识最直接的感性表现——语言及其产生的客观社会条件上予以驳斥。

此后，马克思将这种感性的、现实性的分析引向更普遍的社会关系领域。“凡是某种关系存在的地方，这种关系都是为我而存在的；动物不对什么发生‘关系’，而且根本没有‘关系’；对于动物来说，它对他物的关系不是作为关系而存在的。因而，意识一开始就是社会的产物，而且只要人

---

① 《德意志意识形态》(节选本)，第 25 页，北京：人民出版社，2018 年。

② 《德意志意识形态》(节选本)，第 25—26 页，北京：人民出版社，2018 年。

们存在着，它就仍然是这种产物。”[①]这里，出现马克思给“关系”二字加引号的情形。按照马克思讽刺意识形态家的语境来看，“关系”应该是指意识形态家们强调的“观念”。如此说来，不能照字面意思直接地理解动物没有与世界发生关系，而是说动物与世界建立的关系没有反映到自觉的意识世界，自然也不可能用感性化的语言载体表达关于“关系”的观念。同时，观念是通过“自我意识”这个主体意识得以呈现的，所以，只有人类才把客观的关系反映到观念中，而作为观念的“关系”必然“都是为我而存在的”。这样，马克思就揭示出意识、语言和观念反映的社会关系之间的系统性联系，将意识如何发生于历史活动中做出了更细致的描述。

在讨论意识在现实历史中发生的最一般感性条件和具体社会条件之后，马克思再次探讨意识发生的具体机制。“意识起初只是对直接的可感知的环境的一种意识，是对处于开始意识到自身的个人之外的其他人和其他物的狭隘联系的一种意识。同时，它也是对自然界的一种意识，自然界起初是作为一种完全异己的、有无限威力的和不可制服的力量与人们对立的，人们同自然界的关系完全像动物同自然界的关系一样，人们就像牲畜一样慑服于自然界，因而，这是对自然界的一种纯粹动物式的意识(自然宗教)；但是，另一方面，意识到必须和周围的个人来往，也就是开始意识到人总是生活在社会中的。这个开始，同这一阶段的社会生活本身一样，带有动物的性质；这是纯粹的畜群意识，这里，人和绵羊不同的地方只是在于：他的意识代替了他的本能，或者说他的本能是被意识到了的本能。由于生产效率的提高，需要的增长以及作为二者基础的人口的增长，这种绵羊意识或部落意识获得了进一步发展和提高。”[②]

可见，意识不是外在于生命生产和物质生产活动的抽象存在，也不是决定历史本质的恒久精神，它只是随着物质生产和物质交往不断产生又不断改变存在形式的派生性存在。

① 《德意志意识形态》(节选本)，第 26 页，北京：人民出版社，2018 年。

② 《德意志意识形态》(节选本)，第 27 页，北京：人民出版社，2018 年。

三、从分工角度分析意识形态和共产主义革命

(一)分工与意识形态的根源

在意识形态家那里，表现为“自我意识”、“类本质”、“唯一者”和“绝对精神”等等的意识形态，它们是本源性存在，决定活生生的现实生活。在意识形态家眼中，各种意识形态具有独立性和自身发展逻辑，构成了自身的“历史”。对于这种虚幻的“历史”，马克思运用分工理论做出了深刻的理论剖析。

马克思认为，作为生产力的一定历史时期表现形式的分工，是意识形态家们产生“历史”幻觉的原因，相应地，消灭旧式分工自然成为消除意识形态独立性和“历史”幻觉的前提。在“历史”的现实基础中产生的意识，因为分工而转变为意识形态，同样，随着生产力发展，当旧式分工退出历史，造成现实和意识的颠倒关系的社会条件也退出历史，统治阶级的意识形态也将随之消除。

分工作为生产力的一定历史形式具有必然性，它在推动历史发展的同时，也带来意识的“病变”，脱离真实的现实关系向意识形态转变。“分工起初只是性行为方面的分工，后来是由于天赋(例如体力)、需要、偶然性等等才自发地或‘自然地’形成的分工。从这时候起意识才能现实地想象：它是和现存实践的意识不同的某种东西；它不用想象某种现实的东西就能现实地想象某种东西。从这时候起，意识才能摆脱世界而去构造‘纯粹的’理论、神学、哲学、道德等等。”①

尽管直接看意识形态家们的意识或者精神生产似乎是摆脱了现实世界束缚，高高在上，然而，透过社会生活的物质生产根基及其与精神生产的关系，依然可以发现基于分工产生的“精神自由”，最终逃不出以分工为表现形式的生产力的制约和影响。“如果这种理论、神学、哲学、道德等等同现存的关系发生矛盾，那么，这仅仅是因为现存的社会关系同现存的生产力发生了矛盾。”为了能切近说明德意志意识形态的发生的历史原因，马克思还把这个道理扩展到民族之间的关系上做出分析。他指出：“在一

① 《德意志意识形态》(节选本)，第27页，北京：人民出版社，2018年。

定民族的各种关系的范围内，这种现象的出现也可能不是因为该民族范围内出现了矛盾，而是因为在该民族意识和其他民族的实践之间，亦即在某一民族的民族意识和普遍意识之间出现了矛盾(就像目前德国的情形那样)——既然这个矛盾似乎只表现为民族意识范围内的矛盾，那么在这个民族看来，斗争也就限于这种民族废物，因为这个民族就是废物本身。但是，意识本身究竟采取什么形式，这是完全无关紧要的。”①

在分析意识发生“病变”转变为意识形态之后，马克思对如何消除意识形态的“历史”幻觉给出解答。“我们从这一大堆赘述中只能得出一个结论：上述三个因素即生产力、社会状况和意识，彼此之间可能而且一定会发生矛盾，因为分工使精神活动和物质活动、享受和劳动、生产和消费由不同的个人来分担这种情况不仅成为可能，而且成为现实，而要使这三个因素彼此不发生矛盾，则只有再消灭分工。”②对于德意志意识形态的剖析，马克思在遵从消灭意识形态一般“历史”前提下，特别点明它独特的表现，指出其赖以存在的社会条件，从而为终结德意志意识形态指明了斗争方向。“不言而喻，‘幽灵’、‘枷锁’、‘最高存在物’、‘概念’、‘疑虑’显然只是孤立的个人的一种观念上的、思辨的、精神的表现，只是他的观念，即关于真正经验的束缚和界限的观念；生活的生产方式以及与此相联系的交往形式在这些束缚和界限的范围内运动着。”③

(二)分工决定意识形态的变迁

分工作为生产力的一定历史形式居于各种社会矛盾运动的核心，决定了社会基本结构和历史发展走势。基于此，分工的历史运动也决定着意识形态的变迁。

分工作为生产力，虽然决定意识形态的历史过程，但是这种决定又不是直接的，而是通过复杂的社会关系实现的。其中，“家庭”“国家”是马克思重点考察的中介点。

之所以选择“家庭”和“国家”来分析分工决定意识形态，这主要是因为分工普遍作用于社会生活时，其结果——所有制在这两个方面的决定作用

---

① 《德意志意识形态》(节选本)，第27页，北京：人民出版社，2018年。
② 《德意志意识形态》(节选本)，第27—28页，北京：人民出版社，2018年。
③ 《德意志意识形态》(节选本)，第28页，北京：人民出版社，2018年。

体现比较突出。一方面，马克思认为，就“生产力、社会状况和意识”之间的关系而言，“分工包含着所有这些矛盾”。[①] 而就决定的机制来说，有必要考察直接体现分工及其所有制决定的现实社会形式，以此才可能生动描述分工如何决定意识形态。作为生产力历史形式的分工，首先以所有制形态变迁决定着社会结合的类型，继而决定着意识形态的变迁。就马克思当时所认识到的这种客观历史进程看，人类历史先后呈现为“家庭”“国家”两种社会结合类型和与之相应的意识形态观念的变迁，被看作较为典型的现象。

分工对“生产力、社会状况和意识”的决定性作用，最初体现在“家庭”为主导的社会历史时期。这“是以家庭中自然形成的分工和社会分裂为单个的、互相对立的家庭这一点为基础的”。对于分工与家庭的关系，马克思上升至生产力与生产关系的高度来把握，换言之，前者无非是后者的特殊表现形式。马克思指出：“与这种分工同时出现的还有分配，而且是劳动及其产品的不平等的分配(无论在数量上或质量上)；因而产生了所有制，它的萌芽和最初形式在家庭中已经出现，在那里妻子和女儿是丈夫的奴隶。”[②]限于19世纪中叶历史学研究的认识水平，马克思对家庭的分析存在社会形态定性上的偏差，但是，马克思在生产力和生产关系的矛盾运动层次上的家庭研究，令“历史的原初的关系”的描述更丰富更具体，同时也深化了前述关于所有制第一个发展阶段——“部落所有制”的认识。鉴于家庭内部的所有制关系具有隐蔽性，马克思对家庭之中的分工如何决定所有制，给出补充解释。“家庭中这种诚然还非常原始和隐蔽的奴隶制，是最初的所有制，但就是这种所有制也完全符合现代经济学所下的定义，即所有制是对他人劳动的支配。其实，分工和私有制是相等的表达方式，对同一件事情，一个是就活动而言，另一个是就活动的产品而言。”[③]这里不难发现，“现代经济学家”所讲的“所有制”之所以“暗合”于早期“家庭”的所有制，源于它们受制于生产活动的分工逻辑，是分工在意识形态上的反映。

分工对“生产力、社会状况和意识”的决定作用，还体现在国家这种“虚幻的共同体”形式上。分工造成的“特殊利益和共同利益”的矛盾导致了

① 《德意志意识形态》(节选本)，第28页，北京：人民出版社，2018年。
② 《德意志意识形态》(节选本)，第28页，北京：人民出版社，2018年。
③ 《德意志意识形态》(节选本)，第28页，北京：人民出版社，2018年。

国家的产生，国家声称代表共同利益是假象，所谓的"共同利益"实现的只是统治阶级的利益。马克思对此在如下三个方面展开讨论。

第一，分工造成"特殊利益和共同利益"的对立，普遍的利益只存在于意识形态观念中。"随着分工的发展也产生了单个人的利益或单个家庭的利益与所有互相交往的个人的共同利益之间的矛盾；而且这种共同利益不是仅仅作为一种'普遍的东西'存在于观念之中，而首先是作为彼此有了分工的个人之间的相互依存关系存在于现实之中。"①意识形态制造的虚假普遍利益观念，首要目的在于整合社会，以利于实现分工条件下的社会合作和团结。

第二，国家是假冒的共同利益代表，是企图掩盖阶级斗争的"虚幻的共同体"。在分工和利益分裂条件下，意识形态所经营的社会合作和团结又表现为国家这种政治组织的产生。正如普遍利益只是观念上的欺骗，国家作为共同体必然带有虚幻性。之所以说国家是假冒的共同利益代表，因为它脱离了各种真实共同体的利益诉求。"正是由于特殊利益和共同利益之间的这种矛盾，共同利益才采取国家这种与实际的单个利益和全体利益相脱离的独立形式，同时采取虚幻的共同体的形式，而这始终是在每一个家庭集团或部落集团中现有的骨肉联系、语言联系、较大规模的分工联系以及其他利益的联系的现实基础上。"②

从阶级关系来看，相对于社会生活的多重交织关系，国家总是抽象的，这种虚幻的共同体形式是无法真正代表人们的共同利益的。国家既然不能代表共同利益，却又声称它自己代表了所有人利益，这背后隐藏的是阶级对立和阶级斗争。透视国家的阶级属性，我们看到，"国家内部的一切斗争——民主政体、贵族政体和君主政体相互之间的斗争，争取选举权的斗争等等，不过是一些虚幻的形式——普遍的东西一般说来是一种虚幻的共同体的形式——在这些形式下进行着各个阶级间的真正的斗争"。③ 可见，只要分工和私有制存在，国家就不可能解决"特殊利益和共同利益"的对立。在意识形态批判领域，这个问题则表现为马克思等人已经发现其中的联系，而"德国的理论家们对此一窍不通"。

---

① 《德意志意识形态》(节选本)，第 28—29 页，北京：人民出版社，2018 年。

② 《德意志意识形态》(节选本)，第 29 页，北京：人民出版社，2018 年。

③ 《德意志意识形态》(节选本)，第 29 页，北京：人民出版社，2018 年。

第三，提出无产阶级夺取政权的任务及其蕴含的政治斗争规律。“从这里还可以看出，每一个力图取得统治的阶级，即使它的统治要求消灭整个旧的社会形式和一切统治，就像无产阶级那样，都必须首先夺取政权，以便把自己的利益又说成是普遍的利益，而这是它在初期不得不如此做的。”①

在前述基础上，马克思阐述旧式分工条件下人们社会结合的类型及其如何决定他们的意识形态观念，指出其间具有相互作用、相互规定、相互影响的同构关系。“正因为各个人所追求的仅仅是自己的特殊的、对他们来说是同他们的共同利益不相符合的利益，所以他们认为，这种共同利益是‘异己的’和‘不依赖’于他们的，即仍旧是一种特殊的独特的‘普遍’利益，或者说，他们本身必须在这种不一致的状况下活动，就像在民主制中一样。另一方面，这些始终真正地同共同利益和虚幻的共同利益相对抗的特殊利益来进行的实际斗争，使得通过国家这种虚幻的‘普遍’利益来进行实际的干涉和约束成为必要。”②可见，若想打破它们之间的同构关系，必须消灭旧式分工。

(三)消灭分工与共产主义的实现

马克思指出只有消灭旧式分工的共产主义社会，才能够消除“特殊利益和共同利益”的对立，使人获得自由全面的发展。对此，马克思分四个层次展开分析。

其一，旧式分工决定了人的生产活动受社会结合方式的奴役，也受分工产生的生产力压迫。“只要人们还处在自然形成的社会中，就是说，只要特殊利益和共同利益之间还有分裂，也就是说，只要分工还不是出于自愿，而是自然形成的，那么人本身的活动对人来说就成为一种异己的、同他对立的力量，这种力量压迫着人，而不是人驾驭着这种力量。”③

其二，旧式分工下的所有制关系必然导致人的片面发展。“当分工一出现之后，任何人都有自己一定的特殊的活动范围，这个范围是强加于他的，他不能超出这个范围：他是一个猎人、渔夫或牧人，或者是一个批判

---

① 《德意志意识形态》(节选本)，第 29 页，北京：人民出版社，2018 年。

② 《德意志意识形态》(节选本)，第 29—30 页，北京：人民出版社，2018 年。

③ 《德意志意识形态》(节选本)，第 30 页，北京：人民出版社，2018 年。

的批判者，只要他不想失去生活资料，他就始终应该是这样的人。”①

其三，随着旧式分工及其决定的所有制终结于共产主义社会，人将获得自由全面的发展。“在共产主义社会里，任何人都没有特殊的活动范围，而是都可以在任何部门内发展，社会调节着整个生产，因而使我有可能随自己的兴趣今天干这事，明天干那事，上午打猎，下午捕鱼，傍晚从事畜牧，晚饭后从事批判，这样就不会使我老是一个猎人、渔夫、牧人或批判者。”②

其四，生产力的“颠倒”发展逻辑是问题的实质。“社会活动的这种固定化，我们本身的产物聚合为一种统治我们、不受我们控制、使我们的愿望不能实现并使我们的打算落空的物质力量，这是迄今为止历史发展中的主要因素之一。受分工制约的不同个人的共同活动产生了一种社会力量，即成倍增长的生产力。因为共同活动本身不是自愿地而是自然形成的，所以这种社会力量在这些个人看来就不是他们自身的联合力量，而是某种异己的、在他们之外的强制力量。关于这种力量的起源和发展趋向，他们一点也不了解；因而他们不再能驾驭这种力量，相反，这种力量现在却经历着一系列独特的、不仅不依赖于人们的意志和行为反而支配着人们的意志和行为的发展阶段。”③

四、生产力发展与共产主义实现

当生产力采取分工形式发展自身时，它与人自身的生命生产产生矛盾。马克思把这种矛盾称为“异化”。不过，鉴于“异化”是青年黑格尔派，特别是费尔巴哈常用的范畴，马克思谈及“异化”时，顺便指出这是哲学家喜欢谈论的话题，以此表明自己已然赋予这个概念双重理解：唯心主义异化观和基于现实分析得出的唯物主义异化观。显然，马克思这里不是像费尔巴哈等人那样，预设一种理想状态来讨论现实的“颠倒性”和异化，而是深入到经验事实之中，通过深刻分析生产力的分工形态来分析人的活动造成反对自身的历史事实。对于这一我们经验到的历史事实，马克思认为，我们只有经历“异化”充分发展之后，才有可能破除“异化”，最终通过共产

① 《德意志意识形态》(节选本)，第 30 页，北京：人民出版社，2018 年。

② 《德意志意识形态》(节选本)，第 30 页，北京：人民出版社，2018 年。

③ 《德意志意识形态》(节选本)，第 30 页，北京：人民出版社，2018 年。

主义革命迎来理想社会的到来。

(一)生产力、分工与“异化”

生产力在旧式的、被迫分工，即直接表现为生活资料分配统治人的逻辑下，人必然处于“异化”状态。对于异化，马克思不是像《1844年经济学哲学手稿》那样，预设一种理想的人性，然后讨论理想人性如何失而复得。《形态》中，马克思从生产力采取旧式分工这一事实出发，发现了阶级关系产生和运动的历史根源。马克思认识到，生产力在分工形式下的不断发展日益造成了阶级斗争的尖锐化。“这种‘异化’(用哲学家易懂的话来说)当然只有在具备了两个实际前提之后才会消灭。要使这种异化成为一种‘不堪忍受的’力量，即成为革命所要反对的力量，就必须让它把人类的大多数变成完全‘没有财产的’人，同时这些人又同现存的有钱有教养的世界相对立，而这两个条件都是以生产力的巨大增长和高度发展为前提的。”①现代生产力在分工，从而是在私有制逻辑下的发展，造成了无产阶级与资产阶级的利益冲突，由此必然激发无产阶级进行消灭资本主义私有制的革命。肇始于生产力高度发展的无产阶级革命必将终结意识形态家们热衷谈论却又不明就里的“异化”。

同时，马克思还阐明了只有生产力的充分发展才能保障革命实践摆脱初级化和野蛮化。“生产力的这种发展(随着这种发展，人们的世界历史性的而不是地域性的存在同时已经是经验的存在了)之所以是绝对必需的实际前提，还因为如果没有这种发展，那就只会有贫穷、极端贫困的普遍化；而在极端贫困的情况下，必须重新开始争取必需品的斗争，全部陈腐污浊的东西又要死灰复燃。”②生产力的高度发展，上一个层次是从积极方面讲它成为新社会的基础；这里从“底线”看，则是保障人民的需要摆脱谋取最低生活资料的那种水平。否则，即便发生革命也不会是共产主义意义上的革命，而只能是初级化、野蛮化的社会革命，表现为争取生活必需品的社会动荡。

---

① 《德意志意识形态》(节选本)，第31页，北京：人民出版社，2018年。

② 《德意志意识形态》(节选本)，第31页，北京：人民出版社，2018年。

(二)生产力、经济的普遍交往与共产主义革命

无产阶级发动的共产主义革命，既是生产力发展到一定阶段所提出的历史要求，也是经济活动进入普遍交往时期的必然结果。生产力发展促进人们经济上的普遍交往，而普遍交往又反过来推动生产力的矛盾运动，最终为广泛的共产主义革命创造有利条件。“只有随着生产力的这种普遍发展，人们的普遍交往才能建立起来；普遍交往，一方面，可以产生一切民族中同时都存在着‘没有财产的’群众这一现象(普遍竞争)，使每一民族都依赖于其他民族的变革；最后，地域性的个人为世界历史性的、经验上普遍的个人所代替。”如果生产力发展顺利地带来了普遍交往的实现，共产主义革命就不可能具备雄厚物质前提，并赢得广泛的群众参与和支持。于是，将出现对共产主义革命不利的三种情形：“(1)共产主义就只能作为某种地域性的东西而存在；(2)交往的力量本身就不可能发展成为一种普遍的因而是不堪忍受的力量：它们会依然处于地方的、笼罩着迷信气氛的‘状态’；(3)交往的任何扩大都会消灭地域性的共产主义。”正是基于生产力发展带来普遍的世界交往具有的重要作用，马克思、恩格斯首次提出了他的“世界革命”思想：“共产主义只有作为占统治地位的各民族‘一下子’同时发生的行动，在经验上才是可能的，而这是以生产力的普遍发展和与此相联系的世界交往为前提的。”①

从实践角度理解共产主义，在这里，就是从生产力、分工、经济的普遍交往解读共产主义运动的发生、发展规律。由于生产力和经济交往是随着实践不断发展的，这就决定了共产主义革命也是一个无止境的过程。对此，马克思揭示共产主义革命的生成性、开放性：共产主义革命永远在批判和改造现实的路上。“共产主义对我们来说不是应当确立的状况，不是现实应当与之相适应的理想。我们所称为共产主义的是那种消灭现存状况的现实的运动。这个运动的条件是由现有的前提产生的。”②这里提及两个“不是”，表明无论是某种既成事实，还是某种美好理想，都不能君临活生生的人类实践之上，充当衡量和规范共产主义运动的尺度。实践，才是赋予历史主客体方向和意义的根据。共产主义作为永不停息的现实运动，拒

① 《德意志意识形态》(节选本)，第31页，北京：人民出版社，2018年。
② 《德意志意识形态》(节选本)，第31页，北京：人民出版社，2018年。

绝一切外在于它的终极限定，永远面向无穷可能性，走在批判现实、革新现实的路上。

(三)共产主义革命是全世界无产者的共同事业

共产主义革命通过世界市场的矛盾运动而发生、发展，是世界历史性的革命。大工业生产力和普遍交往塑造了世界市场，世界市场带来社会基本矛盾运动的新特征，特别是世界市场决定的无产阶级的生存处境，决定了无产阶级担当的共产主义革命必然具有普遍性、世界历史性。“许许多多人仅仅依靠自己劳动为生——大量的劳力与资本隔绝或甚至连有限地满足自己的需要的可能性都被剥夺——，从而由于竞争，他们不再是暂时失去作为保障的生活来源的工作，他们陷于绝境，这种状况是以世界市场的存在为前提的。因此，无产阶级只有在世界历史意义上才能存在，就像共产主义——它的事业——只有作为‘世界历史性的’存在才有可能实现一样。而各个人的世界历史性的存在，也就是与世界历史直接相联系的各个人的存在。”[①]由物质生产发展带来的普遍交往，以世界市场的形式作用于现实的人的生存。从阶级视角看，占有生产资料的资产阶级与失去生产资料的无产阶级具有截然相反的命运。无产阶级的悲惨处境随着世界市场的变化将愈发难以忍受，而生产力和普遍交往的发展又为无产阶级在“世界历史意义上”发动反抗资产阶级的革命准备了物质条件。由此，矛盾的产生和解决都带有“世界历史性的”属性，它客观上要求无产阶级从自在的“世界历史性的”存在，转变为自觉的“世界历史性的”存在，从而为完成全世界无产者所担负的解放全人类的历史使命做好准备。

(四)共产主义革命是经济革命和人自身革命的统一

共产主义革命通过生产关系，即物质利益关系变革谋求实现生产力和人自身的发展。从生产力发展的趋势看，共产主义革命必然打破财产占有关系、交换关系对社会结合的统治，最终使生产力与人自身发展统一起来。生产力以分工的形式发展自身，在历史上形成了反映所有制变迁的多种多样的占有关系，即“财产”关系“采取各种不同的形式”。马克思以“地产”为例，分析指出地产的历史形式在法国、英国的发展都源于生产力及

① 《德意志意识形态》(节选本)，第32页，北京：人民出版社，2018年。

其决定的所有制的发展。接下来，对于生产力和私有制决定的交换关系，马克思设问道："至于贸易——它终究不过是不同个人和不同国家的产品交换——又怎么能够通过供求关系而统治全世界呢?"然后，他给出了居于两种不同阶级立场的不同回答，即资产阶级经济学家斯密为代表的带有一定神秘化倾向的解释和无产阶级以共产主义革命做出的行动解答。"用一位英国经济学家的话来说，这种关系就像古典古代的命运之神一样，遨游于寰球之上，用看不见的手把幸福和灾难分配给人们，把一些王国创造出来，又把它们毁掉，使一些民族产生，又使一些它们衰亡；但随着基础即随着私有制的消灭，随着对生产实行共产主义的调节以及这种调节所带来的人们对于自己产品的异己关系的消灭，供求关系的威力也将消失，人们将使交换、生产及他们发生相互关系的方式重新受自己的支配。"①

总之，在"费尔巴哈Ⅱ"中，马克思首先阐发了"物质生产理论 1"。以共产主义革命为主题，马克思批判了费尔巴哈人本学唯物主义哲学，指出其静观的"感性直观"不可能真正认识和把握感性世界，也不可能为共产主义革命奠定理论基础。继而，马克思阐发了历史唯物主义的"物质生产理论 1"。"物质生产理论 1"，从直接生产入手叙述生命的生产，包括感性劳动、需要、生育、交往等主要环节，并在生产力高度对物质生产做出了阶段性总结。最后，马克思以生产力的特定历史形式——分工，阐发生产力发展必然会导致无产阶级革命，从而为无产阶级承担共产主义使命给出重要的历史唯物主义论证。在阐发"物质生产理论 1"之后，马克思为全面揭示物质生产的总运动，转入以"物质生产理论 2"为主要内容的广义历史唯物主义(二)的论说。

① 《德意志意识形态》(节选本)，第 32 页，北京：人民出版社，2018 年。

第三章　广义历史唯物主义(二)

马克思批判费尔巴哈的抽象感性世界理论，立足实践阐述何谓活生生的感性世界，并且经由“原初的历史的关系”和分工的分析，形成了生产力理论。不过，以上的生产力分析，还停留在“直接”的物质生产描述，一些影响生产力发展的要素处于“悬置”状态。其中，交往就是有待讨论的最重要因素和环节。

如果把“直接”论述物质生产和生产力的理论称之为“物质生产理论 1”的话，那么，由交往引出的生产力运动规律分析就形成了历史唯物主义的“物质生产理论 2”。“物质生产理论 2”以市民社会理论的具体化进一步展开生产力理论的具体化，从而确立了相对于政治经济学批判而言的，历史观层面上的“交往与生产力”相统一的市民社会理论的“一般”，或称之为交往形式理论的“一般”。交往形式理论的一般性论证，为以后的政治经济学批判准备了历史观前提。

这样，我们从历史唯物主义的整个叙述逻辑看，“物质生产理论 2”无非是通过交往的分析来推进和丰富“物质生产理论 1”，揭示的是物质生产总运动规律。随着“物质生产理论 1”发展到“物质生产理论 2”，相应地，广义历史唯物主义(一)就推进到了广义历史唯物主义(二)。

一、交往、交往形式与唯心主义历史观批判

从直接讨论物质生产，到通过交往以及交往形式来分析物质生产，是马克思物质生产理论的重要环节，也由此呈现出广义历史唯物主义的核心内容。对这些观点的叙述，马克思又是与意识形态批判工作即唯心主义历

史观批判同步进行的。

(一)交往研究的方法论来源及转化

讨论“交往和生产力”问题，实质上是引入交往来深化生产力的认识。它是以交往为主题，在这个“间接”阶段来描述物质生产，在人与人互动关系层面深化和丰富“物质生产理论 1”。从生产力理论即物质生产的“直接”研究到交往分析，尽管研究的对象转向了交往，但是，目的却是呈现更具体、更现实的物质生产运动。

从方法论观之，生产之后，交往如何是进入历史唯物主义的叙述逻辑？这里，有必要了解马克思对黑格尔辩证法的一个重要借鉴。按照黑格尔概念辩证法对“直接”与“间接”关系的理解，“间接”出现在“直接”之后，是概念运动在他物之中展开自己的方式。马克思在摆脱黑格尔概念辩证法的唯心主义“幻觉”基础上，将概念辩证法的“合理内核”运用到历史研究和历史观叙述上。研究“直接”的物质生产得到了生产力理论之后，马克思论述“交往和生产力”之间的关系，即物质生产，从而生产力如何“间接”地实现在人们的交往之中。这构成历史唯物主义的第二重叙述逻辑。

马克思对物质生产为主题的“直接”描述转向交往为主题的“间接”描述，若不谈唯物主义哲学立场，方法论上很是接近黑格尔辩证法所描述的概念“前进—回溯”运动。黑格尔曾经指出：“离开端而前进，应当看作只不过是开端的进一步规定，所以开端的东西仍然是一切后继者的基础。”①对照这个概念运动原则，作为“开端”的物质生产，只有离开自身的“直接”描述，才能在“间接”描述中获得更加具体的现实内容；正是在离开自身的“前进”到交往阶段而进行“回溯”，即“前进”到交往阶段，以“交往和生产力”分析才能丰富关于“开端”——物质生产的认识。

(二)交往、交往形式(或市民社会)

正如物质生产需要通过生产方式来把握具体内容，对于交往的分析，马克思是通过交往形式来展开讨论的。

“受到迄今为止一切历史阶段的生产力制约同时又反过来制约生产力的交往形式，就是市民社会。前面的叙述已经表明，这个社会是以简单的

---

① ［德］黑格尔：《逻辑学》(上卷)，第 55—56 页，北京：商务印书馆，1977 年。

家庭和复杂的家庭，即所谓部落制度作为自己的前提和基础的。关于市民社会的比较详尽的定义已经包括在前面的叙述中了。从这里已经可以看出，这个市民社会是全部历史的真正发源地和舞台，可以看出过去那种轻视现实关系而局限于言过其实的重大政治历史事件的历史观是何等荒谬。"[①]随着物质生产的研究进入交往阶段，经济基础不仅作为生产关系而存在，同时，还体现为一定的交往关系，就是说，进一步描述物质生产，需要在生产方式与交往形式相统一的层面来进行。一旦能够如此认识物质生产及其作用，那种夸大政治因素的历史思维就暴露出明显的局限性、荒谬性。

在展开交往形式分析前，有必要先了解"费尔巴哈Ⅰ"已经提及，后面行文又频繁使用的交往概念。

长期以来，学界对《形态》交往范畴的理解多是经验化的、浮于表面的。一个根本原因在于，人们脱离《形态》中的马克思主义体系来理解它，没有把交往理解为马克思主义体系中的内在环节。这种情况也一定程度上存在于经典著作的权威注释中。以2018年出版的单行本《形态》为例，对"交往"的注释表明，它仍然否定交往范畴具备独立的理论价值。"交往(Verkehr)这个术语在《德意志意识形态》中含义很广。它包括单个人、社会团体以及国家之间的物质交往和精神交往。马克思和恩格斯在这部著作指出：物质交往，首先是人们在生产过程中的交往，这是任何其他交往的基础。《德意志意识形态》中所使用的'交往形式'、'交往方式'、'交往关系'、'生产关系和交往关系'这些术语，表达了马克思和恩格斯在这个时期形成的生产关系概念。"[②]这一注释的解释正确地看到了交往范畴论及范围广，也明确了物质交往之于政治交往、军事交往、精神交往等的优先地位，但是最终还没有透过马克思主义体系去抓住交往概念的实质内容和独特价值，而是将它看作"生产关系"概念的不成熟表达。与交往范畴相联系的其他概念：交往关系、交往形式、交往方式等等同样缺少基于文本的分析和合理的理论定位。

前述分析表明，交往是新哲学观中的主要范畴，与物质生产一样，对《形态》中的意识形态批判起到奠基作用。进入历史观环节，较之新哲学观

① 《德意志意识形态》(节选本)，第33页，北京：人民出版社，2018年。

② 《德意志意识形态》(节选本)，第129—130页，北京：人民出版社，2018年。

阶段的论说，交往及与其内在相关的交往形式概念获得新的规定性，也相应地具备了新的理论职能。

对比新哲学观阶段所讲的交往，作为广义历史唯物主义范畴的交往，首要是将物质生产的理解引向更加具体化的规定。交往，是生产力发展所需要的人与人之间的交互活动，它将感性世界、感性活动全面引向人与人之间的交互作用关系中。此时的交往，以物质生产所形成的生产力为基础，通过自身令生产力实现在人与人的关系之中。后续，马克思还对交往做了广义划分：代际交往和代内交往两个类型。结合马克思关于交往两个类型的论述，我们看到，如实地理解交往，有助于深入批判意识形态家们热心兜售的"历史"和"世界历史"。

马克思将交往形式和市民社会看作同一个范畴。之所以做出如此判断，其中一个可能理由在于，按照传统市民社会理论来看，平等的市场交换是市民社会产生的场域，其交往活动的主体是平等的商品所有制。以近代以来形成的市民社会及其平等交往关系为视角，就是以人的发展为视角，如此说来，所有的社会形式皆可以看作人与人交往的某种特殊实现形式。这一观点，在《政治经济学批判大纲》中被马克思概括为社会发展的"三形态"，即处于依赖关系中的人、基于物化社会关系的人的独立性个体和未来自由人联合体之中的自由个性。这里，我们需要深入了解的是，马克思不是抽象地、孤立地讨论市民社会的交往，而是把市民社会的交往活动放置在生产力发展的实现条件来研究，由此，广义历史唯物主义的市民社会理论包括两方面的基本内容：生产力与交往形式，回答的是生产力与交往形式即市民社会的矛盾运动关系问题。

马克思基于感性活动分析而确立的生产力范畴具有深刻的历史观意义。如前所述，生产力这种感性活动不仅包含丰富的原初的历史的关系，而且在它再生产过程中，还把作为交往形式的市民社会纳入自己的运动之中。这就是说，当我们在全面生产意义上把握生产力时，它在市民社会中的总运动决定了全部社会生活。对于生产力与作为交往形式的市民社会之间的这种深刻联系，马克思做出如下概括："受到迄今为止一切历史阶段的生产力制约同时又反过来制约生产力的交往形式，就是市民社会。前面的叙述已经表明，这个社会是以简单的家庭和复杂的家庭，即所谓部落制度作为自己的前提和基础的。关于市民社会的比较详细的定义已经包括在前面的叙述中了。从这里已经看出，这个市民社会是全部历史的真正发源地和舞台，可以看出过去那种轻视现实关系而局限于言过其实的重大政治历史事件的历史观是何等荒谬。”[①]这里可见，尽管整个社会生活当中的各种力量纵横交错，但是，从生产力与交往形式即市民社会的相互关系来看，包括政治活动都处在从属地位，是广义生产力在市民社会中运动的构成环节。那些过度夸大政治作用的意识形态家们，被狭隘的认识视野所限制，注定不会了解感性活动，更不会真正了解作为感性活动的生产力总运动，以及生产力在市民社会(即交往形式)中总运动所决定的全部社会生活。

(三)交往、生产力发展与唯心主义历史观批判

在论述“市民社会”理论的最后部分，马克思在回顾“费尔巴哈Ⅱ”阐述的生产力理论的第一个叙述阶段基础上，明确提出了接下来的叙述内容：“交往和生产力”，即前述生产力如何实现在交往之中。

“到现在为止，我们主要只是考察了人类活动的一个方面——人改造自然。另一个方面，人改造人。”[②]对此，马克思特别加一个边注：“交往和生产力。”当交往之于生产力的关系得到阐明后，一方面，关于交往形式即市民社会的认识会更加具体，另一方面，生产力的运动也会得到更加完整的呈现。对应于交往和生产力的叙述逻辑推进，马克思还计划讨论另一项历史观问题：“国家的起源和国家同市民社会的关系。”[③]

这段话表明，马克思分析生产力与交往形式之间的一般关系后，将在纵向、横向两个维度叙述物质生产的交往逻辑。正是在此议题之下，马克思批判意识形态家那里形形色色的历史目的论，特别是他们关于历史同一性、连续性的错误认识。马克思的交往逻辑批判指向的唯心主义历史观批判，是从批判意识形态家的“历史”和“历史向世界历史的转变”两个观念展开的。

我们知道，黑格尔以及青年黑格尔派在历史的终极意义理解上，尽管使用的主要概念有所不同，但是，都相信历史是围绕一个精神要素或者抽

① 《德意志意识形态》(节选本)，第32—33页，北京：人民出版社，2018年。

② 《德意志意识形态》(节选本)，第33页，北京：人民出版社，2018年。

③ 《德意志意识形态》(节选本)，第33页，北京：人民出版社，2018年。

象的人性的发展而构成的，都是奔赴一个终极目的而形成的。于是，历史的同一性、连续性就变成了某种精神要素或者抽象人性的自我实现的历史。为了批判这类抽象的历史观，马克思在批判意识形态家的"历史目的"和"历史向世界历史的转变"观念的同时，正面阐述交往逻辑，在历史观层面说明了交往和生产力之间的辩证关系。

第一，马克思分析意识形态家们历史目的论所主张的历史同一性观点，批判它们的唯心主义论证方式，揭示意识形态家们的历史目的论中的"历史"是虚幻的历史。在广义的历史唯物主义看来，人类社会的纵向交往是以每一个时代的现实的人为主体的。"历史不外是各个世代的依次交替。每一代都利用以前各代遗留下来的材料、资金和生产力；由于这个缘故，每一代一方面在完全改变了的环境下继续从事所继承的活动，另一方面又通过完全改变了的活动来变更旧的环境。"①如此说来，考察历史的同一性、连续性不能离开每一个时代中人们的感性活动，归根结底是客观的生产力；不能离开纵向的现实的人的交往以及由之形成的代际的生产力联系。而在意识形态家们那里，对历史的同一性、连续性却有着另一番解释："事情被思辨地扭曲成这样：好像后期历史是前期历史的目的，例如，好像美洲的发现的根本目的就是要促使法国大革命的爆发。于是历史便具有了自己特殊的目的并成为某个与'其他人物'（像'自我意识''批判''唯一者'等等）'并列的人物'。"对这种意识形态目的论，马克思以唯物主义历史观揭露道："其实，前期历史的'使命''目的''萌芽''观念'等词所表示的东西，终究不过是从后期历史中得出的抽象，不过是从前期历史对后期历史发生的积极影响中得出的抽象。"②显然，意识形态家们是用虚幻的精神主体取代了真实的历史主体以及它们之间的纵向交往关系，这种错误的历史观为各种"历史哲学"准备好了主体论前提。对意识形态家们凭借精神主体和抽象历史同一性而制造的观念"历史哲学"，对此种"历史哲学"的历史目的论立场，晚年的马克思依然持鲜明的批判态度，坚决否定其存在的合理性。

第二，历史的同一性、连续性的意识形态理解不仅存在于纵向交往的历史发展理解中，还表现在横向方面。作为横向交往的历史，"世界历史"

---

① 《德意志意识形态》（节选本），第 33 页，北京：人民出版社，2018 年。

② 《德意志意识形态》（节选本），第 33 页，北京：人民出版社，2018 年。

及“历史向世界历史的转变”观念首先作为意识形态理论进入马克思的批判视野。可以说，这些意识形态观念是颠倒反映近代世界人类交往活动，即在大工业和世界市场形成后，历史的同一性、连续性体现在人类横向交往的历史发展中。《形态》面对近代以来的历史大趋势，既批判意识形态式的颠倒反映，又阐发了马克思的科学认识，于是，产生了对“历史向世界历史的转变”的截然不同的理解。在唯物史观看来，以生产力发展为根本内容的各民族历史活动，必然随着分工的发展和世界市场的形成表现为一个从封闭走向世界普遍交往的过程。“各个相互影响的活动范围在这个发展进程中越是扩大，各民族的原始封闭状态由于日益完善的生产方式、交往以及因交往而自然形成的不同民族之间的分工消灭得越是彻底，历史也就越是成为世界历史。例如，如果在英国发明了一种机器，它夺走了印度和中国的无数劳动者的饭碗，并引起这些国家的整个生存形式的改变，这个发明便成为一个世界历史性的事实；同样，砂糖和咖啡是这样来表明自己在19世纪具有的世界历史意义的：拿破仑的大陆体系所引起的两种产品的匮乏推动了德国人起来反抗拿破仑，从而就成为光荣的1813年解放战争的现实基础。”①当我们能客观了解大工业时代人类的普遍交往，识破意识形态家关于“世界历史”的精神幻想就水到渠成。马克思就此指出：“由此可见，历史向世界历史的转变，不是‘自我意识’、世界精神或者某个形而上学幽灵的某种纯粹的抽象行为，而是完全物质的、可以通过经验证明的行动，每一个过着实际生活的、需要吃、喝、穿的个人都可以证明这种行动。”②至此，包括黑格尔和青年黑格尔派的“世界历史”理论的意识形态本性彻底呈现出来，同时，科学认识横向交往所造成的世界范围内生产力发展，以及由这种发展带来的现实的世界历史也成为可能。

第三，以往历史运动的同一性、连续性使每个人都成为被动的世界历史性存在，而共产主义革命将把个人被动的世界历史性存在转化为积极的世界历史性存在。这里，以个人发展的作用看，历史运动的同一性、连续性，特别是基于大工业生产力和世界市场形成的“历史向世界历史的转变”，表现为消极被动和积极主动两个历史类型。两者既相互对立，又相互联系，历史地交织在一起。由前者转化为后者，需要经过共产主义

① 《德意志意识形态》(节选本)，第33—34页，北京：人民出版社，2018年。

② 《德意志意识形态》(节选本)，第34页，北京：人民出版社，2018年。

革命。

一方面，单个人的被动的世界历史性存在必然引起共产主义革命。“单个人随着自己的活动扩大为世界历史性的活动，越来越受到对他们来说是异己的力量的支配(他们把这种压迫想象为所谓世界精神等等的圈套)，受到日益扩大的、归根结底表现为世界市场的力量的支配，这种情况在迄今为止的历史中当然也是经验事实。但是，另一种情况也具有同样的经验根据，这就是：随着现存社会制度被共产主义革命所推翻以及与这一革命具有同等意义的私有制的消灭，这种对德国理论家们来说是如此神秘的力量也将被消灭；同时，每一个单个人的解放的程度是与历史完全转变为世界历史的程度一致的。”[①]单个人的被动性存在，背后起支配作用的主体是世界市场。世界市场的运动，必然引起广泛的阶级对抗，特别是无产阶级反抗资产阶级的革命，由此，个人解放和无产阶级解放在共产主义革命中汇聚一体。

另一方面，单个人的被动的世界历史性存在为积极的世界历史性存在准备了历史条件。只有经历过长时间的个人的被动的世界历史性存在，“单个人才能摆脱种种民族局限和地域局限而同整个世界的生产(也同精神的生产)发生实际联系，才能获得利用全球的这种全面的生产(人们的创造)的能力。各个人的全面的依存关系、他们的这种自然形成的世界历史性的共同活动的最初形式，由于这种共产主义革命而转化为对下述力量的控制和自觉的驾驭，这些力量本来是由人们的相互作用产生的，但是迄今为止对他们来说都作为完全异己的力量威慑和驾驭着他们”。[②] 共产主义革命对于世界市场带来的历史后果进行转化，将其中的个人的被动性存在转变为主动性存在，而这，无非是把颠倒了的、反对人的世界再颠倒过来，把人们在物质生产和物质交往中创造的世界交还给人自身。

第四，马克思批判了与之相关的意识形态观念。在意识形态家那里，由唯物主义历史观所揭示的历史运动的同一性、连续性及其对个人存在和发展的作用，“仍然可以用思辨的、观念的方式，也就是用幻想的方式解释为‘类的自我产生’(‘作为主体的社会’)，从而把所有前后相继、彼此相连的个人想象为从事自我产生这种神秘活动的唯一的个人。这里很明显，

① 《德意志意识形态》(节选本)，第 34 页，北京：人民出版社，2018 年。

② 《德意志意识形态》(节选本)，第 34—35 页，北京：人民出版社，2018 年。

尽管人们在肉体上和精神上互相创造着，但是他们既不像圣布鲁诺胡说的那样，也不像‘唯一者’、‘被创造的’人那样创造自己本身”。[①] 意识形态家在精神世界产生的颠倒认识，源自于现实生活本身的颠倒。在共产主义革命发生之前，在社会结合的颠倒性质消除之前，关于神秘历史主体的想象将一直存在下去。马克思揭露了由物质生活颠倒带来的精神世界的颠倒，为瓦解意识形态指明了实践基础和思考方向。

以共产主义革命论题为统领，马克思既分析了物质利益关系之下的生产力发展，也探讨了人格关系之中的生产力发展。后者就是研究交往逻辑中的生产力发展问题。较之“直接”论说的生产力发展，交往逻辑中的生产力发展研究，其实是在既有研究基础上增加生产力发展的交往环节分析。可以说，这是伴随共产主义革命论题认识的深化，对广义历史唯物主义的进一步的阐释和具体化。接下来，马克思沿着这个运思方向，继续论述广义历史唯物主义。

二、广义历史唯物主义(二)视野下的共产主义逻辑

前述的广义历史唯物主义(二)的理论内容，它的主线体现为：以生产力发展为主轴，以交往形式(即市民社会)为社会内容和以共产主义革命为最终结论。对于“生产力—交往形式—共产主义革命”这条理论主线在历史过程中如何贯通市民社会、全部社会生活，马克思仍旧以共产主义革命为主题，做出了更为具体的归纳概括和细致解读。这些内容同样是广义历史唯物主义的组成部分。

(一)广义历史唯物主义的共产主义解读之一：阶级关系的历史地位和作用

生产力与交往形式的矛盾运动，其对抗程度在资本主义时代发展到极致。于是，在生产力、交往形式、共产主义革命三者之间，形成了历史的同构关系。它们之间交织、纠缠，相互作用、相互影响。“生产力在其发展的过程中达到这样的阶段，在这个阶段上产生出来的生产力和交往手段在现存关系下只能造成灾难，这种生产力已经不是生产的力量，而是破坏

① 《德意志意识形态》(节选本)，第 35 页，北京：人民出版社，2018 年。

的力量(机器和货币)。与此同时还产生了一个阶级，它必须承担社会的一切重负，而不能享受社会的福利，它被排除于社会之外，因而不得不同其他一切阶级发生最激烈的对立；这个阶级构成了全体社会成员中的大多数，从这个阶级中产生出必须实行彻底革命的意识，即共产主义意识，这种意识当然也可以在其他阶级中形成，只要它们认识到这个阶级的状况。”[①]从共产主义革命观念产生的社会存在基础看，大工业时代的生产力与交往形式矛盾是最根本的。这种矛盾反映在阶级关系上，就是无产阶级与资产阶级统治下的交往形式进行着不可调和的阶级斗争。共产主义意识就是大工业时代无产阶级地位和使命的客观反映和阶级自觉。就广义历史唯物主义来说，共产主义意识的产生也再一次确证了它在社会存在和社会意识的关系，特别是生产力与交往形式之间关系的科学认识。

(二)广义历史唯物主义的共产主义解读之二：经济基础与上层建筑的辩证关系

前述“生产力—交往形式—共产主义革命”之间的相互关系，必然反映到上层建筑即国家统治层面，从而也必然反映到被统治阶级反抗统治阶级的斗争中来。“那些使一定的生产力能够得到利用的条件，是社会的一定阶级实行统治的条件，这个阶级的由其财产状况产生的社会权力，每一次都在相应的国家形式中获得实践的观念的表现，因此一切革命斗争都是针对此前实行统治的阶级的。”[②]为了更具体地叙述大工业生产力与共产主义革命之间的相互关联，马克思又把生产力分析引向上层建筑领域。生产力作用于上层建筑，总是经由财产关系实现的。对于财产关系的考察则进一步发现阶级关系的决定性作用。这种认识后来被更科学地表达为生产力、生产关系、阶级关系与上层建筑之间的关系。基于生产力与财产关系的理解，马克思预见到，共产主义革命将全面改造社会生活。从社会结构认识过程来看，以共产主义革命为分析切入点，表达生产力与交往形式的矛盾运动必然传导至上层建筑，这表明，马克思已经达到了关于经济基础与上层建筑之间辩证关系的科学认识。

---

① 《德意志意识形态》(节选本)，第35页，北京：人民出版社，2018年。

② 《德意志意识形态》(节选本)，第35页，北京：人民出版社，2018年。

(三)广义历史唯物主义的共产主义解读之三：社会形态变迁

“迄今为止的一切革命始终没有触动活动的性质，始终不过是按另外的方式分配这种活动，不过是在另一些人中间重新分配劳动，而共产主义革命则针对活动迄今具有的性质，消灭劳动，并消灭任何阶级的统治以及这些阶级本身，因为完成这个革命的是这样一个阶级，它在社会上已经不算是一个阶级，它已经不被承认是一个阶级，它已经成为现今社会的一切阶级、民族等等的解体的表现。”[①]从马克思“消灭劳动”的主张看，展望的是消除“物化”逻辑统治生产力的历史状态，呼唤的是人与自然之间，从而也是人与人之间真实而合理的关系。对于进入阶级社会的人类历史来说，劳动虽然创造了世界，但是从事劳动的人却处于被压迫地位。在大工业时代，无产阶级的产生和壮大，预示着旧式“劳动”到了退出历史的时候了。关于劳动的分析，也透露出马克思的一种社会形态观念。消灭了旧式劳动的共产主义社会和“物化”劳动下的资本主义社会，直接构成了两种社会形态的区分。如果考虑到马克思在前文已经介绍过前资本主义社会的存在，显然，这里包含了未及言明却已存在的三种社会形态的理论视野。

(四)广义历史唯物主义的共产主义解读之四：主体发展

从主体方面看，共产主义革命的伟大实践，将在改造旧世界客观环境的同时，重新塑造人自身。“无论为了使这种共产主义意识普遍地产生还是为了实现事业本身，使人们普遍地发生变化是必需的，这种变化只有在实际运动中，在革命中才有可能实现；因此，革命之所以必需，不仅是因为没有任何其他的办法能够推翻统治阶级，而且还因为推翻统治阶级的那个阶级，只有在革命中才能抛掉自己身上的一切陈旧的肮脏东西，才能胜任重建社会的工作。”[②]这里，马克思通过共产主义革命阐发了历史主体辩证法。作为历史主体的无产阶级，它只有在革命实践中，特别是在改造自身所处的历史环境的过程中才可能不断完善自身。也就是说，共产主义革命将在物质生产和物质交往两个方面产生新的历史主体。还应该看到，新的历史主体不仅从事着新的实践，从而具有新的需求、新的意识观念，而

---

① 《德意志意识形态》(节选本)，第35—36页，北京：人民出版社，2018年。

② 《德意志意识形态》(节选本)，第36页，北京：人民出版社，2018年。

且具有开放性，能够在实践中不断地发展自己、完善自己。

三、广义历史唯物主义的总概括

(一)广义历史唯物主义的经典表述

在上述探讨的基础上，马克思对交往、生产力、交往形式与共产主义的关系做了全面分析，对其中蕴含的历史唯物主义理论予以提炼、概括，形成广义历史唯物主义系统的、科学的总概括。这是历史唯物主义的一种经典表述。

“由此可见，这种历史观就在于：从直接生活的物质生产出发阐述现实的生产过程，把同这种生产方式相联系的、它所产生的交往形式即各个不同阶段上的市民社会理解为整个历史的基础，从市民社会作为国家的活动描述市民社会，同时从市民社会出发阐明意识的所有各种不同的理论产物和形式，如宗教、哲学、道德等等，而且追溯它们产生的过程。这样做当然能够完整地描述事物了(因而也能够描述事物的这些不同方面之间的相互作用)。”①

如何理解马克思对广义历史唯物主义这一阐发？我认为，以下四重逻辑值得特别重视。

首先，它是前述广义历史唯物主义观点的进一步具体化，是按照从抽象到具体的逻辑对科学历史观的更完整叙述。“费尔巴哈Ⅰ”中，对历史概念的内涵叙述尚处于最初阶段，它被规定为“有生命的个人的存在”，是他们“生产自己的生活资料，同时间接地生产着自己的物质生活本身”。进入“费尔巴哈Ⅱ”，先是考察了“原初的历史的关系的四个因素、四个方面”，即“生产物质生活本身”、“新的需要”、“繁殖”及其衍生更多的社会关系、涉及人与自然关系和人与人关系的“生产力”，从而将历史概念的内涵大大丰富了。同时，关于“历史”的每一步叙述，都同时批判那些颠倒反映现实生活生产的意识形态，并从分工和所有制角度阐述意识形态发生、发展及消亡的社会根由。在这些叙述结束之际，得出唯物主义历史观的系统内容就是水到渠成的事情了。

---

① 《德意志意识形态》(节选本)，第37页，北京：人民出版社，2018年。

其次，按照从抽象到具体的逻辑规定现实的人的历史即他们的物质生产。从“直接”的“物质生产”出发，然后，一步步把物质生产涉及的各个历史因素收纳进来，最终达到历史的完整的描述。其中，生产方式成为第二个环节，它是现实的生产及其所采取的方式的统一；交往形式即市民社会是第三个环节，它在更广泛的社会关系中为生产方式运动提供了条件；第四个环节是交往形式对国家的决定，国家表达着市民社会的利益；第五个环节是市民社会以“宗教、哲学、道德等等”方式表达自身。

再次，批判了费尔巴哈人本学唯物主义关于“完整描述事物”的错误理解。我们知道，费尔巴哈的人本学唯物主义曾经力图完整把握感性世界，具体方式就是以直观的方式完整地描述人与自然之间、人与人之间的统一。但是，由于费尔巴哈不是通过感性活动来辩证认识人与世界的丰富联系，所以，他所预期的、完整地把握感性世界的理论目标最终成为泡影。结果竟然是这样，费尔巴哈只是完成了理论家所臆想的、属于意识形态视域的完整性，他的唯物主义初衷和探索倒向了唯心主义终局。我们看到，把握感性世界完整性，只有科学历史观才有能力达到，而费尔巴哈预期的理论目标在他那里始终只是一个良好的愿望罢了。广义历史唯物主义论述的物质生产运动，把自然与人之间的关系、人与人之间的关系悉数纳入自己的考察范围，在此基础上，对整个社会结构做出合乎事实肌理的分析和论说。

最后，为深入批判德意志意识形态的历史观准备了直接的理论前提。关于科学历史观的总结和提炼，为批判德意志意识形态在历史观层面的表现形式——直接看是青年黑格尔派的唯心主义历史观，根子却在黑格尔“历史哲学”，它们共同构成德意志意识形态的典型思想方式：“德国历史编纂学”——打下坚实的理论基础，即通过阐发包含交往关系在内的物质生产运动总逻辑，为进一步批判德意志意识形态准备了直接的理论前提。

(二)在德意志意识形态批判中阐发科学历史观

联系当前意识形态批判的现实任务来阐释广义历史唯物主义，在把德意志意识形态批判引向深入的同时，马克思从如下五个方面对科学历史观做出新的发挥：

第一，站在以“实践”为核心特征的新唯物主义立场推进历史观研究。

“这种历史观和唯心主义历史观不同，它不是在每个时代中寻找某种范畴，而是始终站在现实历史的基础上，不是从观念出发解释实践，而是从物质实践出发来解释各种观念形态。”[①]与唯心主义历史观及其意识形态表现形式不同，科学历史观不是从某种精神要素或者原则出发，它的研究重心在于感性的实践，本质上就是物质生产。如此说来，科学历史观就与费尔巴哈那种不彻底的唯物主义划清了界限，从而能够对社会存在与社会意识的辩证关系做出符合客观现实实际的说明。

第二，高扬“实践”的革命性意涵，主张在革命中消除意识形态问题赖以存在的根基。“意识的一切形式和产物不是可以通过精神的批判来消灭的，不是可以通过把它们消融在‘自我意识’中或化为‘怪影’、‘幽灵’、‘怪想’等等来消灭的，而只有通过实际地推翻这一切唯心主义谬论所由产生的现实的社会关系，才能把它们消灭；历史的动力以及宗教、哲学和任何其他理论的动力是革命，而不是批判。”[②]实践既是感性的活动，其中蕴含人增长着的需求和满足这种需求的能动性，所以又是革命性的。以物质生产为根基的革命实践，它最显著的特征是运用现实手段来解决现实问题，而这是迷恋于“批判”的意识形态家永远不愿触及的现实领域，他们只愿意沉湎在精神世界中创造自己想象的“丰功伟绩”。

第三，历史不是精神的“自我意识”史，它本质上是一部生生不息的生产力发展史。“历史不是作为‘源于精神的精神’消融在‘自我意识’中而告终的，历史的每一阶段都遇到一定的物质结果，一定的生产力总和，人对自然以及个人之间历史地形成的关系，都遇到前一代传给后一代的大量生产力、资金、环境，尽管一方面这些生产力、资金和环境为新的一代所改变，但另一方面，它们也预先规定新的一代本身的生活条件，使它得到一定的发展和具有特殊的性质。”[③]生产力作为社会存在最主要的内容，它以物质生产与物质交往为主要的内容，在根本上决定了人类社会的历史变迁，包括人们的“自我意识”在内的全部社会意识受社会存在的支配。

第四，意识形态家们迷恋精神幻想，把现实，从而也是把历史的客体与主体想象为某种精神性存在。对此，必须立足实践进行批驳。马克思认

---

① 《德意志意识形态》(节选本)，第 37 页，北京：人民出版社，2018 年。

② 《德意志意识形态》(节选本)，第 37 页，北京：人民出版社，2018 年。

③ 《德意志意识形态》(节选本)，第 38 页，北京：人民出版社，2018 年。

为，基于实践，特别是物质生产运动过程来把握人和环境之间真实的、历史性关系，能够有效批驳意识形态家在历史主客体关系问题上的各种荒唐说辞。“人创造环境，同样，环境也创造人。每个个人和每一代所遇到的现成的东西：生产力、资金和社会交往形式的总和，是哲学家们想象为‘实体’和‘人的本质’的东西的现实基础，是他们加以神化并与之斗争的东西的现实基础，这种基础尽管遭到以‘自我意识’和‘唯一者’的身份出现的哲学家们的反抗，但它对人们的发展所起的作用和影响却丝毫也不因此而受到干扰。”①可见，“实体”与“自我意识”或“唯一者”之间的关系想象，只是意识形态家们的特殊观念，只是颠倒反映社会存在与社会意识之间客观关系的虚幻观念，这些观念在认识中掩盖了历史主客体之间的客观联系。

第五，由现代社会矛盾运动所孕育的共产主义革命，有着它自身深刻的客观历史根源。只有了解共产主义革命的客观条件、主体条件，才可能真正开展有效的革命行动。离开客观条件及其相应的革命群众去议论革命，只能沦为不切实际的空想。马克思指出：“各代所遇到的这些生活条件还决定着这样的情况：历史上周期性地重演的革命动荡是否强大到足以摧毁现存一切的基础；如果还没有具备这些实行全面变革的物质因素，就是说，一方面还没有一定的生产力，另一方面还没有形成不仅反抗旧社会的个别条件，而且反抗旧的‘生活生产’本身、反抗旧社会所依据的‘总和活动’的革命群众，那么，正如共产主义的历史所证明的，尽管这种变革的观念已经表述过千百次，但这对于实际发展没有任何意义。”②我们看到，几乎所有的意识形态都热衷于谈论革命的主体条件，并且又把主体条件归结于“自我意识”、“唯一者”、“实体”和“类”这些精神性因素，所以，尽管他们满口讲的是“震撼世界”的“词句”，实际上，却无法撼动现实世界的一丝一毫。

四、以广义历史唯物主义批判德意志意识形态的狭隘民族性

马克思之所以能够实现站在共产主义革命高度深刻批判德意志意识形

① 《德意志意识形态》(节选本)，第 38 页，北京：人民出版社，2018 年。

② 《德意志意识形态》(节选本)，第 38 页，北京：人民出版社，2018 年。

态，从理论前提看，是因为他完成了广义历史唯物主义的建构。以广义历史唯物主义为基础，以共产主义革命为出发点和最终证成的结论，马克思将德意志意识形态批判纳入到这个理论叙事框架中。在此框架下，该批判工作形成的一个重要理论成就，是马克思揭示了德意志意识形态的“德意志”民族性特征。我们将从四个方面归纳马克思德意志意识形态“民族性”研究的思路，并通过德意志意识形态的“民族性”所映照的唯心主义历史观局限性分析，凸显广义历史唯物主义的理论特质。

(一)德意志意识形态的民族性表现之一：“纯粹的思想”

青年黑格尔派受制于黑格尔哲学，脱离现实斗争理解历史，带有明显的“德意志”民族特征。颠倒看待社会存在与社会意识之间的关系，以神化“纯粹的思想”为“德意志”民族性的标志。德意志的意识形态家们脱离“现实的生活生产”，无视现实各种利益，沉迷于“纯粹的思想”。马克思看到，在德意志意识形态家那里，“历史总是遵照在它之外的某种尺度来编写；现实的生活生产被看成是某种非历史的东西，而历史的东西则被看成是某种脱离日常生活的东西，某种处于世界之外和超乎世界之上的东西。这样，就把人对自然界的关系从历史中排除出去了，因而造成了自然界和历史之间的对立。因此，这种历史观只能在历史上看到重大政治历史事件，看到宗教和一般理论的斗争，而且在每次描述某一历史时代的时候，它都不得不赞同这一时代的幻想”。[①] 所以，他们必然以精神的历史冒充现实的历史，远离现实的历史。对于意识形态家们的历史观的典型表现和思想“老巢”，马克思指出：“黑格尔的历史哲学是整个这种德国历史编纂学的最终的、达到自己‘最纯粹的表现’的成果。对于德国历史编纂学来说，问题完全不在于现实的利益，甚至不在于政治的利益，而在于纯粹的思想。”[②]

青年黑格尔派延续黑格尔哲学的“德意志”民族特征。“在圣布鲁诺看来也一定是一连串的‘思想’，其中一个吞噬一个，最终消失在‘自我意识’中。圣麦克斯·施蒂纳更加彻底，他对全部现实的历史一窍不通，他认为历史进程必定只是‘骑士’、强盗和幽灵的历史，他当然只有借助于‘不信

① 《德意志意识形态》(节选本)，第 38—39 页，北京：人民出版社，2018 年。

② 《德意志意识形态》(节选本)，第 39 页，北京：人民出版社，2018 年。

神'才能摆脱这种历史的幻觉而自救”。[①] 对此，马克思通过类比宗教，揭示出意识形态家们的历史观颠倒了精神生产和物质生产、物质交往之间的关系。意识形态家们的观点“实际上是宗教的观点：它把宗教的人假设为全部历史起点的原人，它在自己的想象中用宗教的幻想生产代替生活资料和生活本身的现实生产”。[②] 这里所讲的“生活资料和生活本身的现实生产”，包括了直接的物质生产和间接的物质生产，覆盖了全部市民社会，应当在生产力与交往形式的矛盾运动视野下完整把握其中的规律性内容，只有在此基础上，才可能有效批判黑格尔哲学及其衍生的青年黑格尔派哲学观念，洞察它们的意识形态属性。

(二)德意志意识形态的民族性表现之二：德国资产阶级处境

德意志意识形态具有资产阶级属性，这是德意志意识形态民族性又一个特殊表现形式。马克思指出德意志意识形态的民族特征还附带有阶级属性，所谓的“德意志”实则是德国资产阶级历史处境的反映。“整个这样的历史观及其解体和由此产生的怀疑和顾虑，仅仅是德国人本民族的事情，而且对德国来说也只有地域性的意义。”对于德意志意识形态的民族性和阶级性，马克思又在现实和观念之间的相互关系上指出：“通常这些德国人总是只关心把既有的一切无意义的论调变为某种别的胡说八道，就是说，他们假定，所有这些无意义的论调都具有某种需要揭示的特殊意义，其实全部问题只在于从现存的现实关系出发来说明这些理论词句。”[③]如前所述，若想真正地、实际地消灭这些意识形态词句，从人们意识中消除这些观念，则需要凭借改变环境来完成任务，而不是靠理论上的演绎来实现。对于人民大众即无产阶级来说，这些意识形态观念并不存在，因而也就谈不上费力去消灭它们。如果这些群众曾经有过某些理论观念，如宗教，那么现在因为群众阶级处境与意识形态家们的处境不同，这些观念早已被环境消灭，所以再无必要听意识形态家们饶舌了。

(三)德意志意识形态的民族性表现之三：虚幻普遍性

德意志意识形态的民族性还表现为虚幻普遍性。囿于民族偏见的德意

---

① 《德意志意识形态》(节选本)，第 39 页，北京：人民出版社，2018 年。

② 《德意志意识形态》(节选本)，第 39—40 页，北京：人民出版社，2018 年。

③ 《德意志意识形态》(节选本)，第 40 页，北京：人民出版社，2018 年。

志意识形态，却以世界历史代言人的面目夸夸其谈，带有明显的虚幻普遍性。“德意志”的意识形态家们声称自己如何超越了民族偏见，而实际情形，他们既不理解世界，也不清楚他们所处的现实生活环境。他们“郑重其事地认为，像‘神人’、‘人’等这类幻象，支配着各个历史时代；圣布鲁诺甚至断言：只有‘批判的批判者创造了历史’。而当这些理论家亲自虚构历史时，他们会急匆匆地越过先前的一切，一下子从‘蒙古人时代’转到真正‘内容丰富的’历史，即《哈雷年鉴》和《德国年鉴》的历史，转到黑格尔学派在普遍争吵中解体的历史。所有其他民族和所有现实事件都被遗忘了，世界舞台局限于莱比锡的书市，局限于‘批判’、‘人’和‘唯一者’的相互争吵。或许这些理论家有朝一日会着手探讨真正的历史主题，例如18世纪，那时他们也只是提供观念的历史，这种历史是和构成这些观念的基础的事实和实际发展过程脱离的，而他们阐述这种历史的意图也只是把所考察的时代描绘成在真正的历史时代即1840—1844年德国哲学斗争时代到来之前的一个不完善的预备阶段、尚有局限性的前奏时期。”[①]在辛辣地嘲讽意识形态家们在历史观问题上的民族偏见和自大狂，从而也是“这些理论家”的精神至上偏见和自大狂之后，马克思揭露意识形态观念所掩盖的它与现实世界的客观关系。“这些唱高调、爱吹嘘的思想贩子以为他们无限地超越于任何民族偏见之上，其实他们比梦想德国统一的啤酒店庸人带有更多的民族偏见。他们根本不承认其他民族的业绩是历史性的；他们生活在德国，依靠德国和为着德国而生活；他们把莱茵之歌变为圣歌并征服阿尔萨斯和洛林，其办法不是剽窃法兰西国家，而是剽窃法兰西哲学，不是把法兰西省份德国化，而是把法兰西思想德国化。”[②]在认清德意志意识形态与现实的真实关系后，就不难发现德意志意识形态的生活根源和思想来源，以及它又是如何错误地认识现实生活与精神之间的关系。

(四)德意志意识形态的民族性表现之四：虚构共产主义

脱离感性活动，将共产主义想象为一种意识形态，是德意志意识形态的民族性在一个特定问题上的表现。与德意志意识形态脱离现实生活的生产和民族狭隘性相连，他们在理解何为共产主义者问题上，离开实践，将

① 《德意志意识形态》(节选本)，第40—41页，北京：人民出版社，2018年。

② 《德意志意识形态》(节选本)，第41—42页，北京：人民出版社，2018年。

共产主义意识形态化。这首先表现在费尔巴哈对“共产主义者”的认识上。费尔巴哈提出一种观点，认为“共同人”就是共产主义者，是理想化的“人”的谓词，或者一种规定性。由此，“共产主义者”在费尔巴哈那里变成了“一个空洞范畴”。对此，马克思批评道：“费尔巴哈关于人与人之间的关系的全部推论无非是要证明：人们是互相需要的，而且过去一直是互相需要的。他希望确立对这一事实的理解，也就是说，和其他的理论家一样，他只是希望确立对现存的事实的准确理解，然而一个真正的共产主义者的任务却在于推翻这种现存的东西。”[①]停留于理论家的意识形态想象，还是在理解现实的基础上付诸革命行动，这是费尔巴哈与马克思关于共产主义完全不同的认识，产生这一区别的根源在于，一个是满足于解释世界的理论家，一个是改变世界的行动者。

因为对待实践，从而，也就是对待物质生产和物质交往的认识不同，形成了当时真假两种共产主义观念的根本差别，即费尔巴哈等人讲的共产主义与马克思所讲的共产主义的不同。对此，马克思以两个典型问题展开深入分析，阐明了真实的共产主义具有的实践原则。

其一，有没有实践观点，决定人们如何看待存在和本质的关系。费尔巴哈认为，“某物或某人的存在同时也就是某物或某人的本质；一个动物或一个人的一定生存条件、生活方式和活动，就是使这个动物或这个人的‘本质’感到满意的东西。任何例外在这里都被肯定地看作是不幸的偶然事件，是不能改变的反常现象。”照此逻辑，“如果千百万无产者根本不满意他们的生活条件，如果他们的‘存在’同他们的‘本质’完全不符合，那么，根据上述论点，这是不可避免的不幸，应当平心静气地忍受这种不幸。”马克思、恩格斯针锋相对地指出，与费尔巴哈这种意识形态家的态度完全相反，真正的共产主义者或者千百万无产者，“他们将在适当时候，在实践中，即通过革命使自己的‘存在’同他们的‘本质’协调一致的时候予以证明”。[②]

其二，如实理解事物，就必须认识到事物的存在和本质是在实践中建立起现实联系的。马克思写道：“鱼的‘本质’是它的‘存在’，即水。河鱼的‘本质’是河水。但是，一旦这条河归工业支配，一旦它被染料和其他废

① 《德意志意识形态》(节选本)，第42页，北京：人民出版社，2018年。

② 《德意志意识形态》(节选本)，第42—43页，北京：人民出版社，2018年。

料污染，成为轮船行驶的航道，一旦河水被引入水渠，而水渠的水只要简单地排放出去就会使鱼失去生存环境，那么这条河的水就不再是鱼的'本质'了，对鱼来说它将不再是适合生存的环境了。把所有这类矛盾宣布为不可避免的反常现象，实质上，同圣麦克斯·施蒂纳对不满者的安抚之词没有区别，施蒂纳说，这种矛盾是他自己的矛盾，这种恶劣环境是他自己的恶劣环境，而且他们可以安于这种环境，或者忍住自己的不满，或者以幻想的方式去反抗这种环境。同样，这同圣布鲁诺的责难也没有区别，布鲁诺说，这些不幸情况的发生是由于那些当事人陷入'实体'这堆粪便之中，他们没有达到'绝对自我意识'，也没有认清这些恶劣关系是源于自己精神的精神。"[①]这样，脱离实践的费尔巴哈最后与鲍威尔、施蒂纳走到一起，只是对现实进行貌似激烈的虚张声势的批判。

(五)重申广义历史唯物主义的理论特质

广义历史唯物主义是从直接现实生活的生产开始，然后，遵循从抽象到具体的叙述逻辑渐次论述生产方式、交往方式即市民社会。以此为前提，又从交往方式分析出发，具体描述国家活动和意识生产。就马克思主义发展史而言，这里已经表达出关于生产力与生产关系、经济基础与上层建筑两对矛盾运动的认识。不过，就语境和分析的特定问题看，与1859年《〈政治经济学批判〉序言》当中的历史唯物主义经典表述还存在比较明显的差别：

首先，意识形态批判语境规定了走入现实、改造现实的个性化路径。意识形态作为一种精神生产，它与物质生产、物质交往相互交织，虽然颠倒反映现实，但是，终归属于现实的一种表达方式。马克思循着意识形态批判的靶向，最后达到对现实社会关系颠倒的揭示。这构成《形态》揭示社会存在与社会意识之间辩证关系的一个独特理论贡献。

其次，通过与费尔巴哈的人本学唯物主义直接交锋，阐发广义历史唯物主义理论体系。马克思拒绝费尔巴哈式以直观化方式去理解人与自然、人与人之间的完整关系，从而阐明了只有立足实践，特别是生产实践和交往实践才可能完整地理解和把握现实。

再次，广义历史唯物主义围绕人类解放的这一共产主义主题展开，马

① 《德意志意识形态》(节选本)，第43—44页，北京：人民出版社，2018年。

克思对历史、物质生产、物质交往、分工、意识形态批判的论述，始终服务于共产主义的科学论证，服务回答如何在人类各种活动中获得解放。

最后，相比较后来的历史唯物主义表述，它的理论体系的逻辑链条更长，既阐述了物质生产总运动的生产方式，也分析了生产方式运动所需要的交往条件，从而在交往形式阶段达到了广义历史唯物主义对物质生产的更加完整的叙述。这样来看，是否包含交往逻辑是区分广义历史唯物主义和狭义历史唯物主义的主要标尺。

站在共产主义革命的高度，以广义历史唯物主义批判德意志意识形态的物质生产和交往基础后，马克思在“费尔巴哈Ⅲ”中转向物质生产的精神条件分析，即广义历史唯物主义的精神生产逻辑探讨，这将绘制出广义历史唯物主义更加完整的理论图景。

第四章　广义历史唯物主义的精神生产理论

广义历史唯物主义以物质生产的总运动为理论核心，对历史中的市民社会做出系统分析，阐发物质生产和交往决定全部社会生活，接下来，马克思专门讨论了广义历史唯物主义视野下的精神生产问题。

从广义历史唯物主义的思想体系看，精神生产乃是物质生产总运动的构成环节。在此种意义上，研究精神生产也就是要讲清楚精神生产理论如何丰富了物质生产理论。马克思分析和论述了精神生产的发生机制和运行规律，分析物质生产和物质交往是精神生产的基础、分工与精神生产之间关系、“普遍性”的意识形态现象、意识形态生产的机制。

一、物质生产和物质交往是精神生产的基础

所谓精神生产，是指与物质生产及其决定的物质交往相对应的，在一定物质生产基础上进行的观念生产及形成的精神交往关系。它涉及人类意识活动的各个领域。在阶级社会里，精神生产反映物质生产的阶级分裂关系，具有强烈的阶级性。

物质生产、物质交往对精神生产的决定作用，主要表现在两个方面：

首先，精神生产与物质生产及其决定的物质交往关系具有统一性。在马克思所建构的广义历史唯物主义体系中，精神生产讨论被安置在物质生产规律的叙述之后，这个位置表明，精神生产属于物质生产的从属性现象。只有充分理解物质生产的内部运行规律，才可能弄清楚精神生产。就本质而言，精神生产是维系物质生产的意识层面条件，是实现物质生产再

生产的精神因素。所以，精神生产只是狭义物质生产的对应项，而广义的物质生产则包含了精神生产的全部内容。从主从关系和整体、部分关系看，精神生产与物质生产都是统一的。

其次，阶级社会的精神生产具有强烈的阶级性。正如物质生产及其决定的物质交往领域存在阶级性属性，精神生产同样具有阶级性。“统治阶级的思想在每一时代都是占统治地位的思想。这就是说，一个阶级是社会占统治地位的物质力量，同时也就是社会上占统治地位的精神力量。支配着物质生产资料的阶级，同时也支配着精神生产资料，因此，那些没有精神生产资料的人的思想，一般地是隶属于这个阶级的。”[①]占统治地位的阶级，利用占有物质生产条件的优越性，必然在精神生产的生产、分配、消费环节处处体现自身的利益和价值观；相反，被统治阶级因为物质条件的限制，进行精神生产的物质条件匮乏，难免处于统治阶级意识形态控制之下。可见，正是由于物质生产决定精神生产，所以两者之间才具有同一性。换言之，那些“占统治地位的思想不过是占统治地位的物质关系在观念上的表现，不过是以思想的形式表现出来的占统治地位的物质关系”。[②]精神生产与物质生产、物质交往的同一性，还进一步表现为社会革命时期精神生产服从、服务于物质生产和物质交往，以反作用于后者的方式体现出它从属于物质生产方式及其决定的利益关系。对于这种同一性关系的表现，马克思举例说道：“在某一国家的某个时期，王权、贵族和资产阶级为争夺统治而斗争，因而，在那里统治是分享的，那里占统治地位的思想就会是关于分权的学说，于是分权就被宣布为‘永恒的规律’。”[③]由此可见，精神生产及其意识形态形式并没有自身独立的历史，它采取何种面目出现，只有作为物质生产总运动决定的社会结构中的构成要素，才有可能得到合理的解释。

不难发现，马克思这里所谈论的精神生产与物质生产、物质交往具有同一性关系，乃是对前述精神生产和物质生产、物质交往之间的交织缠绕关系作进一步具体化阐述。此时，不妨稍稍回顾此前马克思的相关论述，这将有助于我们完整、透彻地认识广义历史唯物主义视野下的精神生产

---

① 《德意志意识形态》(节选本)，第44页，北京：人民出版社，2018年。

② 《德意志意识形态》(节选本)，第44页，北京：人民出版社，2018年。

③ 《德意志意识形态》(节选本)，第44页，北京：人民出版社，2018年。

规律。

对于精神生产或者意识生产与物质生产、物质交往的关系，“费尔巴哈Ⅰ”所给出的还是最一般的规定。那时，马克思谈及的只是“思想、观念、意识的生产最初是直接与人们的物质活动，与人们的物质交往，与现实生活的语言交织在一起的。人们的想象、思维、精神交往在这里还是人们物质行动的直接产物。表现在某一民族的政治、法律、道德、宗教、形而上学等的语言中的精神生产也是这样。人们是自己的观念、思想等等的生产者。”[①]等到了“费尔巴哈Ⅱ”那里，马克思对于精神生产与物质生产、物质交往的交织纠缠关系做出了具体化的细致说明。在三个层次上给出分析、描述：考察物质生产作为“原初的历史的关系”包含“四个因素、四个方面”之后指出，意识活动或者精神生产与它们交织在一起；分析精神生产在分工条件下必然转变为意识形态；展望旧式分工消灭后，作为颠倒反映物质生产、物质交往和精神生产、精神交往关系的意识形态随之消亡。这样一来，“费尔巴哈Ⅱ”丰富了前述关于物质生产、物质交往与精神生产、精神交往之间的关系认识，为全面批判意识形态对它们之间关系的颠倒，做了充分的理论前提上的准备。此处的精神生产分析，不仅深化了精神生产自身的认识，而且达到了物质生产、物质交往与精神生产、精神交往之间关系的完整叙述，呈现出物质生产总运动的更加丰富的内容。

二、精神生产的阶级统治属性及其“普遍性”现象

(一)统治阶级内部的分工与精神生产

要了解一个时代的精神生产，首先要研究物质生产所决定的分工，进而理解物质生产的分工如何决定了精神生产过程。在统治阶级的内部，它们的精神生产也存在分工，统治阶级的成员在精神生产过程中扮演着不同的角色，承担着不同功能。从根本上讲，精神生产规律源于物质生产领域分工，即物质生产领域由分工及其相应的所有制形式所产生的利益差异，会影响到精神生产领域的各种形式人类活动。“分工也以精神劳动和物质劳动的分工的形式在统治阶级中间表现出来，因此在这个阶级内部，一部

① 《德意志意识形态》(节选本)，第16页，北京：人民出版社，2018年。

分人是作为该阶级的思想家出现的，他们是这一阶级的积极的、有概括能力的意识形态家，他们把编造这一阶级关于自身的幻想当作主要谋生之道，而另一些人对于这些思想和幻想则采取比较消极的态度，并且准备接受这些思想和幻想，因为在实际中他们是这个阶级的积极成员，并且很少有时间来编造关于自身的幻想和思想。”[①]如前所述，分工是生产力采取的一定历史形式，并通过物质生产和物质交往的总运动决定着全部社会生活。分工对于精神生产的生产、消费、交换和分配，根源同样在于生产力。从整个社会范围的多样化生产看，统治阶级内部在精神生产方面的分化，是经过多种多样的“中介”，最终由生产力决定。这里，不仅有生产关系传导作用，还涉及日常交往关系，以及上层建筑领域的精神文化活动。生产力对精神生产的作用机制，始终带有阶级性。精神生产的阶级性，一方面表现为统治阶级和被压迫阶级的对立；另一方面，还表现在统治阶级内部的矛盾。同样基于利益的原因，统治阶级内部在精神生产领域的矛盾，将止步于统治阶级与被统治阶级之间发生对抗之时，如果统治阶级总体利益遭到威胁，那么，他们立刻达成利益上的一致。“一旦发生任何实际冲突，即当这一阶级本身受到威胁的时候，当占统治地位的思想好像不是统治阶级的思想而且这种思想好像拥有与这一阶级的权力不同的权力这种假象也趋于消失的时候，这种对立和敌视便会自行消失。”[②]

(二)意识形态的“普遍性”批判

经过意识形态家的构造、经营，出现一种意识形态现象：占统治地位的思想越来越具备形式上的普遍性。“所有的历史编纂学家，主要是18世纪以来的历史编纂学家所共有的这种历史观，必然会碰到这样一种现象：占统治地位的将是越来越抽象的思想，即越来越具有普遍性形式的思想。”[③]对于意识形态中的“普遍性”现象，仅就意识形态本身去直接观察，如下判断似乎顺理成章：普遍性思想主宰着历史发展，历史以经验事实印证了普遍性思想是历史主体和统治历史的终极力量。对此，马克思运用广义历史唯物主义理论，抽丝剥茧、层层推进，深入批判了这种意识形态

① 《德意志意识形态》(节选本)，第44—45页，北京：人民出版社，2018年。

② 《德意志意识形态》(节选本)，第45页，北京：人民出版社，2018年。

③ 《德意志意识形态》(节选本)，第45页，北京：人民出版社，2018年。

现象。

第一，普遍性思想并不能独立发挥什么历史作用，关于它的神奇作用的幻想，无外乎被人为地舍弃其赖以产生和存在的客观历史条件。无论是封建时代推崇的“荣誉”和“忠诚”，还是资产阶级追求的“自由”和“平等”，它们都不是精神生产在纯粹思想领域的自我繁殖。每一种占统治地位的概念、价值观，无非是或直接或间接地映照着统治阶级的物质利益。

第二，正如前述“费尔巴哈Ⅱ”分析“历史向世界历史的转变”命题所揭示的，普遍性的“世界历史”只是随着人类实践打破原始封闭状态，特别是资本主义时代世界市场的出现而形成的观念反映。这里，马克思、恩格斯又进一步地将此类现象的分析，引向关于阶级斗争发展规律的认识。“进行革命的阶级，仅就它对抗另一个阶级而言，从一开始就不是作为一个阶级，而是作为全社会的代表出现的；它以社会全体群众的姿态反对唯一的统治阶级。它之所以能这样做，是因为它的利益在开始时的确同其余一切非统治阶级的共同体利益还有更多的联系，在当时存在的那些关系的压力下还不能够发展为特殊阶级的特殊利益。”[①]于是，暂时存在的被统治阶级共同利益关系，反映到精神生产层面，就会由革命的阶级提出一种较之以往扩大了的普遍性观念，伸张革命的利益诉求。

第三，也正是由于阶级斗争发展规律所决定的，越是普遍性观念，背后隐含的阶级矛盾越尖锐，引起的阶级冲突越严重。浮夸的、观念上的普遍性形式与实际的阶级对立程度悖论式的相互缠绕，扭结在一处。“每一个新阶级赖以实现自己统治的基础，总比它以前的统治阶级所依赖的基础要宽广一些；可是后来，非统治阶级和正进行统治的阶级之间的对立也发展得更尖锐和更深刻。这两种情况使得非统治阶级反对新统治阶级的斗争在否定旧社会制度方面，又要比过去一切争得统治的阶级所做的斗争更加坚决、更加彻底。”[②]可见，一旦发现“普遍性”意识形态现象所隐含的社会矛盾运动规律，“光鲜亮丽”的“普遍性”说辞恰恰是社会矛盾和社会危机的一种表征、指示器。无产阶级在资产阶级的统治中，遭遇到启蒙运动以来的意识形态说教印证了这一点，就是说，资产阶级思想家宣扬的“正义”“理性”“博爱”“自由”，其实，不过是掩盖资产阶级社会矛盾的意识形态手

① 《德意志意识形态》(节选本)，第46页，北京：人民出版社，2018年。

② 《德意志意识形态》(节选本)，第46页，北京：人民出版社，2018年。

段罢了。马克思透过资产阶级意识形态的“普遍性”表象，发现了资产阶级社会矛盾的尖锐性，必然提出通过改造现实来消除资产阶级“普遍性”的意识形态说辞。

第四，由于无产阶级的共产主义革命能够彻底改造物质生产、物质交往的资本主义逻辑，所以，它最终解开了普遍性观念统治的历史谜题。共产主义革命否定了资产阶级生产方式，克服“特殊利益”和“普遍利益”的僵硬对立，从而为廓清普遍性观念统治历史的思想迷雾提供了现实基础。在共产主义社会里，因为消灭了资本主义时代的旧式分工和私有制，所以，就“不再有必要把特殊利益说成是普遍利益，或者把‘普遍的东西’说成是占统治地位的东西，那么，一定阶级的统治似乎只是某种思想的统治这整个假象当然就会自行消失”。[①] 所谓的“自行消失”，表达的是社会存在对社会意识的决定作用。对于这种社会存在与社会意识之间的关系，到后来的《〈政治经济学批判〉序言》中，马克思在经济基础与上层建筑的关系层面做出清晰、严谨的阐释，是对《形态》相关论述的进一步细化和发展。需要指出的是，只有《形态》通过生产关系与交往关系的相统一来论述经济基础对上层建筑的决定作用，这一点，决定了《形态》的意识形态分析具有不可替代的理论价值。

三、意识形态的精神生产机制分析

(一)黑格尔哲学与意识形态的精神生产

对于意识形态的生产机制分析，马克思首先把意识形态这个问题引向了它产生的源头：黑格尔绝对精神哲学的“概念自我规定”。这是一种体现在历史研究和人类每一个时代的自我理解“技巧”，一种唯心主义惯用的“戏法”。马克思进而指出，青年黑格尔派，特别是施蒂纳从方法上复制和抄袭了黑格尔关于精神统治历史编纂学“戏法”。不同之处只在于，像施蒂纳这些学徒，用一些他们自己独创的概念，比如“唯一者”“自我意识”“类”等等，替换了“正版”的黑格尔哲学概念。既然青年黑格尔派的精神统治历史说辞不过是“换汤不换药”“新瓶装旧酒”地抄袭黑格尔绝对精神哲学，那

① 《德意志意识形态》(节选本)，第46页，北京：人民出版社，2018年。

么，批判历史唯心主义的方法论源头，揭露黑格尔的“概念的自我规定”的“戏法”，就变成了批判工作指向的“靶心”。在马克思看来，黑格尔绝对精神哲学主导的历史哲学是德国历史编纂学的典型代表，它们所论证的精神统治历史无非是它们熟稔的常用“戏法”，揭穿其主要环节，就能够真正了解意识形态生产的机制。

(二)意识形态的第一重精神生产逻辑

意识形态家们谈论的精神生产，它的主体是“纯粹”的精神性存在，这种主体要与感性世界中的现实的人区分开来。“第一，必须把进行统治的个人——而且是由于种种经验的原因、在经验的条件下和作为物质的个人进行统治的个人——的思想同这些进行统治的个人本身分割开来，从而承认思想或幻想在历史上的统治。”[①]从前述分析我们已经看到，无论是讲意识形态家割裂现实的个人物质生产与精神生产的“交织”关系，以错误的理论预设理解意识本性；还是讲意识形态家脱离“历史的原初的关系”奢谈纯粹的意识、精神生产，以及不了解生产力采取旧式分工的形式必然带来精神生产和物质生产、劳动和享受的分离，都已经为这里提出的“思想同这些进行统治的个人本身分割”现象准备下的历史背景和理论前提。不过，这里力图解决的是更为具体的、反映资本主义时代特定问题，即黑格尔哲学及其模仿者——青年黑格尔派，通过德意志意识形态所曲折表达的现时代，即世界市场和阶级斗争新趋势中的自我意识。这一点，在接下来意识形态的精神生产逻辑中更加明显地表现出来。

(三)意识形态的第二重精神生产逻辑

“第二，必须使这种思想统治具有某种秩序，必须证明，在一个个相继出现的占统治地位的思想之间存在着某种神秘联系，而要做到这一点，就得把这些思想看作是‘概念的自我规定’(所以能这样做，是因为这些思想凭借自己的经验的基础，彼此确实是联系在一起的，还因为它们被仅仅当作思想看待，因而就变成自我差别，变成由思维产生的差别)。”[②]在黑格尔唯心主义哲学“工具箱”里，历史和逻辑相统一是其中一个重要的方法。

---

① 《德意志意识形态》(节选本)，第47页，北京：人民出版社，2018年。

② 《德意志意识形态》(节选本)，第47—48页，北京：人民出版社，2018年。

需要区分的是，这里的“历史”是精神的历史，而不是马克思、恩格斯所讲的现实的历史。按照黑格尔的历史和逻辑相统一的叙述方式，上述意识形态生产流程虽然针对的黑格尔的历史哲学，但是思想的根子却要追溯到他的逻辑学立论和哲学史的书写。而历史哲学，无非是对逻辑学和哲学史研究所得结论的应用。我们看到，黑格尔的逻辑学和哲学史书写是“一体两面”的关系，即它们之间彼此说明、彼此验证、“彼此成全”，共同演绎了“概念的自我规定”的神秘“秩序”。它们从最一般的、抽象的概念出发走向丰富、具体的概念，既是逻辑学的内容，同时，又呼应哲学史出现的某个哲学体系或哲学流派。对此，施蒂纳几乎全盘接受。差别只在于，他对这个黑格尔规定的精神统治历史的“事实”采取了“反对”和“战斗”的姿态，可笑的是，施蒂纳的批判工作恰如塞万提斯笔下堂吉诃德的“战斗”，与之作战的“风车”乃是他头脑中想象出来的敌人。

(四)意识形态的第三重精神生产逻辑

马克思指出，按照意识形态家的精神生产逻辑，最初被抽象掉的人，还要返回到精神生产中来。“第三，为了消除这种‘自我规定的概念’的神秘外观，便把它变成某种人物——‘自我意识’；或者，为了表明自己是真正的唯物主义者，又把它变成在历史上代表着‘概念’的许多人物——‘思维着的人’、‘哲学家’、意识形态家，而这些人又被看作是历史的制造者、‘监护人会议’、统治者。”[①]当绝对精神统治历史的意识形态“戏法”走到“人”这一步时，我们看到，继承了黑格尔绝对精神哲学衣钵的意识形态家们，无论是唯心主义者还是唯物主义者，仍然亦步亦趋地模仿黑格尔绝对精神哲学的精神生产逻辑，他们不断地花样翻新，以便让黑格尔制造的神秘精神“秩序”统治现实的人间。虽然他们提出了各种不同于黑格尔的哲学概念，但是，无一例外地要弄着黑格尔哲学那般的意识形态机巧。

(五)意识形态的第四重精神生产逻辑

马克思还从精神生产与物质生产、物质交往的相互关系，也就是从社会存在与社会意识的相互关系高度，揭露德意志意识形态编造精神力量统治人类历史的方式、方法。“要说明这种曾经在德国占统治地位的历史方

① 《德意志意识形态》(节选本)，第48页，北京：人民出版社，2018年。

法，以及说明它为什么主要在德国占统治地位的原因，就必须从它与一切意识形态家的幻想，例如，与法学家、政治家（包括实际的国务活动家）的幻想的联系出发，必须从这些家伙的独断的玄想和曲解出发。而从他们的实际生活状况、他们的职业和分工出发，是很容易说明这些幻想、玄想和曲解的。”[1]这里，马克思把意识形态家的精神生产过程与他们的物质生产以及物质交往过程联系起来做整体性透视，指明了意识形态家的精神生产从属于物质生产的总逻辑。同时，精神生产及其意识形态机制的剖析，也丰富了物质生产总运动规律理论。

至此，当物质生产和精神生产之间的相互关系得到系统的阐发，社会历史才能在整体上真正进入理论研究的视野，由是，马克思广义历史唯物主义达到了自身理论内涵的完整叙述。可见，这里所揭示的马克思的广义历史唯物主义理论，按照其本义而言，并不是像有的学者认为的那样，是凭借研究对象向“环境与人的关系”的扩展，实现完整地把握整个现实世界；也不是像有的学者主张的，源于重新理解社会形态变迁，在社会形态的时间空间逻辑上转向“世界历史”分析；更不是像有学者所做的那样，想通过放弃马克思物质生产理论的决定性理论地位，用西方马克思主义某些理论观点来“补充”“改写”“重建”历史唯物主义。这些研究取向，貌似在设法增添历史唯物主义理论内容，实则背离了马克思历史观的思想核心与精神特质。

---

① 《德意志意识形态》（节选本），第48页，北京：人民出版社，2018年。

第二篇

本篇由三章构成。从总体上看，是把“广义历史唯物主义—广义共产主义”的理论应用于现代社会。第五章，广义政治经济学批判（一），分析广义政治经济学批判的对象：资本主义社会的生产方式。第六章，广义政治经济学批判（二），探讨资本主义社会的生产方式在人格关系之中运动规律。第七章，广义政治经济学批判（三），从经济基础与上层建筑的辩证关系上，批判性认识资产阶级的政治上层建筑和思想上层建筑的现实表现。

第二篇

第五章　广义政治经济学批判(一)

《形态》“费尔巴哈Ⅱ”阐发的“广义历史唯物主义—广义共产主义”理论体系，是广义马克思主义体系的重要组成部分，它一方面深化了马克思哲学观，另一方面为下一步的逻辑进程“广义政治经济学批判—广义共产主义”准备下历史观前提。于是，广义马克思主义的理论叙述从一般性的社会历史规律认识走向了当下的社会分析。“费尔巴哈Ⅳ”研究对象，是当下的资本主义社会，同时，又批判资产阶级意识形态家关于资本主义社会的想象；在这里，资本主义社会的私有制及其观念反映被整体纳入现实运动加以分析，批驳资产阶级政治经济学观念是一项必须完成的理论任务。

在政治经济学批判中，马克思应用前述“广义历史唯物主义—广义共产主义”逻辑构架，将物质生产，也就是生产力、“交往和生产力”[①]，与资本主义社会的批判相结合，建构起广义政治经济学批判。由此，在《形态》的“费尔巴哈Ⅳ”，呈现出广义马克思主义理论体系更加完整的叙述逻辑。其叙述逻辑的基本结构是：“广义历史唯物主义—广义政治经济学批判—广义共产主义”。

我们先来考察广义政治经济学批判的第一层次理论叙述，其内容可以称为：广义政治经济学批判(一)。我们在此呈现马克思运用广义历史唯物主义的物质生产理论分析资本主义社会，涉及的主要问题有：资本主义物质生产的特殊规律，以及这个规律与分工史、城市史、资本主义发展史之间的关系等。通过这些课题的研究，进一步丰富了广义共产主义理论的论证。

---

① 《德意志意识形态》(节选本)，第33页，北京：人民出版社，2018年。

一、资本主义生产方式下物质生产运动的特殊规律

资本主义生产方式，既包括广义历史唯物主义论述一般物质生产的四个因素：物质生产、增长的需要、家庭和交往，也包括广义政治经济学批判所研究的资本主义私有制对物质生产四个因素的统治，是两个方面的现实统一。《形态》分析一般性物质生产与资本主义私有制下物质生产的相统一关系时，是从交往层面展开分析的。

(一)从一般物质生产转向商品契约交往中的物质生产

《形态》进入"费尔巴哈Ⅳ"，也就是进入广义政治经济学批判后，马克思关于生产力的分析引入新的研究视角，即资本主义社会条件下人格关系意义上的交往，即以商品交换关系为核心内容的交往，它也表现为人与人之间的契约交往关系。于是，对应于广义历史唯物主义中的"交往和生产力"分析，以商品契约交往为前提条件来研究物质生产运动，构成广义政治经济学批判。

对于人格交往关系意义上的资本，马克思通过"自然形成的生产工具和文明创造的生产工具之间的差异"议题，来探讨传统社会与资本主义社会在七个方面的不同，从而揭示资本主义社会交往逻辑的本质特征。资本主义的交往关系，本质上就是资本支配下的社会关系。资本，这种超越自然关系的统治力量，以人与人之间交往、交换为基本内容，通过一定交往形式俘获物质生产来建立自己全面的统治。

就现代社会即资产阶级社会的本质来说，马克思发现，"表现为劳动的统治，特别是积累起来的劳动即资本的统治。"①之所以资本成为最高的社会权力，一个重要的前提是，比较前资本主义社会，资本主义是一个凸显交往力量的社会："前一种情况的前提是，各个人通过某种联系——家庭、部落或者甚至是土地本身，等等——结合在一起；后一种情况的前提是，各个人互不依赖，仅仅通过交换集合在一起。"此外，按照这种比较，交往力量之于资本主义的重要性还表现为："在前一种情况下，交换主要是人和自然之间的交换，即以人的劳动换取自然的产品，而后一种情况

① 《德意志意识形态》(节选本)，第49页，北京：人民出版社，2018年。

下，主要是人与人之间进行的交换。”[①]

经过以上的对比可以发现，就现代市民社会这个研究对象看，“费尔巴哈Ⅳ”所指向的根本问题是交往逻辑视野下的生产力，并且还特别强调交往采取的资本逻辑之于上一个阶段的生产力具有决定性作用；当然，任何交往形式的出现，又都可以理解为总体生产逻辑的产物。这里，马克思已经接近后来关于资本的重要认识：资本不是物，而是一种资本主义社会关系。

达到交往阶段叙述逻辑的资本论，是“费尔巴哈Ⅳ”阐发的基本观点。全部论述围绕它而展开。在此处，我们看到一种有别于后来《资本论》及其手稿的资本论书写方式。它阐发的资产阶级社会中的“交往和生产力”的逻辑，可以理解为：以现实的个人自身生命生产为核心内容的一种劳动价值理论，这也是最初版本的、带有生命政治意义的劳动价值论。在此，后来的价值、资本、雇佣劳动理论，可以看作交往理论这一具有哲学人类学以及社会哲学研究视野的特殊阐释，即只是侧重于物质利益关系的分析。这样，达到交往阶段叙述逻辑的资本理论为后来的狭义政治经济学批判(即悬置人格关系分析的政治经济学批判)确立了可资借鉴的独特视点和思想框架。

(二)资本主义市民社会中的交往和生产力关系

从马克思设置的广义政治经济学批判论证步骤看，这是通过交往研究推进生产力思考，本质上是将物质生产置于更完整的人格关系下予以研究。所谓更完整的人格关系，不仅包括经济利益关系为基本内容的生产关系，还包括存在于政治和伦理领域的人格关系所由产生的交往关系。这里，按照马克思采取的从抽象到具体的叙述逻辑，当讨论人格关系阶段的人与人之间的关系时，其实达到的是生产关系与交往关系的相统一分析。

此前《形态》的“费尔巴哈Ⅱ”中，在广义历史唯物主义论域中讨论的生产力，虽然也涉及人与人之间的关系，但是，只是人与人之间关系的特殊方面。彼时探讨的人与人之间的关系，只是一般性研究物质利益；那里所理解的人与人之间所结成的共同体，只是历史上各个时期广泛存在的、关

① 《德意志意识形态》(节选本)，第49页，北京：人民出版社，2018年。

于“财产”和利益的共同体的一般性认识。总之，广义历史唯物主义所表达的“交往和生产力”理论，还不是深入到个别的、现代社会来全面讨论人与人之间的关系。

到了“费尔巴哈Ⅳ”的广义政治经济学批判，就是研究人与人关系及其结成的共同体，既包括物质利益关系，也包括政治和伦理意义上的人与人关系。可以说，这个叙述阶段的交往逻辑，作为生产关系与交往关系的统一体，讨论的是至今我们仍然身处其中的现代社会所描述的完整的、现代社会中的人与人之间关系。“费尔巴哈Ⅳ”侧重从交往逻辑研究生产力，较之以后的，只是侧重生产关系展开研究的狭义政治经济学批判而言，理论视野更开阔。它体现出，马克思的物质生活生产再生产逻辑思考进入新的叙述阶段，进入现代社会自身，覆盖到全部社会生活的各个方面；与此相应，对资产阶级社会的意识形态批判也涉及政治和精神生产的全部领域。

再有，因为在“费尔巴哈Ⅳ”中，“交往和生产力”研究使前述历史观更切近、深入现实，走进资本逻辑主导的整个资本主义市民社会，所以，广义历史唯物主义在广义政治经济学批判的叙述中得到验证、丰富和发展。这是广义马克思主义理论体系各组成部分相统一的重要表现。

最后，人们的交往关系在大工业时代广泛采取的商品交换形式，本质上是资本逻辑统治，同时货币成为无处不在的社会权力形式，由此决定了马克思以交往逻辑作为观察资本主义的主要视角：由前资本主义时期以自然统治为主，转向人与人共同劳动为主导形式的大工业，资本作为积累起来的“死劳动”，成为交往关系的典型形式。由此观之，进一步把握大工业发展规律及历史趋势，离不开对交往及资本表现形态的分析。质言之，“费尔巴哈Ⅳ”转入分析和叙述资本逻辑支配下的生产力发展，它同时构成马克思主义政治经济学批判发展史的重要一环。

二、分工、城市、生产力与资本主义生产方式演变史

在广义马克思主义理论体系中，分工既是广义历史唯物主义的主要范畴，也是广义政治经济学批判的范畴。广义政治经济学批判从分工入手来切入资本主义生产方式的形成、发展问题；在空间上，资本主义时代的分工又体现为城市的形成、发展史。

(一)资本主义时代分工与城市的本质关系

马克思对城市的研究，承续前述的物质生产理论，通过分工与城市之间的历史关系研究，指出："物质劳动和精神劳动的最大的一次分工，就是城市和乡村的分离。城乡之间的对立是随着野蛮向文明的过渡、部落制度向国家的过渡、地域局限性向民族的过渡而开始的，它贯穿着文明的全部历史直至现在(反谷物法同盟)。——随着城市的出现，必然要有行政机关、警察、赋税等等，一句话，必然要有公共机构，从而也就必然要有政治。在这里，居民第一次划分为两大阶级，这种划分直接以分工和生产工具为基础。城市已经表明了人口、生产工具、资本、享受和需求的集中这个事实。"[①]此处谈论的分工，已经不是广义历史唯物主义那样，仅仅研究生产力采取的一般历史形式，而是对比低水平的乡村生产力，在研究资本主义时代高水平生产力的基础上，阐述现代资产阶级社会中的经济、政治和伦理的生产生活。

马克思在"费尔巴哈Ⅳ"中引入交往理论研究视角，把分工和资本主义工商业城市之间的关系确定为问题指向，探索资本主义生产方式的发生、发展机理。分工，显著的表现趋势是一种"分离"。其中，城乡的"分离"、对立，导致了现实的个人处于不同的交往关系之中，出现了"城市动物"与"乡村动物"的对立和不同发展际遇。

同时，城市的交往关系本质上是商品关系，进而又表现为资本关系。城市，是资本逻辑的全面统治，也可以说，马克思这里阐述的城市理论就是一种空间意义上的资本理论。"城市和乡村的分离还可以看作是资本和地产的分离，看作是资本不依赖于地产而存在和发展的开始，也就是仅仅以劳动和交换为基础的所有制的开始。"[②]

(二)资本主义生产方式发展史之工场手工业阶段

以近代新型工商业城市为历史起点，交往即资本、城市及生产力相互交织、互为因果，共同推动资本主义生产方式演进、发展。资本主义生产方式主要经历了工场手工业、商业和航运、大工业这样三个阶段。

---

① 《德意志意识形态》(节选本)，第50页，北京：人民出版社，2018年。

② 《德意志意识形态》(节选本)，第50页，北京：人民出版社，2018年。

工场手工业阶段。封建行会是工场手工业产生的历史前提。封建行会曾经是生产力发展到一定阶段的产物，当它束缚生产力发展时，工场手工业通过打破封建行会统治而发展起来。

封建行会诞生于新型城市。这种新型城市是在中世纪后期发展起来的，不同于古代共同体统治下的城市。马克思指出，封建行会曾经以一种“自然形成的资本”或者“等级资本”发展了生产力。“自然形成的资本”或者“等级资本”，这是在比喻意义上把封建行会交往关系看作是资本关系。就是说，一方面封建行会生产中的统治关系主要来自自然因素，并且人与人之间是不平等的宗法关系；另一方面就依靠物，而不是直接或全部依靠人的社会等级身份来维持生产中的人与人关系而言，封建行会的确存在类似资本统治的社会关系。

“在这些城市里，每个人的唯一财产，除开他随身带着的几乎全是最必需的手工劳动工具构成的那一点点资本之外，就只有他的特殊的劳动。”①尽管对“资本”的称谓更多是在比喻意义上，它的物化程度也表现得如此初级，却符合马克思对文明产生的工具及其社会关系的理解，属于马克思后来要深入考察的生产力发展的交往逻辑。从这里将逐渐产生适应资本统治的生产条件。所以，虽然这些手工劳动工具、主顾关系等条件尚不能称为现代意义上的资本，但是，可以称为“自然形成的资本”或者“等级资本”，与之适应的交往形式即社会组织形式只能表现为各行各业的手艺人联合起来的“行会”。

中世纪城市中的封建行会，既是资本的早期形态，同时也是有待突破的生产力桎梏。因为行会的所有制在本质上是“自然形成的资本”或者“等级资本”，所以，在推动生产力发展方面，与流动性强的现代资本不可同日而语。“这些城市中的资本是自然形成的资本；它是由住房、手工劳动工具和自然形成的世代相袭的主顾组成的，并且由于交往不发达和流通不充分而没有实现的可能，只好父传子、子传孙。这种资本和现代资本不同，它不是以货币计算的资本——用货币计算，资本体现为哪一种物品都一样——而是直接同占有者的特定劳动联系在一起、同它完全不可分割的资本，因此就这一点来说，它是等级资本。”②

① 《德意志意识形态》(节选本)，第 51 页，北京：人民出版社，2018 年。

② 《德意志意识形态》(节选本)，第 52 页，北京：人民出版社，2018 年。

在打破封建行会统治的过程中，生产力的发展高度依赖交往。

首先，工商业交往成为推动生产力发展的相对独立力量。分工作为评价生产力发展水平的主要指标，它自身分化为生产和交往两个部分，或者两种实践形式。交往作为一种相对独立的力量与生产力相互作用，它们在社会其他因素的影响下共同推动社会发展。“分工的进一步扩大是生产和交往的分离，是商人这一特殊阶级的形成。这种分离在随历史保存下来的城市(其中有住有犹太人的城市)里被继承下来，并很快就在新兴的城市中出现了。这样就产生了同邻近地区以外的地区建立贸易联系的可能性，这种可能性之变为现实，取决于现有的交通工具的情况，取决于政治关系所决定的沿途社会治安状况(大家知道，整个中世纪，商人都是结成武装商队行动的)以及取决于交往所及地区内相应的文化水平所决定的比较粗陋或比较发达的需求。”①

其次，近代以来的工商业交往缘于生产力发展，又反过来促进分工的细化和规模扩大，从而推动了生产力发展。“随着交往集中在一个特殊阶级手里，随着商人所促成的同城市近郊以外地区的通商的扩大，在生产和交往之间也立即发生了相互作用。城市彼此建立了联系，新的劳动工具从一个城市运往另一个城市，生产和交往之间的分工随即引起了各城市之间在生产上的新的分工，不久每一个城市都设立一个占优势的工业部门。最初的地域局限性开始逐渐消失。”②城市之间分工的形成，交换的扩大，以及由之引发的交往和生产力的交互作用，这是近代资本主义工商业交往对城市生产力发展的显著贡献。

再次，大工业时代经济活动所带来的世界普遍交往为生产力发展提供有力保障。大工业时代以前，交往对生产力发展虽然有一定的传播和提升作用，作用却极为有限。“某一个地域创造出来的生产力，特别是发明，在往后的发展中是否会失传，完全取决于交往扩展的情况。当交往只限于毗邻地区的时候，每一种发明在每一个地域都必须单独进行；一些纯粹偶然的事件，例如蛮族的入侵，甚至是通常的战争，都足以使一个具有发达生产力和有高度需求的国家陷入一切都必须从头开始的境地。在历史发展的最初阶段，每天都在重新发明，而且每个地域都是独立进行的。发达的

① 《德意志意识形态》(节选本)，第53页，北京：人民出版社，2018年。

② 《德意志意识形态》(节选本)，第53页，北京：人民出版社，2018年。

生产力，即使在通商相当广泛的情况下，也难免遭到彻底的毁灭。”[①]以商品生产和贸易活动为主要内容的交往，在近代以来逐渐扩展，由地域交往走向世界交往，日益成为社会发展的一个主要动力。与此同时，它对生产力的反作用持续增强。“只有当交往成为世界交往并且以大工业为基础的时候，只有当一切民族都卷入竞争斗争的时候，保持已创造出来的生产力才有了保障。”[②]

在工场手工业阶段，交往对生产力的反作用，集中表现在由交往深化和扩大所带来的现代资本的形成。基于分工实现的交往发展乃是工场手工业产生的主要动力，而在交往中孕育生成的现代资本，则是实现工场手工业发展的最基本的生产关系。

在资本主义生产方式下，交往的发展既是以生产力，特别是分工为基础的，同时分工也表现为交往本身。“不同城市之间的分工的直接后果就是工场手工业的产生，即超出行会制度范围的生产部门的产生。”[③]从历史过程看，“工场手工业的初期繁荣——先是在意大利，然后是在佛兰德——的历史前提，是同外国各民族的交往。在其他国家，例如在英国和法国，工场手工业最初只限于国内市场。”以这些历史事实为根据，马克思进而指出，交往对生产力还应当进一步上升到资本层面来认识。“工场手工业还以人口特别是乡村人口的不断集中和资本的不断积聚为前提。资本开始积聚到个人手里，一部分违反行会法规积聚到行会中，一部分积聚到商人手里。”[④]积聚到商人手里的资本，就是超越“自然形成的资本”或者“等级资本”、以货币为存在形式的现代资本。

接下来，马克思以资本主义生产方式下交往和生产力相互关系为依据，探讨织布业如何成为工场手工业的最初劳动形式，并且一直作为工场手工业的最主要产业所起的历史作用。“那种一开始就以机器，尽管还是最粗陋形式的机器为前提的劳动，很快就显出它是最有发展能力的。过去农民为了得到自己必需的衣着而在乡村中附带从事的织布业，是由于交往的扩大才获得了动力并得到进一步发展的第一种劳动。”[⑤]这里，生产力引

---

① 《德意志意识形态》(节选本)，第 53 页，北京：人民出版社，2018 年。
② 《德意志意识形态》(节选本)，第 54 页，北京：人民出版社，2018 年。
③ 《德意志意识形态》(节选本)，第 54 页，北京：人民出版社，2018 年。
④ 《德意志意识形态》(节选本)，第 54 页，北京：人民出版社，2018 年。
⑤ 《德意志意识形态》(节选本)，第 54 页，北京：人民出版社，2018 年。

入一项重要因素——机器，机器在后来的生产力发展中将起到越来越关键的作用。但是，机器的出现以及成为生产力中的关键性因素，不能离开交往去理解。没有交往，就没有与之发生相互作用的新需求、资本和城市的发展。“随着人口增长而增长的对衣料的需求，由于流通加速而开始的自然形成的资本的积累和运用，以及由此引起的并由于交往逐渐扩大而日益增长的对奢侈品的需求，——所有这一切都推动了织布业在数量上和质量上的发展，使它脱离了旧有的生产形式。除了为自身需要而一直在继续从事纺织的农民外，在城市里产生了一个新的织工阶级，他们所生产的布匹被用来供应整个国内市场，通常还供应国外市场。”①就织布业之于新型城市发展作用看，马克思还提到：“织布是一种多半不需要很高技能并很快就分化成无数部门的劳动，由于自己的整个特性，它抵制行会的束缚。因此，织布业多半在没有行会组织的乡村和小市镇上经营，这些地方逐渐变为城市，而且很快就成为每个国家最繁荣的城市。”②

可见，工场手工业所依赖的真正意义上的现代资本，是在交往比较充分发展的历史条件下产生的。资本既是工场手工业催生的交往活动的产物，又是以交往推动工场手工业发展的社会力量。工场手工业阶段，交往，或资本和生产力之间的矛盾运动引起整个社会大变迁，社会面貌呈现出一系列新变化。

一是，“随着摆脱了行会束缚的工场手工业的出现，所有制关系也立即发生了变化。越过自然形成的等级资本而向前迈出的第一步，是由商人的出现所促成的，商人的资本一开始就是活动的，如果针对当时的情况来讲，可以说是现代意义上的资本”。另一方面的效应是，新的资本形态反过来驾驭和利用旧有的等级资本，这可以看作所有制关系变化的“第二步”，即“随着工场手工业的出现而迈出的，工场手工业运用了大量自然形成的资本，并且同自然形成的资本的数量比较起来，一般是增加了活动资本的数量”。由此，还带来劳动者的流动。工场手工业“成了农民摆脱那些不雇佣他们或付给他们极低报酬的行会的避难所，就像行会城市过去曾是农民摆脱土地占有者的避难所一样”。③

---

① 《德意志意识形态》(节选本)，第54页，北京：人民出版社，2018年。
② 《德意志意识形态》(节选本)，第54—55页，北京：人民出版社，2018年。
③ 《德意志意识形态》(节选本)，第55页，北京：人民出版社，2018年。

二是，工场手工业通过影响生产关系进而作用于上层建筑，同时，社会结构的变迁又为工场手工业发展提供了历史条件。“随着工场手工业的产生，同时也就开始了一个流浪时期，这个时期的形成是由于：取消了封建侍从，解散了拼凑起来并效忠帝王、镇压其诸侯的军队，改进了农业以及把大量耕地变为牧场。从这里已经可以清楚地看出，这种流浪现象是和封建制度的瓦解密切联系着的。早在13世纪就曾出现过个别类似的流浪时期，只是在15世纪末和16世纪初才成为普遍而持久的现象。这些流浪者人数非常多，其中单单由英王亨利八世下令绞死的就有72000人，只有付出最大的力量，只有在他们穷得走投无路而且经过长期反抗之后，才能迫使他们去工作。迅速繁荣起来的工场手工业，特别是英国，渐渐地吸收了他们。”①

三是，工场手工业对国际政治和国际交往方式产生了重大的影响。“随着工场手工业的出现，各国进入竞争的关系，展开了商业斗争，这种斗争是通过战争、保护关税和各种禁令来进行的，而在过去，各国只要彼此有了联系，就互相进行和平的交易。从此以后商业便具有了政治意义。”②这是生产力传导到经济基础，以及经济基础作用于上层建筑的大时代表现。其中，交往关系作为经济基础的重要环节，推动了利益关系的实现。

四是，工场手工业重新塑造新型的人与人之间关系，金钱关系成为主导性关系。“随着工场手工业的出现，工人和雇主的关系也发生了变化。在行会中，帮工和师傅之间的宗法关系继续存在，而在工场手工业中，这种关系由工人和资本家之间的金钱关系代替了；在乡村和小城市中，这种关系仍然带有宗法色彩，而在比较大的、真正的工场手工业城市里，则早就失去了几乎全部宗法色彩。”③这样，人与人之间的依赖关系，开始被基于物的独立性，即通过商品货币关系而实现的独立性所取代。考察交往关系的变革，对于理解生产关系的总体运动，是十分必要的。从《形态》之后的马克思主义发展史看，这一视角始终是具体理解生产关系运动过程的组成部分。

---

① 《德意志意识形态》(节选本)，第55页，北京：人民出版社，2018年。

② 《德意志意识形态》(节选本)，第55—56页，北京：人民出版社，2018年。

③ 《德意志意识形态》(节选本)，第56页，北京：人民出版社，2018年。

此外，马克思还注意到，地理大发现不仅在资金、原材料、劳动力和市场诸方面为工场手工业发展带来有利条件，而且有利于加快改造旧的社会结构以及引起国际关系新的剧烈变化。“随着美洲和通往东印度的航线的发现，交往扩大了，工场手工业和整个生产运动有了巨大的发展。从那里输入的新产品，特别是进入流通的大量金银完全改变了阶级之间的相互关系，并且沉重地打击了封建土地所有制和劳动者；冒险家的远征，殖民地的开拓，首先是当时市场已经可能扩大为而且日益扩大为世界市场……新发现的土地的殖民化，又助长了各国之间的商业斗争，因而使这种斗争变得更加广泛和更加残酷了。”①

最终，在交往推动下，工场手工业彻底战胜行会，成为一个时代占统治地位的生产方式。“商业和工场手工业的扩大，加速了活动资本的积累，而那些没有受到刺激去扩大生产的行会里，自然形成的资本却始终没有改变，甚至还减少了。商业和工场手工业产生了大资产阶级，而集中在行会里的是小资产阶级，现在它已经不再像过去那样在城市里占统治地位了，而是必须屈从于大商人和工场手工业主的统治。由此可见，行会一跟工场手工业接触，就衰落下去了。”②至此，工场手工业的历史表明，在生产和交往推动作用下，资本主义生产方式发展进入到一个特殊阶段，并为资本主义生产方式下一个阶段——商业和航运时代的到来，打下了基础。

(三)资本主义生产方式发展史之商业和航运阶段

在这个历史时期，商业和航运主导着生产力的发展。“第二个时期开始于17世纪中叶，它几乎一直延续到18世纪末。商业和航运比那种起次要作用的工场手工业发展得更快；各殖民地开始成为巨大的消费者；各国经过长期的斗争，彼此瓜分了已开辟出来的世界市场。这一时期是从航海条例和殖民地垄断开始的。各国间的竞争尽可能通过关税率、禁令和各种条约来消除，但是归根结底，竞争的斗争还是通过战争(特别是海战)来进行和解决的。最强大的海上强国英国在商业和工场手工业方面都占据优势。这里已经出现商业和工场手工业集中于一个国家的现象。”③可见，这

① 《德意志意识形态》(节选本)，第56页，北京：人民出版社，2018年。

② 《德意志意识形态》(节选本)，第56页，北京：人民出版社，2018年。

③ 《德意志意识形态》(节选本)，第57—58页，北京：人民出版社，2018年。

个发展阶段既有自身的显著特点，但是，从商业和航运的运动和发展趋势看，它们又必然走向交往和生产力发展逻辑的更高阶段，即资本和大工业之间相互作用的发展阶段。这里，需要分析作为交往逻辑存在的商业和航运是如何主导生产力发展的。

这个历史时期的工场手工业表现出对政治、贸易的强烈依赖性。“对工场手工业一直是采用保护的办法：在国内市场上实行保护关税，在殖民地市场实行垄断，而在国外市场上则尽量实行差别关税。本国生产的原料(英国的羊毛和亚麻，法国的丝)的加工受到鼓励，国内出产的原料(英国的羊毛)禁止输出，进口原料的[加工]仍受到歧视或压制(如棉花在英国)。在海上贸易和殖民实力方面占据优势的国家，自然能保证自己的工场手工业在数量和质量上得到广泛的发展。工场手工业一般离开保护是不行的，因为只要其他国家发生任何最微小的变动都足以使它失去市场而遭到破产。只要在稍微有利的条件下，工场手工业就可以很容易地在某个国家建立起来，正因为这样，它也很容易被破坏。同时，它的经营方式，特别是18世纪在乡村里的经营方式，使它和广大的个人的生活条件结合在一起，以致没有一个国家敢于不顾工场手工业的生存而允许自由竞争。”①

商业和航运处于主导地位的时期，交往和生产力对社会历史发生作用的方式和结果具有特殊性，使这个历史时期呈现出显著的阶段性特征。“工场手工业就它能够输出自己的产品来说，完全依赖于商业的扩大或收缩，而它对商业的反作用，相对来说是很微小的。这就决定了工场手工业的次要作用和18世纪商人的影响。正是这些商人，特别是船主最迫切地要求国家保护和垄断；诚然，工场手工业主也要求保护并且得到了保护，但是从政治意义上来说，他们始终不如商人。商业城市，特别是沿海城市已达到了一定的文明程度，并带有大资产阶级性质，而在工厂城市里仍然是小资产阶级势力占统治。”②

从交往形式的发展看，这个历史时期的商品、货币流通仍然受限，真正的世界市场尚未确立。“虽然资本的运动已大大加速了，但相对来说总还是缓慢的。世界市场分割成各个部分，其中每一部分都由单独一个国家来经营；各国之间的竞争的消除；生产本身的不灵活以及刚从最初阶段发

① 《德意志意识形态》(节选本)，第58页，北京：人民出版社，2018年。

② 《德意志意识形态》(节选本)，第58页，北京：人民出版社，2018年。

展起来的货币制度，——所有这一切都严重地妨碍了流通。”与之相适应，资产阶级的工商业活动仍然是狭隘的。“当时一切商人和一切经商方式都具有斤斤计较的卑鄙的小商人习气。当时的商人同工场手工业主，特别是同手工业者比较起来当然是大市民——资产者，但是如果同后一时期的商人和工业家比较起来，他们仍旧是小市民。”①

不过，历史的复杂性在于，与上述情形同样存在的，还有这个时期现代资本的一定程度发展。比如：“禁止金银外运法令的废除，货币经营业、银行、国债和纸币的产生，股票投机和有价证券投机，各种物品的投机倒把等现象的出现以及整个货币制度的发展。资本又有很大一部分丧失了它原来还带有的那种自然性质。”②在多种因素作用下，自然资本向流动的现代资本转化。其中，这一历史时期的各种交往关系对这种转化起到了直接的推进作用。

至此，不同历史因素相互作用，以贸易和航运为主导力量的历史时期走到了自身发展的临界点，随之而来的，便是大工业应运而生。

(四)资本主义生产方式发展史之大工业阶段

大工业阶段，是资本主义生产方式走向高度发展的时期，资本主义生产方式内在矛盾走向激化，从而也是壮大无产阶级的历史阶段。

1. 需求成为历史发展的动力。资本主义生产方式下的交往和生产力发展造成了推动历史发展的需求。“在17世纪，商业和工场手工业不可阻挡地集中于一个国家——英国。这种集中逐渐地给这个国家创造了相对的世界市场，因而也造成了对这个国家的工场手工业产品的需求，这种需求是旧的工业生产力所不能满足的。这种超过了生产力的需求正是引起中世纪以来私有制发展的第三个时期的动力，它产生了大工业——把自然力用于工业目的，采用机器生产以及实行最广泛的分工。这一新阶段的其他条件——国内的自由竞争，理论力学的发展(牛顿所完成的力学在18世纪的法国和英国都是最普及的科学)等等——在英国已经齐备了。”③

2. 竞争发挥重要作用。竞争成为大工业发展的推动力和进一步发展构

---

① 《德意志意识形态》(节选本)，第59页，北京：人民出版社，2018年。

② 《德意志意识形态》(节选本)，第59页，北京：人民出版社，2018年。

③ 《德意志意识形态》(节选本)，第59—60页，北京：人民出版社，2018年。

成环节。“竞争很快就迫使每一个不愿丧失自己的历史作用的国家为保护自己的工场手工业而采取新的关税措施(旧的关税已无力抵抗大工业了)，并随即在保护关税之下兴办大工业。尽管有这些保护措施，大工业仍使竞争普遍化了(竞争是实际的贸易自由；保护关税在竞争中只是治标的办法，是贸易自由范围内的防卫手段)，大工业创造了交通工具和现代的世界市场，控制了商业，把所有的资本都变为工业资本，从而使流通加速(货币制度得到发展)、资本集中。大工业通过普遍的竞争迫使所有个人的全部精力处于高度紧张状态。它尽可能地消灭意识形态、宗教、道德等等，而在它无法做到这一点的地方，它就把它们变成赤裸裸的谎言。它首次开创了世界历史，因为它使每个文明国家以及这些国家中的每个人的需要的满足都依赖于整个世界，因为它消灭了各国以往自然形成的闭关自守的状态。”[①]作为大工业构成环节的竞争，也是交往特殊表现形式。马克思、恩格斯通过分析竞争，进一步揭示出交往对生产力发展的作用。

3. 资本与大工业生产力之间的相互促进。大工业“使自然科学从属于资本，并使分工丧失了自己自然形成的性质的最后一点假象。它把自然形成的性质一概消灭掉(只要在劳动的范围内有可能做到这一点)，它还把所有自然形成的关系变成货币的关系”。现代城市，也是资本与大工业生产力相互作用的历史成果。“它建立了现代的大工业城市——它们的出现如雨后春笋——来代替自然形成的城市。凡是它渗入的地方，它就破坏手工业和工业的一切旧阶段。它使城市最终战胜了乡村。”[②]交往，采取资本运动本身的历史形式，它与大工业生产力之间的相互作用，既表现为生产力推动资本运动，也表现为资本推进生产力发展。这一过程，同时也是资本主义城市大发展时期。城市凭借资本的力量，它彻底征服了农村——农村的生产和生活被卷入资本主义城市的生产和再生产之中。

4. 大工业发展必然产生资本所有制与现代生产力的矛盾冲突，与此同时，孕育、产生了无产阶级。一方面，生产力成为否定性、破坏性力量。对于大工业生产力来说，“私有制成了它们发展的桎梏，正如行会成为工场手工业的桎梏、小规模的乡村生产成为日益发展的手工业的桎梏一样。在私有制的统治下，这些生产力只获得了片面的发展，对大多数人来说成

① 《德意志意识形态》(节选本)，第60页，北京：人民出版社，2018年。

② 《德意志意识形态》(节选本)，第60页，北京：人民出版社，2018年。

了破坏的力量，而许多这样的生产力在私有制下根本得不到利用。”另一方面，在这个过程中孕育、产生了无产阶级。“大工业到处造成了社会各阶级相同的关系，从而消灭了各民族的特殊性。最后，当每一民族的资产阶级还保持着它的特殊的民族利益的时候，大工业却创造了这样一个阶级，这个阶级在所有的民族中都具有同样的利益，在它那里民族独特性已经消灭，这是一个真正同整个旧世界脱离而同时又与之对立的阶级。大工业不仅使工人对资本家的关系，而且使劳动本身都成为工人不堪忍受的东西。”①

5. 大工业与资本之间的矛盾及其引发的阶级斗争具有国际性。这一点在后发展国家那里表现尤为突出。“当然，在一个国家里，大工业不是在一切地域都达到了同样的发展水平。但这并不能阻碍无产阶级的阶级运动，因为大工业产生的无产者领导着这个运动并且引导着所有的群众，还因为没有卷入大工业的个人，被大工业置于比在大工业中做工的个人更糟的生活境遇。同样，大工业发达的国家也影响着那些或多或少是非工业性质的国家，因为那些国家由于世界交往而被卷入普遍竞争的斗争中。”②

最后，马克思对大工业阶段的社会矛盾运动做出补充式说明：“这些不同的形式同时也是劳动组织的形式，从而也是所有制的形式。在每一个时期都发生现存的生产力相结合的现象，因为需求使这种结合成为必要的。”③需求，这个与生产劳动具有内在统一关系的历史因素，在这里再一次被提及，无疑发展了此前提及的“需求”概念。相比较“费尔巴哈Ⅱ”生产力的逻辑中定义的“需求”，交往和生产力的逻辑中的“需求”内涵变得更加丰富。因为，与之发生相互作用的逻辑环节变得更加丰富、更加具体了。

(五)资本主义生产方式运动的全球性

交往和生产力之间的矛盾总是表现为生产力与一定的交往形式之间的矛盾。马克思指出，历史上，交往和生产力之间的矛盾运动不断引发革命，这些情形在意识形态家那里产生的只是关于它的种种意识形态想象。

从广义马克思主义总的叙述逻辑看，上述关于交往和生产力之间矛盾

---

① 《德意志意识形态》(节选本)，第60—61页，北京：人民出版社，2018年。

② 《德意志意识形态》(节选本)，第61页，北京：人民出版社，2018年。

③ 《德意志意识形态》(节选本)，第61页，北京：人民出版社，2018年。

运动的认识，发展了“费尔巴哈Ⅱ”当中的“生产力与交往形式”理论内容。对于如何理解革命，马克思认为，“生产力与交往形式之间的这种矛盾——正如我们所见到的，它在迄今为止的历史中曾多次发生过，然而并没有威胁交往形式的基础——，每一次都不免要爆发为革命，同时也采取各种附带形式，如冲突的总和，不同阶级之间的冲突，意识的矛盾，思想斗争，政治斗争，等等。从狭隘的观点出发，可以从其中抽出一种附带形式，把它看作是这些革命的基础，而这样做是相当容易的，因为进行这些革命的个人都由于自身的文化水平和所处的历史发展阶段，而对他们自己的活动本身抱有种种幻想。”①

与无产阶级孕育、产生和壮大的世界性过程一样，源于资本主义时代生产力与交往形式之间的历史冲突——无产阶级革命，也必然带有强烈的国际性。“不一定非要等到这种矛盾在某一国家发展到极端尖锐的地步，才导致这个国家内发生冲突。由广泛的国际交往所引起的同工业比较发达的国家的竞争，就足以使工业化较不发达的国家产生类似的矛盾(例如，英国工业的竞争使德国潜在的无产阶级显露出来了)。”②

以上，马克思通过考察资本主义生产方式在中世纪以来的发展，阐述它内部的交往和生产力矛盾关系及其历史运动过程，着重揭示作为交往形式的私有制、资本逻辑与生产力发展的矛盾运动关系，深入剖析了资本主义生产方式下人们在交往中发展生产力，也在交往中阻碍生产力的两种历史机制。

---

① 《德意志意识形态》(节选本)，第61—62页，北京：人民出版社，2018年。

② 《德意志意识形态》(节选本)，第62页，北京：人民出版社，2018年。

第六章　广义政治经济学批判(二)

本章讨论交往、交往关系与现实的个人的发展之间的关系。马克思聚焦资本主义社会中的现实的个人，探讨现实的个人通过资本主义契约关系生产和再生产自身，指明历史评价的主体价值尺度。同时，也从主体角度继续分析交往和生产力的矛盾运动关系，即通过揭示个人发展的历史条件和多重效应，来丰富交往和生产力之间矛盾运动关系的认识。

一、交往和独立个人发展之间的历史关系

前述广义历史唯物主义已经表明，个人的活动及发展与生产力的发展之间是一体两面的共生逻辑，即生产力发展同时也是个人力量发展。比较“费尔巴哈Ⅱ”在人与自然关系上讨论生产力与个人的发展有所不同，在这里，马克思在交往视野下考察生产力及其决定着的个人发展。其中，资本主义条件下交往关系导致的个人活动的非个人化、契约关系的伪人格化，是马克思关注的主要问题。

首先，在现代大工业背景下，交往对个人发展产生了重要作用。交往以竞争和联合两种相反的形式发挥着作用。“尽管竞争把各个人汇集在一起，它却使各个人，不仅使资产者，而且更使无产者彼此孤立起来。因此这会持续很长时间，直到这些个人能够联合起来，更不用说，为了这种联合——如果它不仅仅是地域性的联合——，大工业应当首先创造出必要的手段，即大工业城市和廉价而便利的交通。因此只有经过长期的斗争，才能战胜同这些孤立的、生活在每天都重复产生着孤立状态的条件下的个人

相对立的一切有组织的势力。要求相反的东西，就等于要求在这个特定的历史时代不要有竞争，或者说，就等于要求各个人从头脑中抛掉他们作为被孤立的人所无法控制的那些关系。”①

其次，历史上作为交往的联合的发生根源于经济上的受动性，是各种类型的生存条件统治个人的结果。历史的最初阶段，在家庭为主导的经济生产中，无论是游牧民族，还是农业民族，个人之间的交往均受限于家庭这一私有制交往形式，个人的发展也只能通过各种形式的家庭来实现。“野蛮人的每一个家庭都有自己的洞穴和茅舍，正如游牧人的每一个家庭都有独自的帐篷一样。这种单个分开的家庭经济由于私有制的进一步发展而成为更加必需的了。在农业民族那里，共同的家庭经济也和共同的耕作一样是不可能的。”②进入中世纪后期以来，随着近代城市的涌现，“共同的家庭经济”得以发展，阶级关系明朗化。个人之间的交往关系以及个人的发展转而受制于阶级关系。及至资产阶级统治下的个人交往，个人的全部发展从属于他的阶级地位，只是他所处的阶级关系的映照，最终完全丧失了个人的个性内容。其一，资产阶级的崛起是由个人的一定的、共同生存条件决定的。“资产阶级本身开始逐渐地随同自己的生存条件一起发展起来，由于分工，它又重新分裂为各种不同的集团，最后，随着一切现有财产被变为工业资本或商业资本，它吞并了在它以前存在过的一切有产的阶级（同时资产阶级把以前存在过的没有财产的阶级的大部分和原先有财产阶级的一部分变为新的阶级——无产阶级）。”③其二，个人隶属于阶级，个人发展被阶级发展所取代。“单个人所以组成阶级只是因为他们必须为反对另一个阶级进行共同的斗争；此外，他们在竞争中又是相互敌对的。另一方面，阶级对各个人来说又是独立的，因此，这些人可以发现自己的生活条件是预先确定的：各个人的社会地位，从而他们个人的发展是由阶级决定的，他们隶属于阶级。”④其三，马克思从历史观高度对这类现象做了分析，揭示它产生的生产根源及其意识形态反映。“这同单个人隶属于分工是同类的现象，这种现象只有通过消灭私有制和消灭劳动本身才能消除。至于个人隶属于阶级怎样同时发展为隶属于各种各样的观念，等等，

---

① 《德意志意识形态》（节选本），第 62 页，北京：人民出版社，2018 年。

② 《德意志意识形态》（节选本），第 62—63 页，北京：人民出版社，2018 年。

③ 《德意志意识形态》（节选本），第 64 页，北京：人民出版社，2018 年。

④ 《德意志意识形态》（节选本），第 64 页，北京：人民出版社，2018 年。

我们已经不止一次地指出了。”[①]通过分析个人隶属于阶级，以及它的分工即生产力方面的根源，马克思阐明了个人交往和联合已经转换为物化的、阶级的关系。

再次，批判交往和个人发展关系上的意识形态理解。马克思以“哲学的观点”指称意识形态家的看法，指出他们关于交往和个人发展之间关系的颠倒性认识。“个人的这种发展是在历史地前后相继的等级和阶级的共同生存条件下进行的，也是在由此而强加于他们的普遍观念中进行的，如果用哲学的观点来考察这种发展，当然就很容易产生这样的臆想：在这些个人中，类或人得到了发展，或者说这些个人发展了人。”马克思、恩格斯认为，如此谈论个人的发展，是脱离真实历史过程的想入非非、胡编乱造，是“对历史的莫大侮辱”。他进而讥讽意识形态家们：“这样一来，就可以把各种等级和阶级看作是普遍表达方式的一些类别，看作是类的一些亚种，看作是人的一些发展阶段。”[②]

最后，马克思提出消灭这种意识形态观念的历史条件。“个人隶属一定阶级这一现象，在那个除了反对统治阶级以外不需要维护任何特殊的阶级利益的阶级形成之前，是不可能消灭的。”[③]这样，马克思站在无产阶级立场上，通过揭示意识形态掩盖的阶级关系的利益本性，从而也就是揭示物质生产与精神生产、物质交往与精神交往的相互关系在阶级关系上的观念反映，阐明了无产阶级何以能够成为超越等级和旧阶级统治的全新历史主体。

二、资产阶级社会的虚假共同体及其转型

变革旧有的共同体是个人发展打破阶级交往走向个人自由交往的历史前提。我们看到，两种共同体的对立，它们反映出阶级关系之于个人交往关系的不同影响。就是说，阶级交往关系与个人交往关系的对立，表现为两种性质不同的共同体的对立。通过交往、联合来实现个人发展只能存在于“真正的共同体”，但是，迄今为止的各种共同体都是“虚假的共同体”。

---

① 《德意志意识形态》(节选本)，第64页，北京：人民出版社，2018年。

② 《德意志意识形态》(节选本)，第64—65页，北京：人民出版社，2018年。

③ 《德意志意识形态》(节选本)，第65页，北京：人民出版社，2018年。

第一，个人作为个性的个人来发展自身离不开交往，即离不开共同体。“个人力量（关系）由于分工而转化为物的力量这一现象，不能靠人们从头脑里抛开关于这一现象的一般观念的办法来消灭，而只能靠个人重新驾驭这些物的力量，靠消灭分工的办法来消灭。没有共同体，这是不可能实现的。只有在共同体中才能获得全面发展其才能的手段，也就是说，只有在共同体中才可能有个人自由。”①

第二，历史上形形色色的共同体都是“虚假的共同体”。“在过去的种种冒充的共同体中，如在国家等等中，个人自由只是对那些在统治阶级范围内发展的个人来说是存在的，他们之所以有个人自由，只是因为他们是这一阶级的个人。从前各个人联合而成的虚假的共同体，总是相对于各个人而独立的；由于这种共同体是一个阶级反对另一个阶级的联合，因此对于被统治的阶级来说，它不仅是完全虚幻的共同体，而且是新的桎梏。”“虚假的共同体”之所以“虚假”和“虚幻”，因为按照共同体的本来意义讲，“在真正的共同体的条件下，各个人在自己的联合中并通过这种联合获得自己的自由”。②

第三，个人在资产阶级统治下的个性丧失。资产阶级社会作为“虚假的共同体”因其“物化”本性，它是极端否定个人的个性发展的。前资本主义社会，物质生存条件还不是塑造个性的唯一力量，一些社会等级同时意味着一种总体生活方式。与前资本主义时代不同，无产阶级和资产阶级完全依凭物质生存条件获得自身的阶级身份存在。于是，个人在社会的处境呈现为从属于物的力量的“偶然性”特征；“有个性的个人与阶级的个人的差别，个人生活条件的偶然性，只是随着那本身是资产阶级产物的阶级的出现才出现。只有个人相互之间的竞争和斗争才产生和发展了这种偶然性本身。因此，各个人在资产阶级的统治下被设想得要比先前更自由些，因为他们的生活条件对他们来说是偶然的；事实上，他们当然更不自由，因为他们更加屈从于物的力量。”③

第四，无产者必须通过最彻底的革命才能确立自己的个性，获得个人发展。经过对比农奴和现代无产者之间劳动方式方面的本质差异，马克思

① 《德意志意识形态》（节选本），第 65 页，北京：人民出版社，2018 年。

② 《德意志意识形态》（节选本），第 65 页，北京：人民出版社，2018 年。

③ 《德意志意识形态》（节选本），第 66 页，北京：人民出版社，2018 年。

指出，“由此可见，逃亡农奴只是想自由地发展他们已有的生存条件并让它们发挥作用，因而归根结底只达到了自由劳动；而无产者，为了实现自己的个性，就应当消灭他们迄今面临的生存条件，消灭这个同时也是整个迄今为止的社会的生存条件，即消灭劳动。因此，他们也就同社会的各个人迄今借以表现为一个整体的那种形式即同国家处于直接的对立中，他们应当推翻国家，使自己的个性得以实现。”[①]这也就是说，在资产阶级统治的时代，交往和个人发展之间的极度紧张关系表现为，只有消灭“虚假的共同体”及其赖以存在的生产方式，无产者才可能获得自身作为个人的发展。

总之，当个人交往转化为阶级成员交往，共同体也随之成为虚假的共同体，最终在资产阶级统治下，个人的个性活动被物的力量侵蚀，沦为彻底丧失自主性的伪个人活动，或者抽象的个人活动——即只有作为资本主义社会的阶级成员，才可能被生产和再生产出来。

三、真正的共同体与人的自由交往、个性自由全面发展

在共产主义革命中迎来的无产者的共同体是真正的共同体。这里，等级的、物化的交往关系退出历史舞台，实现人格之间自由交往的共同体得以确立。

对于共产主义革命迎来真正的共同体，马克思从以下三个方面予以分析、论证。

首先，确定革命的对象，指明旧有的、虚假的共同体的存在根源及否定个性的基本方式。“某一阶级的各个人所结成的、受他们的与另一阶级相对立的那种共同利益所制约的共同关心，总是这样一种共同体，这些个人只是作为一般化的个人隶属于这种共同体，只是由于他们还处在本阶级的生存条件下才隶属于这种共同体；他们不是作为个人而是作为阶级的成员处于这种共同关系中的。”[②]

其次，展望真正的共同体通过占有生存条件、实现个人间交往，从而在根本上超越虚假的共同体。“在控制了自己的生存条件和全体成员的生

① 《德意志意识形态》(节选本)，第 67 页，北京：人民出版社，2018 年。

② 《德意志意识形态》(节选本)，第 67—68 页，北京：人民出版社，2018 年。

存条件的革命无产者的共同体中，情况就完全不同了。在这个共同体中各个人都是作为个人参加的。它是各个人的这样一种联合（自然是以当时发达的生产力为前提的），这种联合把个人的自由发展和运动的条件置于他们的控制之下。”①

再次，指出资产阶级意识形态家所推崇的社会契约理论的历史局限性。在共产主义革命发生前，虽然生存条件之于个人发展居于统治地位，但是资产阶级意识形态家，却在卢梭《社会契约论》这部对资本主义社会表达美好主观愿望著作中找到理想的个人联合，并认为资产阶级已经将之付诸实施。而马克思透过资本主义时代生存条件统治发现的则是相反的情形。“这些条件从前是受偶然性支配的，并且是作为某种独立的东西同单个人对立的。这正是由于他们作为个人是相互分离的，是由于分工使他们有了一种必然的联合，而这种联合又因为他们的相互分离而成了一种对他们来说是异己的联系。过去的联合决不像《社会契约论》中所描绘的那样是任意的，而只是关于这样一些条件的必然的联合（可以对照例如北美合众国和南美诸共和国形成的情况），在这些条件下，各个人有可能利用偶然性。这种一定条件下不受阻碍地利用偶然性的权利，迄今一直被称为个人自由——这些生存条件当然只是各个时代的生产力和交往形式。”②

四、广义共产主义理论的新概括

在探讨“联合”物化为“阶级”、“等级”、“虚假的共同体”，以及共产主义革命对这一历史现象的克服之后，马克思把恢复真正意义上的“联合”、缘初意义的交往关系，即共产主义的“联合”作为透视历史的方法，对广义共产主义做出进一步阐发。

广义共产主义革命之所以实现了真正意义上的“联合”，缘于它解放了物质生产的交往关系。“共产主义和所有过去的运动不同的地方在于：它推翻一切旧的生产关系和交往关系的基础，并且第一次自觉地把一切自发形成的前提看作是前人的创造，消除这些前提的自发性，使这些前提受联合起来的个人的支配。因此，建立共产主义实质上具有经济的性质，这就

① 《德意志意识形态》（节选本），第 68 页，北京：人民出版社，2018 年。

② 《德意志意识形态》（节选本），第 68 页，北京：人民出版社，2018 年。

是为这种联合创造各种物质条件，把现存的条件变成联合的条件。共产主义所造成的存在状况，正是这样一种现实基础，它使一切不依赖于个人而存在的状况不可能发生，因为这种存在状况只不过是各个人之间迄今为止的交往的产物。”[①]在此，广义共产主义“联合”交往所实现的解放，是奠基于物质生产活动的，涉及“生产关系和交往关系”两个方面，它不仅使人格关系的交往成为可能，而且真正恢复了交往在历史中所起的客观作用。

以广义共产主义的“联合”理论视角透视人类历史发展，马克思发现，“生产力与交往形式的关系就是交往形式与个人的行动或活动的关系”。[②]就是说，生产力和交往形式之间的矛盾运动，固然在直接意义上呈现为历史运动的根本规律：生产方式运动，但是，这一根本规律的实现尚有悬置的条件未予讨论，最主要的一个条件就是交往。由此，需要在“交往和生产力”问题之下，来完整描述生产力与交往形式如何实现在人与人之间关系之中，尤其是如何实现在资本主义共同体之中。在空间上来看，资本主义共同体与资本主义城市密切相连。正是通过对交往和生产力相互关系的研究，从而把此前广义历史唯物主义所揭示的“生产力—交往形式”之间的矛盾运动规律，进一步具体化为“生产力—交往形式—个人自主活动”之间的矛盾运动规律。

至此，广义历史唯物主义具体化为现代资本主义社会的“生产力—交往形式—个人自主活动”三项主要因素之间的矛盾运动。这构成广义政治经济学批判的基本内容，为广义共产主义论证奠定了客观基础。

广义政治经济学批判及其广义共产主义结论，虽然聚焦点是现代社会，但是，在从后思索意义上讲，它又包含和发挥了广义历史唯物主义的内容：“起初是自主活动的条件，后来却成为自主活动的桎梏，这些条件在整个历史发展过程中构成各种交往形式的相互联系的序列，各种交往形式的联系就在于：已成为桎梏的旧交往形式被适应于比较发达的生产力，因而也适应于进步的个人自主活动方式的新的交往形式所代替；新的交往形式又会成为桎梏，然后又为另一种交往形式所代替。由于这些条件在历史发展的每一个阶段都是与同一时期的生产力的发展相适应的，所以它们的历史同时也是发展着的、由每一个新的一代承受下来的生产力的历史，

① 《德意志意识形态》(节选本)，第 68—69 页，北京：人民出版社，2018 年。

② 《德意志意识形态》(节选本)，第 69 页，北京：人民出版社，2018 年。

从而也是个人本身力量发展的历史。”[①]可见，以“生产力—交往形式—个人自主活动”为轴心，马克思把广义历史唯物主义、广义政治经济学批判和广义共产主义理论相互渗透、相互贯通，达到了理论叙述逻辑的丰富具体，从而勾画出了广义马克思主义体系的完整理论图景。

五、广义共产主义理论的方法论意义

共产主义理论具有方法论价值。对于共产主义理论和革命所蕴含的方法论意义，马克思继续通过历史的实例加以阐释。这里，有必要做一点交代的是，作为方法论的广义共产主义与马克思后来阐述政治经济学批判方法相同之处在于，它们都是“从后思索”，即从最发达的社会关系出发研究社会历史。区别在于，此处视点强调交往关系逻辑，后来的政治经济学批判与共产主义的理论视点则是突出资本主义的生产关系矛盾运动及其历史趋势。这个区别所显现的《形态》方法论特征在于，较之于生产关系逻辑直接面向解放生产力，此处的“从后思索”为理解人类历史的一般发展进程增添了交往关系逻辑，突出新的价值关怀：个人自主活动的实现。

(一)四种历史现象研究及其方法论启示

基于广义共产主义理论提出的“生产力—交往形式—个人自主活动”矛盾运动观，马克思讨论了四种历史现象，这些研究具有重要的方法论启示。

第一，“自发”现象。总体上看，人类历史上“生产力—交往形式—个人自主活动”之间的矛盾运动长期是在自发状态进行的。首先，“由于这种发展是自发地进行的，就是说它不是按照自由联合起来的个人制定的共同计划进行的，所以它是以各个不同的地域、部落、民族和劳动部门等等为出发点的，其中的每一个起初都与别的不发生联系而独立发展，后来才逐渐与它们发生联系。”[②]交往活动的异己化，使交往受限于个人之外的地域、部落、民族和劳动部门的利益，并不能真正体现生产力就是参与交往的个人的力量。此时，人类没有达到自觉发展自己的历史的状态，特别是没有

---

① 《德意志意识形态》(节选本)，第70页，北京：人民出版社，2018年。

② 《德意志意识形态》(节选本)，第70—71页，北京：人民出版社，2018年。

通过自由自觉的社会结合，即“自由联合”去创造历史。这也就是后来马克思在《〈政治经济学批判〉序言》中讲的，历史长期处于自己的“人类史前史”时期。其次，压制个人活动导致整个社会发展非常缓慢。“各种不同的阶段和利益从来没有被完全克服，而只是屈从于获胜的利益，并在许多世纪中和后者一起延续下去。”[①]再次，上述矛盾叠加在一起，又反过来增加个人发展的阻力，这为革命的发生准备下现实土壤。“由此可见，甚至在一个民族内，各个人，即使撇开他们的财产关系不谈，都有各种完全不同的发展；较早时期的利益，在它固有的交往形式已经为属于较晚时期的利益的交往形式排挤之后，仍然在长时间内拥有一种相对于个人而独立的虚假共同体(国家、法)的传统权力，一种归根结底只有通过革命才能被打倒的权力。”[②]最后，马克思“揭秘”由“自发”现象滋生的特定意识形态。“由此也就说明，为什么在某些可以进行更一般的概括的问题上，意识有时似乎可以超过同时代的经验关系，以致人们在以后某个时代的斗争中可以依靠先前时代理论家的威望。”[③]

第二，“发展异常迅速”现象。个人自主活动在一些历史条件下比较充分实现，步入“生产力—交往形式—个人自主活动”之间的良性互动，从而推进历史实现巨大而快速的进步。以北美国家为例，“这些国家在开始发展的时候就拥有老的国家的最进步的个人，因而也就拥有与这些个人相适应的、在老的国家里还没有能够实行的最发达的交往形式”。由于没有过去自发的交往形式这一前提束缚，社会发展异常迅速。同样的情况，也出现在了一些殖民地。它们的共同点在于，作为适应个人自主活动的条件，“这种交往形式在自己的祖国还受到以前时代遗留下来的利益和关系的牵累，而它在这些地方却能够而且应当充分地和不受阻碍地确立起来”。[④]

第三，“征服”现象。如何看待蛮族以战争这种交往形式的“征服”，“这一事实”之于“生产力—交往形式—个人自主活动”矛盾运动的关系。“征服这一事实看起来好像是同整个这种历史观矛盾的。到目前为止，暴力、战争、掠夺、抢劫等等被看作历史的动力。”这里，似乎出现了“生产力—交往形式—个人自主活动”矛盾运动逻辑无法解释的历史“反例”。这

① 《德意志意识形态》(节选本)，第71页，北京：人民出版社，2018年。
② 《德意志意识形态》(节选本)，第71页，北京：人民出版社，2018年。
③ 《德意志意识形态》(节选本)，第71页，北京：人民出版社，2018年。
④ 《德意志意识形态》(节选本)，第71页，北京：人民出版社，2018年。

对于唯物主义历史观来说，显然形成了一种挑战。马克思在两个方面做了回答。一方面，战争这种交往形式之所以成为历史的动力，仍然可以追溯其生产力，特别是生产方式的根源。“古老文明被蛮族破坏，以及与此相联系重新开始形成一种新的社会结构（罗马和蛮人，封建制度和高卢人，东罗马帝国和土耳其人）。对进行征服的蛮族来说，正如以上所指出的，战争本身还是一种通常的交往形式；在传统的、对该民族来说唯一可能的粗陋生产方式下，人口的增长越来越需要新的生产资料，因而这种交往形式越来越被加紧利用。”[①]这就是说，直接看战争这种交往形式成为历史的动力，实际上，这背后仍然有生产方式在起着最终的决定作用。另一方面，如果从现代生产力发展及其带来的普遍交往来看，古罗马之所以因战争这种交往形式而灭亡，还是缘于生产力不够发达。

第四，“占领”现象。如何看待“征服”之于“生产力—交往形式—个人自主活动”矛盾运动的关系，也是一个需要进一步给出解释的问题。与武力征服紧密相连的还有“占领”，它似乎也是“生产力—交往形式—个人自主活动”矛盾运动逻辑难以解释的。“有一种最普通的观点认为，迄今为止在历史上只有占领才具有决定意义。蛮人占领了罗马帝国，这种占领的事实通常被用来说明从古代世界向封建制度的过渡。”对此，马克思以“生产力—交往形式—个人自主活动”矛盾运动的观点予以反驳。首先，“但是在蛮人的占领下，一切都取决于占领国家此时是否已经像现代国家那样发展了工业生产力，或者被占领国家的生产力主要是否只是以它的联合和共同体为基础。”其次，“占领是受占领的对象所制约的。如果占领者不依从被占领国家的生产条件和交往条件，就完全无法占领银行家的体现于证券中的财产。对于每个现代工业国家的全部工业资本来说，情况也是这样。”最后，马克思指出，“无论在什么地方，占领都是很快就会结束的，已经不再有东西可供占领时，必须开始进行生产。从这种很快出现的生产的必要性中可以得出如下结论：定居下来的征服者所采纳的共同体形式，应当适应于他们面临的生产力发展水平，如果起初情况不是这样，那么共同体形式就应当按照生产力来改变。”针对这个历史规律，马克思举出两个典型事例加以证明。一是，“民族大迁徙后的时期到处可见的一件事实，即奴隶成了主人，征服者很快就接受了被征服民族的语言、教育和风俗。”这表

① 《德意志意识形态》（节选本），第72页，北京：人民出版社，2018年。

明，相对于人和财富、人和人的直接关系来讲，采取何种生产方式起了决定性作用。二是，战争、制度之于生产力的从属性还表现在封建社会的起源上。“封建制度决不是现成地从德国搬去的。它起源于征服者在进行征服时军队的战时组织，而且这种组织只是在征服之后，由于在被征服国家内遇到的生产力的影响才发展为真正的封建制度的。这种形式到底在多大程度上受生产力的制约，这从企图仿效古罗马来建立其他形式的失败尝试(查理大帝，等等)中已经得到证明。”①

可见，以“生产力—交往形式—个人活动”之间矛盾运动为内容的广义政治经济学批判，在共产主义理论中得到进一步充实和完善，在分析历史现象中显现丰富的方法论价值。它能够对“自发”现象、“发展异常迅速”现象、“征服”现象、“占领”现象做出由表及里的科学解释。这也再次表明，广义政治经济学批判、广义共产主义理论与广义历史唯物主义是相互交织、内在统一的，以广义政治经济学批判为事实基础的广义共产主义，在阐释广义历史唯物主义论域中的问题时，充实了广义历史唯物主义的方法论内容。

与“费尔巴哈Ⅱ”相比较，此时的生产力理论不是局限于谈论生产力与交往形式的辩证关系，而是发展到生产力与交往形式和个人自主活动相统一的阶段。“费尔巴哈Ⅱ”中阐述的生产力逻辑，已经发展到“费尔巴哈Ⅳ”中的交往和生产力的逻辑。这一叙述逻辑的发展，在广义政治经济学批判、广义共产主义和广义历史唯物主义三方面产生重要成果。

首先，以广义历史唯物主义分析资本主义，加深了关于现代市民社会的认识，推动了广义政治经济学批判达到新高度，为未来社会的到来做出了新论证。就广义政治经济学批判、广义共产主义与广义历史唯物主义的思想交织和叙述逻辑而言，这里的市民社会批判可以看作马克思“资本论”的一个特殊版本。

其次，“费尔巴哈Ⅳ”同时发展了广义历史唯物主义。“费尔巴哈Ⅳ”的历史观叙述，与政治经济学批判、广义共产主义所探讨的问题紧密结合在一起。比起“费尔巴哈Ⅱ”提出的广义历史唯物主义表达，进入广义政治经济学批判和广义共产主义阶段的历史观表达，思想内容更加具体化、现实化。

---

① 《德意志意识形态》(节选本)，第72—73页，北京：人民出版社，2018年。

再次，这还表明广义历史唯物主义和广义政治经济学批判、广义共产主义的逻辑进展，进一步丰富两者共同趋向的广义共产主义结论，使广义共产主义理论内涵达到完整的具体。总体上看，“费尔巴哈Ⅱ”当中的物质生产和物质交往理论在“费尔巴哈Ⅳ”中通过广义政治经济学批判延伸了自身逻辑，这决定了广义共产主义理论表达的不只是财富的占有，还是在真正的共同体中获得个人自主活动。我们看到，尽管在《共产党宣言》等文献中也提及共产主义的这两个方面，但是，只有《形态》在广义马克思主义理论体系中做出了如此系统化的论证。在这个问题的理解上，显示出《形态》在马克思主义发展史中的独特地位和理论价值。

以上分析证明，《形态》的广义共产主义理论，存在于广义马克思主义理论体系的总体性逻辑中。广义马克思主义以物质生产总运动为理论核心，马克思主义哲学、政治经济学、科学社会主义之间处于交织、渗透的关系，构成了一个完整的、不可分割的理论整体。

(二)个人之间交往的物化及超越

仍是在“生产力—交往形式—个人活动”之间的矛盾运动理论框架下，马克思还对资产阶级社会中的交往物化现象展开了探讨。

个人之间交往的物化，集中表现为阶级关系的独立化，使个性活动失去物质保障。个人之间交往的主体，从个人转向物化的货币和资本。个人之间交往的物化乃是资本主义社会里交往和生产力关系的重要方面。

首先，在交往关系视野下审视资本主义社会，生产力与交往中的现实的个人之间呈现为一种“悖论”关系。与“费尔巴哈Ⅱ”中的广义历史唯物主义论述有所不同，这里不是侧重从分工和所有制来分析两者的一般对立，而是把资产阶级社会交往的物化看作产生“悖论”的直接原因。

一方面，“生产力表现为一种完全不依赖于各个人并与他们分离的东西，表现为与各个人同时存在的特殊世界，其原因是，各个人——他们的力量就是生产力——是分散的和彼此对立的”。[①] 从个人自主活动实现看，资本主义私有制条件下的生产力表现为站在个性对立面的物化力量，它本质上是属于私有制的力量。现实的个人本身相对于生产力来说并无真正价值，只有按照私有制规定的占有方式，即当个人成为私有者时他才可能拥

① 《德意志意识形态》(节选本)，第74—75页，北京：人民出版社，2018年。

有生产力。资产阶级社会中生产力物化的广度和深度前所未有，人的个性遭受极度挤压。“在以前任何一个时期，生产力都没有采取过这种对于作为个人的个人的交往无关紧要的形式。”[①]此时，作为人与人之间的人格交往完全丧失其独立性，彻底沦为物化交往的手段。

另一方面，“这些力量只有在这些个人的交往和相互联系中才是真正的力量”。资本主义条件下，虽然处处否定个性，但是，又离不开个人之间的交往。只不过，这里的交往主体已经退化为“抽象的个人”、阶级的个人、一般性的个人。“同这些生产力相对立的大多数个人，这些生产力是和他们分离的，因此这些个人丧失了一切现实的生活内容，成为抽象的人，然而正因为这样，他们才可能作为个人彼此发生联系。”[②]

依交往逻辑对生产力做考察，焦点问题在于每个人能否获得自主活动。马克思认为，进入资本主义大工业时代，自主活动近乎完全丧失。就劳动者来说，“他们同生产力并同他们自身的存在还保持着的唯一联系，即劳动，在他们那里已经失去了任何自主活动的假象，而且只能用摧残生命的方式来维持他们的生命。”劳动作为自主活动的对立面，虽然在资本主义社会达到登峰造极的程度，但是，其历史渊源却十分漫长，几乎存在于全部人类历史。其中主要根由，就是分工始终存在。即便是最初的某种家庭形式，马克思也指出它仍然有家庭成员之间的分工和不平等。而当家庭的主导地位被复杂的社会关系取代后，剥削和压迫随之也变得剧烈了。所以马克思又说：“在以前各个时期，自主活动和物质生活的生产是分开的，这是因为它们是由不同的人承担的，同时，物质生活的生产由于各个人本身的局限性还被认为是自主活动的从属形式，而现在它们竟互相分离到这般地步，以致物质生活一般都表现为目的，而这种物质生活的生产即劳动(劳动现在是自主活动的唯一可能的形式，然而正如我们看到的，也是自主活动的否定形式)则表现为手段。”[③]

(三)资产阶级社会中生产力、交往形式、自主活动之间的矛盾运动

对如何克服无产者发展生产力却在社会交往中丧失自主活动的问题，

---

① 《德意志意识形态》(节选本)，第 75 页，北京：人民出版社，2018 年。

② 《德意志意识形态》(节选本)，第 75 页，北京：人民出版社，2018 年。

③ 《德意志意识形态》(节选本)，第 75 页，北京：人民出版社，2018 年。

马克思指明了一条历史之路，也是一条革命之路。它由两个环节或者方面构成。

一是，“各个人必须占有现有的生产力总和，这不仅是为了实现他们的自主活动，而且从根本上说也是为了保证自己的生存。这种占有首先受所要占有的对象的制约，即受发展成为一定总和并且只有在普遍交往的范围里才存在的生产力的制约……其次，这种占有受进行占有的个人的制约。只有完全失去了整个自主活动的现代无产者，才可能实现自己的充分的、不再受限制的自主活动，这种自主活动就是对生产力总和的占有以及由此而来的才能总和的发挥”。[①] 从无产阶级解放，从而也是资产阶级社会批判的角度理解生产力、普遍交往，就是把先前的广义历史唯物主义的生产力解放逻辑推进到政治经济学批判阶段。正是在现代社会中，当生产力、交往形式矛盾激化之时，同时也是自主活动具备实现可能性的时代。通过无产者，进而整个无产阶级的革命，将无产阶级的自主活动实现在新型的生产力和交往形式之中，即超越资产阶级社会、迈入共产主义社会。

二是，“占有还受实现占有所必须采取的方式的制约。占有只有通过联合才能实现，由于无产阶级本身固有的本性，这种联合又只能是普遍性的，而且占有也只有通过革命才能得以实现”。[②] “联合”是生产力发展的基本社会结构，以往都是被动的联合，或者说一定条件下的联合，作为阶级成员的联合，在大工业阶段的无产阶级那里，资本逻辑使劳动过程中的联合达到被动性的极端，相应地，无产阶级的革命要求也达到了彻底性。这种彻底性，从联合的范围看，是它的普遍性；从联合的性质看，是它的自主性。

以交往理论为思考视角，对生产力与无产阶级的自主活动之间关系所做的探讨，实际上阐明了历史活动中无产阶级与自身的劳动对象之间的主客体关系。在革命实践中，主客体之间相互依赖、相互影响、相互制约、相互转化。于是，可以预期，“在革命中，一方面迄今为止的生产方式和交往方式的权力以及社会结构的权力被打倒，另一方面无产阶级的普遍性质以及无产阶级为实现这种占有所必需的能力得到发展，同时无产阶级将

---

① 《德意志意识形态》(节选本)，第 75—76 页，北京：人民出版社，2018 年。

② 《德意志意识形态》(节选本)，第 76 页，北京：人民出版社，2018 年。

抛弃它迄今为止的社会地位遗留给它的一切东西”。[1]

于是，基于广义历史唯物主义提出的广义政治经济学批判、广义共产主义对三个历史因素——生产力、交往形式、自主活动之间的关系，最终将在理想社会中实现和谐统一。“只有在这个阶段，自主活动才同物质生活一致起来，而这又是同各个人向完全的个人的发展以及一切自发性的消除相适应的。同样，劳动向自主活动的转化，同过去受制约的交往向个人本身的交往的转化，也是相适应的。随着联合起来的个人对全部生产力的占有，私有制也就终结了。”[2]广义历史唯物主义对理想社会中的生产力、交往形式、自主活动的展望，是在广义马克思主义理论架构中得出的结论。一方面，理想社会中的生产力、交往形式、自主活动之间的关系，是考察资产阶级社会矛盾运动后做出的判断，这属于广义政治经济学批判的工作；另一方面，理想之所以是理想而不是空想，就在于它是运用广义历史唯物主义方法论探究现代社会发展，从而形成的科学社会主义结论。可见，在这里，广义马克思主义三个组成部分——广义历史唯物主义、广义政治经济学批判和广义共产主义是相互统一的。

最后，马克思批判了上述问题的理解上的意识形态观点。“哲学家们在不再屈从于分工的个人身上看到了他们名之为‘人’的那种理想，他们把我们所阐述的整个发展过程看作‘人’的发展过程，从而把‘人’强加于迄今每一历史阶段中所存在的个人，并把‘人’描述成历史的动力。这样，整个历史过程就被看成是‘人’的自我异化过程，实质上这是因为，他们总是把后来阶段的一般化的个人强加于先前阶段的个人，并且把后来的意识强加于先前的个人。借助于这种从一开始就撇开现实条件的本末倒置的做法，他们就可以把整个历史变成意识的发展过程了。”[3]这里，马克思以交往和生产力相统一的逻辑为基础，揭穿了意识形态家对现实的个人及其历史的幻想。对意识形态的批判，同时也是从反面再次确认共产主义革命的必要性。因为，只有通过共产主义革命才能够消除意识形态产生的现实基础。当历史打破自发的生产关系和交往关系统治，个人之间在联合中实现了个性全面自由发展之际，意识形态的幻想就失去了它产生的客观条件。

---

① 《德意志意识形态》(节选本)，第 76 页，北京：人民出版社，2018 年。

② 《德意志意识形态》(节选本)，第 76—77 页，北京：人民出版社，2018 年。

③ 《德意志意识形态》(节选本)，第 77 页，北京：人民出版社，2018 年。

第七章　广义政治经济学批判(三)

本章探讨资产阶级市民社会及其与上层建筑的关系。马克思以广义历史唯物主义的交往和生产力相统一的逻辑对市民社会做了进一步阐释，并在给出市民社会新规定之际，深入历史事实，分析所有制对上层建筑的作用，从而深化了广义历史唯物主义论述的市民社会之于社会生活的决定性作用。这里，我们主要分析马克思给出的市民社会新定义以及由它得出的关于“国家和法同所有制的关系”的一系列判断。

一、资本主义时代的市民社会

遵循广义历史唯物主义关于交往和生产力相统一的逻辑理解，马克思为资产阶级的市民社会范畴做出如下规定：

“市民社会包括各个人在生产力的一定阶段上的一切物质交往。它包括该阶段的整个商业生活和工业生活，因此它超出了国家和民族的范围，尽管另一方面它对外仍必须作为民族起作用，对内仍必须组成为国家。”[①]

在交往和生产力相统一的逻辑上把握市民社会的地位，发展了“费尔巴哈Ⅱ”关于广义历史唯物主义的叙述逻辑，深刻体现了广义马克思主义理论体系的整体性。“费尔巴哈Ⅱ”那里，是从“直接生活的物质生产出发”，而不是从交往出发，交往还被看作当然的前提没有展开讨论；相应地，交往形式的使用，是以生产力为中心的，等于生产关系概念。及至“费尔巴哈Ⅳ”，交往形式在以交往活动为研究主题的叙述中，已经发生

① 《德意志意识形态》(节选本)，第77页，北京：人民出版社，2018年。

“转形”，等于交往关系概念，或者说，是生产关系与交往关系的相统一。由于交往研究是基于生产力发展研究的逻辑发展，交往意义上的市民社会即交往形式，同时包含了生产关系和交往关系两个方面，是以交往关系为考察中心的生产关系与交往关系的相统一。不难发现，马克思按照广义历史唯物主义的交往和生产力相统一逻辑得出的市民社会认识，对资产阶级社会做出了科学规定。市民社会概念，从抽象上升到具体，这与走向历史深处的追求是紧密相连的，同时表明了两个市民社会概念是一体双面的关系。需要指出的是，在从抽象到具体的叙述逻辑发展进程中，尽管先出现的市民社会一般，但是，市民社会研究，最终达到的是现代社会的论域。这正如马克思所言：“‘市民社会’这一用语是在18世纪产生的，当时财产关系已经摆脱了古典古代的和中世纪的共同体。真正的市民社会只是随同资产阶级发展起来的。”①

当然，从抽象的意义上说，关于资产阶级市民社会的上述理解，也一般地适合思考过往历史。所以，马克思还指出：“市民社会这一名称始终标志着直接从生产和交往中发展起来的社会组织，这种社会组织在一切时代都构成国家的基础以及任何其他的观念的上层建筑的基础。”②马克思这个观点表明，对于这种抽象，即我们熟知的经济基础对上层建筑的决定性作用，不应当看作“标签”和“公式”，它只有与各个时期的历史经验研究相联系，才具有真正的理论价值。

二、作为资产阶级意识形态的国家观念

在资产阶级社会中的经济基础与上层建筑关系上，马克思揭示了市民社会对“国家”和“私法”的决定性作用。

马克思先是展开“国家和法同所有制的关系”分析，推进前述关于经济基础决定上层建筑的认识。同时，正是缘于马克思主义理论体系的上述总体进展，方为意识形态批判奠定了理论前提，使意识形态批判较之于“费尔巴哈Ⅰ”、“费尔巴哈Ⅱ”和“费尔巴哈Ⅲ”向意识形态的经验表现又大大迈进一步，将思想视野上扩展至近乎全部的资本主义社会意识形态体系及

---

① 《德意志意识形态》(节选本)，第77页，北京：人民出版社，2018年。

② 《德意志意识形态》(节选本)，第77—78页，北京：人民出版社，2018年。

其日常生活形式。

就国家和所有制关系当中，经济基础的决定性作用给予深刻揭示。对于经济基础对上层建筑的决定性作用，马克思不是平均用力去泛泛谈论各个时期所有制的根本性地位。他集中讨论的是“现代国家”与“现代资本”，即“现代私有制”之间的关系，以揭示现代国家的本质“不外是资产者为了在国内外相互保障各自的财产和利益所采取的一种组织形式”。①

正是聚焦现代社会的结构分析，我们才能够理解，为什么马克思强调“真正的私有制只是随着动产的出现才开始的”。这里，所谓“真正的私有制”显然对应的就是资本主义私有制，即以资本为统治关系的所有制。继而，马克思指出：“在起源于中世纪的民族那里，部落所有制经过了几个不同发展的阶段——封建地产，同业公会的动产，工场手工业资本——才发展为由大工业和普遍竞争所引起的现代资本，即变为抛弃了共同体的一切外观并消除了国家对所有制发展的任何影响的纯粹私有制。现代国家是与这种现代私有制相适应的。”②

紧接着，马克思批判资产阶级意识形态家对这一问题的颠倒性认识。“因为国家是统治阶级的各个人借以实现其共同利益的形式，是该时代的整个市民社会获得集中表现的形式，所以可以得出结论：一切共同的规章都是以国家为中介的，都获得了政治形式。由此便产生了一种错觉，好像法律是以意志为基础的。同样，法随后也被归结为法律。”③

三、作为资产阶级意识形态的“私法”

就“私法”与私有制之间的关系进行探讨时，马克思同样批判了意识形态家那里存在的错误认识。

马克思先在私法的形式上展开分析，指出“罗马私法”虽然可以在不同历史时期存在，但是，它反映的社会关系，特别是所有制及其物质生产和社会交换的基础大不一样。比如：“在罗马人那里，私有制和私法的发展没有在工业和商业方面引起进一步发展，因为他们的整个生产方式没有改

① 《德意志意识形态》(节选本)，第78—79页，北京：人民出版社，2018年。

② 《德意志意识形态》(节选本)，第78页，北京：人民出版社，2018年。

③ 《德意志意识形态》(节选本)，第79页，北京：人民出版社，2018年。

变。”按照马克思当时对古罗马所有制的认识，他认为：“这种所有制首先是由于几个部落通过契约或征服联合为一个城市而产生的。在这种所有制下仍然保存着奴隶制……建筑在这个基础上的整个社会结构，以及与此相联系的人民权力，随着私有制，特别是不动产私有制的发展而逐渐趋向衰落。”[①]同样是“罗马私法”，与资本主义相伴发展时，它就获得了新的、现代社会的坚实根基。“在现代民族那里，工业和商业瓦解了封建共同体，随着私有制和私法的产生，开始了一个能够进一步发展的新阶段。在中世纪进行了广泛的海上贸易的第一个城市阿马尔菲还制定了海商法。当工业和商业——起初在意大利，随后在其他国家——进一步发展了私有制的时候，详细拟定的罗马私法便又立即得到恢复并取得威信。”马克思考察罗马私法的历史变迁，得出了一个关于它的意识形态属性评断：“不应该忘记，法也和宗教一样是没有自己的历史的。”[②]对“罗马私法”历史遭际的考察表明，作为思想上层建筑的私法，它本身只是一定时代经济基础的反映。所以，不能像意识形态家那样从思想上层建筑追索社会生活根源，而应当从经济基础来理解包括思想上层建筑在内的社会生活变迁史。

接下来，马克思如同分析国家与所有制之间的关系那样，通过“错觉”现象，来剖析作为意识形态的“私法”对现实生活的“颠倒”认识。在“私法”上，法律领域最主要意识形态“错觉”，是主张“现存的私有制关系是作为普遍意志的结果”。从法律演变上讲，脱离传统社会共同体的独立私有者可以任意处置自己的财产，享有“使用和滥用的权利”。如果不追问权利产生、实现的社会条件，直接来看，“仿佛私有制本身仅仅以个人意志即以对物的任意支配为基础”。这种意识形态观念，实质上是“把权利归结为纯粹意志”。对意识形态关于“私法”的颠倒性认识，马克思批判道：“实际上，滥用对于私有者具有极为明确的经济界限，如果他不希望他的财产从而他滥用的权利转入他人之手的话；因为仅仅从私有者的意志方面来考察的物，根本不是物；物只有在交往中并且不以权利为转移时，才是物，即成为真正的财产。”[③]然而，那些尚未摆脱意识形态观念统治的法学家们和整个资产阶级法律体系，总是颠倒了意志和实现意志条件之间的关系，

① 《德意志意识形态》(节选本)，第 13 页，北京：人民出版社，2018 年。

② 《德意志意识形态》(节选本)，第 80 页，北京：人民出版社，2018 年。

③ 《德意志意识形态》(节选本)，第 80 页，北京：人民出版社，2018 年。

"在法学家们以及任何法典看来，各个人相互之间的关系，例如缔结契约这类事情，一般都是偶然的；他们认为这些关系可以随便建立或不建立，它们的内容完全依据缔约双方的个人意愿"。[①] 不过，历史的事实却否定了这种"错觉"，否定了颠倒现实世界真实关系的意识形态思维方式。马克思对此举证说："每当工业和商业的发展创造出新的交往形式，例如保险公司等等，法便不得不承认它们都是获得财产的方式。"[②]对法的理解，必须跳出意识形态思维方式主导的资产阶级思想藩篱，告别"颠倒"，告别"错觉"，回到现实生活的物质生产和物质交往过程中，从而就是从经济基础中找到其发生和实行的客观根据。

四、对资本主义经济基础与上层建筑关系的再探讨

关于资产阶级社会的经济基础和上层建筑关系的研究，马克思还列出了一部分写作提纲。在这里，我们发现马克思丰富、拓展了前述内容，其中，也涉及部分的调整、补充。

为进一步解答广义历史唯物主义论域中涉及的"国家和法同所有制的关系"，马克思还将研究视野扩展到"科学"领域。这是把知识与权力、统治及治理结合起来思考的宝贵探索。言其宝贵，是指马克思对意识形态问题域在20世纪的扩展及其呈现方式，有着卓越预见。我们知道，福柯在知识、权力和治理方式之间关系的问题上，理论贡献很大。但是就提出问题之早，观察问题视野之宽，以及解释问题复杂性的能力，又显出马克思更胜一筹。

从该片段所列写作计划体现的思路看，马克思是在分工这种生产力特殊历史形式下提出科学问题的。继而，通过探讨科学与资产阶级法律关系，令资产阶级上层建筑运行规律更加具体地呈现出来。具体内容如下：

第一，马克思打算分析"分工对科学的影响"，这是明确将知识与物质生产、阶级关系联系起来的研究取向。较之于福柯的知识型理论，由分工引出科学问题，无疑是将科学现象置于宽阔的历史观背景中观察。第二，马克思关注"镇压"，准备讨论"镇压在国家、法、道德等等中的作用"。第

① 《德意志意识形态》(节选本)，第80—81页，北京：人民出版社，2018年。

② 《德意志意识形态》(节选本)，第81页，北京：人民出版社，2018年。

三，计划转入如下问题研究："资产者之所以必须在法律中使自己得到普遍表现，正因为他们是作为阶级进行统治的。"第四，在前述分别讨论科学和它所联系的社会政治现象之后，准备研究"自然科学和历史"的总体性关系。最后，马克思再次强调讨论所及的意识形态对物质生产总运动的依赖性，它没有绝对的独立性，也就是没有独立于社会存在之外的"历史"。基于这个意识形态批判的总体认识，马克思还有意单独讨论各种类型意识形态，批判意识形态家将它们独立化的倾向，提出如下科学判断："没有政治史、法律史、科学史等等，艺术史、宗教史等等。"[①]虽然这些想法没有展开论述，但是，马克思提出的观点仍然为我们研究相关意识形态类型给出了方法论指引，具有重要的思想价值。

由于马克思只完成了上述片段的思想要点表达，所以，我们只适合就各个思想要点之间的大的逻辑关系展开初步分析。在当代，需要我们结合当代社会发展产生的新问题来创造性运用这些理论观点及其方法论主张，如此，方能真正彰显其中蕴含的思想价值。

同样是只完成思想要点拟定的写作提纲，接下来的片段，马克思集中讨论这样一个问题："为什么意识形态家使一切本末倒置。"首先他举出了两个序列的"意识形态家"，一是"笃信宗教者、法学家、政治家"；二是"法学家、政治家(一般的国务活动家)、伦理学家、笃信宗教者"。[②]

我们看到，两个序列的显著区别是，笃信宗教者，即很可能是沉迷于将一切问题宗教化的青年黑格尔派所处的位置不同。前者以分析笃信宗教者为考察起点，以走向研究世俗化的抽象法律和扬弃法律抽象性的政治的思想者为思想演进脉络，可能在于，希图通过思想联系抽象出它们背后的物质关系。这是前述意识形态批判确立的稳定的分析方式，从精神现象入手抓到背后的物质原因。当然，提纲的内容过于简要，并没有详细列出精神现象之下的物质原因。我们这里，只是根据这个精神生产的顺序对之进行合理猜测。

后者则是将笃信宗教者置于排序的终点，这可能在分析之后进入了叙述逻辑。叙述逻辑与分析逻辑的考察顺序相反，直接的、经验的精神现象，要经过一系列"中介"才能在理性层面再现出来。同分析逻辑相同，这

---

① 《德意志意识形态》(节选本)，第 81 页，北京：人民出版社，2018 年。

② 《德意志意识形态》(节选本)，第 81 页，北京：人民出版社，2018 年。

里也只是以精神生产的顺序曲折表达了物质生产、物质交往的客观逻辑，即物质生产、物质交往决定了精神生产的表达次序应当是从法学家开始，最后达到对青年黑格尔派意识形态家，即笃信宗教者的理性透视。

按写作提纲所示研究思路，马克思接下来拟对意识形态进行更具体的研究，从而在接近个别经验的“手艺”层面，即商品社会中对每个人的职业活动进行分析。关于“手艺”的分析，与前述内容相联系，首先研究的对象仍然是上层建筑领域的从业者。“关于一个阶级的这种意识形态划分，职业由于分工而独立化；每个人都认为他的手艺是真的。他们之所以必然产生关于自己的手艺和现实相联系的错觉，是由于手艺本身的性质所决定的。关系在法学、政治学中——在意识中——成为概念；因为他们没有超越这些关系，所以这些关系的概念在他们的头脑中也成为固定概念。例如，法官运用法典，因此法官认为，立法者是真正的积极的推动者。尊重自己的商品，因为他们的职业是和公众打交道。”[①]可见，资产阶级从上层建筑领域开始，并以上层建筑为出发点，将自身利益和意志合理化。这表明，资本主义社会已然全面商品化，颠倒反映现实的资产阶级意识形态笼罩了各行各业和全部的社会生活。这里，上层建筑领域种种现象同样遵从精神生产规律，最终成为资本主义生产总运动的要素。

马克思在提出上层建筑的精神再生产问题时，还把普通人的精神生活纳入考察范围，即探讨“通常的意识”如何被卷入资本主义生产之中。“法的观念。国家的观念。在通常的意识中事情被本末倒置了。”[②]由提纲编排的逻辑次序可见，法的观念、国家的观念只有进入通常的经验意识，进入普通人的日常观念中，它们才可能不断地被再生产出来，并成为服务经济基础以及全部物质生产、物质交往的精神力量。

五、“未完稿”中的广义政治经济学批判思想

在马克思的写作计划中，还有只列出问题，而未加展开论述的两个片段。它们同样属于意识形态批判主题，显示出广义政治经济学批判视野下意识形态批判工作的完成。

---

① 《德意志意识形态》(节选本)，第 81—82 页，北京：人民出版社，2018 年。

② 《德意志意识形态》(节选本)，第 82 页，北京：人民出版社，2018 年。

前一个片段，马克思打算研究超验性的宗教如何发端于现实的问题，意在把神秘的东西还原为现实社会关系。“宗教从一开始就是超验性的意识，这种意识是从现实的力量中产生的。”为了与论争对手带有的神秘化叙述区分开来，他又提到自己的行文风格，“要更通俗地表达这一点”。[①]

后一个片段，马克思预计讨论“法、宗教等领域中的传统”。[②] 如何看待法和宗教中有自身连续性的传统问题，依据前述思想“没有自己的历史”主张看，一个显见的理论任务是，批判“传统”问题上存在的意识形态独立性幻觉。至于马克思会选择怎样的批判对象和具体路径，仅仅依据这个短短的片段提供的信息则无从做出评断了。

全面探讨意识形态后，“费尔巴哈Ⅳ”提出的理论课题得以解答，从而也是《形态》第一卷第一章的意识形态批判最终完成。于是，从物质生产、物质交往到精神生产、精神交往，通过意识形态批判映现“真正的实证科学”，在资产阶级市民社会批判中论证共产主义革命，经过如此严谨的辩证叙述，广义马克思主义的理论体系整体轮廓显现出来了。

我们还看到，广义马克思主义的叙述，还体现在马克思所列的写作提纲中。它们是在“费尔巴哈Ⅳ”末尾处出现的两个片段。我认为，分析这两个写作提纲片段，是了解广义马克思主义的必要补充。

第一个写作提纲提出的问题。“各个人过去和现在始终是从自己出发的。他们的关系是他们的现实生活过程的关系。为什么会发生这样的情况：他们的关系会相对于他们而独立？他们自己生命的力量会成为压倒他们的力量？”对于自己的提问，马克思给出了的总的解答线索：“总之，分工，分工的阶段依赖于当时生产力的发展水平。”[③]

这个片段所提问题，马克思在“费尔巴哈Ⅳ”中做了很细致的分析和解答，完成了这个写作提纲。“各个人的出发点总是他们自己，不过当然是处于既有的历史条件和关系范围内的自己，而不是意识形态家所理解的‘纯粹的’个人。然而，在历史发展的进程中，而且正是由于在分工范围内社会关系的必然独立化，在每一个人的个人生活同他的屈从于某一劳动部门以及与之相关的各种条件的生活之间出现了差别。这不应当理解为，似

---

① 《德意志意识形态》(节选本)，第 82 页，北京：人民出版社，2018 年。

② 《德意志意识形态》(节选本)，第 82 页，北京：人民出版社，2018 年。

③ 《德意志意识形态》(节选本)，第 82 页，北京：人民出版社，2018 年。

乎像食利者和资本家等等已不再是有个性的个人了，而应当理解为，他们的个性是由非常明确的阶级关系决定和规定的，上述差别只是他们与另一阶级的对立中才出现，而对他们本身来说，上述差别只是在他们破产之后才产生。"[①]

"费尔巴哈Ⅳ"最后一个片段，收录的也是付诸实行、大体写作完成的提纲。这是拟定关于所有制发展历史的提纲，以"现代的所有制"为中轴划分出两个大的类型。其中，"费尔巴哈Ⅰ"完成了非"现代的所有制"论述，即文中列举的"土地所有制。公社所有制。封建的所有制"。然后，又列举了"费尔巴哈Ⅳ"中完成论述的三个所有制，即在"现代所有制"发生、发展中出现的"等级的所有制。手工工场所有制。工业所有制"。[②]

虽然以上列举的六个所有制及其变迁已经有相对细致的论述，但是，为什么相关内容的分析论述不是连续表达，而是分别出现在"费尔巴哈Ⅰ"和"费尔巴哈Ⅳ"？由此产生了理论争议。

日本学者广松涉从文本学研究得出的观点认为，马克思把六个所有制概念放在同一个写作提纲中，表明它们之间的叙述具有连续性。所以，他主张把"费尔巴哈Ⅱ"关于所有制论述的文字挪移到"费尔巴哈Ⅳ"的开头部分，使六个所有制概念做连续的叙述。相反观点则认为，以往的文献学研究对这两部分内容的位置处理有充分的根据，马克思对"费尔巴哈Ⅰ"各个片段的排序是明确的，也应当有确定的理论逻辑。我们应当根据此既有排序来展开文本解读。至于"费尔巴哈Ⅳ"最后提供的那个写作提纲，明显区分前资本主义和资本主义所有制的不同排序，不能用来证明马克思对六个所有制概念做连续的、单线的叙述。

若从思想内容着眼，可以发现，这里论及的所有制思想，蕴含着以广义政治经济学批判为轴心的社会发展五形态划分。这里，前资本主义和资本主义的所有制分析，被看作两个不同的演进次序。首先是前资本主义的三种所有制：(1)原始社会对应着"土地所有制"(也称"部落所有制")，"这种所有制与生产的不发达阶段相适应，当时人们靠狩猎、捕鱼、畜牧，或者最多靠耕作为生。在人们靠耕作为谋生手段的生产方式下，这种所有制

① 《德意志意识形态》(节选本)，第66页，北京：人民出版社，2018年。

② 《德意志意识形态》(节选本)，第82页，北京：人民出版社，2018年。

是以大量未开垦的土地为前提的。”[①](2)奴隶社会对应“公社所有制”。(3)封建社会对应“封建的所有制”。然后是(4)资本主义社会对应“现代的所有制”。另外，尽管马克思没有明确提及共产主义所有制，但是，考虑到“费尔巴哈”一章存在批判资本主义社会的共产主义理论线索，探讨如何实现共产主义的公有制占有，所以，可以合乎逻辑地提出，“现代所有制”之后，就是(5)共产主义社会。

广义马克思主义至此完成了从“费尔巴哈Ⅱ”中的“广义历史唯物主义—广义共产主义”向“费尔巴哈Ⅳ”中的“广义政治经济学批判—广义共产主义”转换的完整叙述逻辑。其中，后者包含了前者，是前者理论的具体化和最终完成。

这样，广义马克思主义理论体系以意识形态批判开启新哲学视域为开端，沿着广义历史唯物主义、广义政治经济学批判和广义共产主义的叙述逻辑，逐层深入，确立了完整的科学社会主义理论，为无产阶级革命提供了科学指南。同时，马克思通过批判唯心主义意识形态，深入现实，与当时流行的、以德国观念论哲学为出发点的“真正的社会主义”划清了界限，为后续批判这种特殊意识形态形式，奠定了世界观和方法论基础。

① 《德意志意识形态》(节选本)，第13页，北京：人民出版社，2018年。

第三篇

本篇分为三章，探讨广义马克思主义微观视角下的问题和观点。第八章，以现实的个人概念为聚焦点，通过考察此概念，透视广义马克思主义微观层面的交往逻辑之目的。第九章，从资本主义社会中的“个人的二重性”认识马克思劳动二重性理论的丰富内涵。在广义马克思主义理论体系中，劳动二重性理论不仅有经济维度，而且有政治、伦理、文化的维度，即包含了个人自身生命生产的二重性逻辑。第十章，从批判角度分析现实的个人处境，在阐释“偶然性个人”命题的人学意蕴中，从微观批判层面认识广义马克思主义的交往逻辑。广义马克思主义微观分析与宏观分析并非隔绝，而是相互渗透、彼此交织的浑然一体关系。

第八章　现实的个人概念的交往逻辑及其理论意义

在《形态》系统阐发广义马克思主义体系过程中，现实的个人概念占有十分重要的位置。从唯物辩证法对理论体系的叙述方式看，理论体系起点蕴含着后续内容的萌芽，后续内容是理论体系起点的丰富和发展。《形态》中，马克思把现实的个人规定为广义马克思主义理论体系的起点，从而成为理解广义历史唯物主义、广义政治经济学批判和广义共产主义的关键。这里，我们侧重《形态》的广义历史唯物主义，透过现实的个人概念的交往逻辑分析，呈现现实的个人概念的完整规定性，以此从理论起点来勾勒和证明广义历史唯物主义的理论图景，并揭示广义历史唯物主义之于广义马克思主义理论构型的意义。

一、交往形式：现实的个人的基本存在形式

《形态》中现实的个人概念有多种表达方式。现实的个人概念的第一次“出场”是作为广义历史唯物主义的逻辑起点出现的。“我们开始要谈的前提不是任意提出的，不是教条，而是一些只有在想象中才能撇开的现实前提。这是一些现实的个人，是他们的活动和他们的物质生活条件，包括他们已有的和由他们自己的活动创造出来的物质生活条件。”[①]马克思强调的现实的个人与自身环境的统一性，体现了唯物辩证法对理论起点所要求的抽象性与完整性的平衡。现实的个人，无论就其自身来讲，还是它作为广义历史唯物主义理论体系而论，这个逻辑起点的规定性与以后要叙述的内

① 《德意志意识形态》(节选本)，第10—11页，北京：人民出版社，2018年。

容相比，抽象性是十分明显的。但是，这种抽象是合理的抽象，是有待于丰富发展的理论规定性，完全不同于还原式思维得到的与环境和客体相分离的非现实起点。

在克服主客二分的思维方式中，海德格尔做出了富有价值的探索。海德格尔的“此在”观念，还原出“在世界中”的始源性关系，达到人与世界之间关系的统一理解关系。这样，“此在”一改孤立面对客体世界的僵硬主体面貌，使过去主体观的内在性困境在一定程度上得以克服。那长期居于统治地位的主客二分思维则降低为工具性、派生性的。借用海德格尔“在之中”的存在论观念来标识主客二分哲学的终结，那么，对于广义历史唯物主义在理论起点处已经开启本体论变革，可以采用“在之中”方式表达，把现实的个人的第一层规定性理解为：在一定的物质生活条件中活动。

借用“在之中”言说方式并不意味要将马克思海德格尔化，接下来，我们恰恰是在指出广义历史唯物主义与海德格尔哲学具有一致性的地方，揭示广义历史唯物主义终结近代主体哲学有别于海德格尔哲学的独特路径。

在区分马克思主义哲学和海德格尔哲学关于“在之中”思维方式时，法兰克福学派提供了一个有价值的认识。在法兰克福学派那里，阿多诺、哈贝马斯等人批评海德格尔的探索最终并不成功。因为，“此在”虽然由近代哲学的绝对主体转换成有限主体，但是，“有限的主体”思考策略没有真正逃离主体哲学的孤立和唯我独尊的处境，走出主客二分的近代主体哲学仍然是需要继续求解的理论难题。当我们带着这个问题来解读《形态》现实的个人概念在起点处的进一步规定时，马克思不同于海德格尔的地方就显现出来了。

何谓现实的个人?《形态》以“第一个前提”“一当……开始”“首先取决于”“第一次”“又是以……为前提的”等做了多个表述，分别把“有生命的个人的存在”“生产自己的生活资料”“生活方式”“人口的增长”“交往”等含义收纳到现实的个人概念，使现实的个人概念获得多重规定性。[①] 至此，历史唯物主义的现实的个人概念，其内涵可以表述为：在彼此交往中利用他们的物质条件进行生产的主体。这样一来，交往便成为物质生产，从而也是现实的个人的生命的生产之内在构成环节。交往具有一定形式，于是，交往在任何一种生产活动中起作用时都体现为一定的“交往的形式”。如果

① 《德意志意识形态》(节选本)，第11—12页，北京：人民出版社，2018年。

仍以前述“在之中”结构来表达现实的个人生产的始源性存在，就可以称之为：在一定的交往形式中生产。鉴于交往形式被视作“个人之间彼此交往”的周遭世界，是多主体的主体间性世界，所以，现实的个人概念的“在之中”生产，此时就应当表达为共在共生的主体间性的生产。

由上可见，在现实的个人概念的起点处，也是历史唯物主义理论体系起点处，我们不仅看到它包容海德格尔“在之中”的思维方式，而且还有迥异于海德格尔“此在”思想的交往逻辑。海德格尔“此在”的“在之中”是一种“有限的主体”，它仍然没有彻底摆脱近代的主体哲学，而作为历史唯物主义起点的现实的个人的“在之中”则是交往性的，打开了通向主体间性世界的理论视野。历史唯物主义中的现实的个人优越于海德格尔“此在”，为走出主体的独白困境给出了可行的理论路径。

同时，这个起点又是辩证发展的起点。《形态》对现实的个人概念给出第一个总体规定，绝不能理解为现象学的静态本质直观。它在叙述逻辑中要展开辩证发展运动，经过“生产力与交往形式”“交往形式与个人的行动或活动”[①]两个发展阶段，最终复归于起点，达到了现实的个人概念的完整规定性。从概念起点经一系列形式的发展而复归到概念的起点，现实的个人在辩证叙述逻辑中达到完整的、具体的规定性。

二、作为现实的个人抽象交往形式的物象化

现实的个人在交往形式中进行生产，这个始源性规定在起点自身内部的辩证发展是初步的。接下来，当我们考察现实的个人概念叙述过程时，现实的个人就要在叙述逻辑中呈现为对象化阶段的规定性。在概念叙述逻辑中，现实的个人概念将“变身”成为多种形式来发展自己，获得丰富的含义。从形式上分析，概念运动逻辑属于黑格尔唯心主义哲学的认识范式，但是，经过马克思作唯物主义的改造后，这种概念运动的自我否定、自我生成的辩证运动已然转化为把握事实的具体历史辩证法，即唯物辩证法的叙述方法。

《形态》关于现实的个人的对象化阶段论述，如同逻辑起点处的现实的个人具有总体性规定一样，表现为多重规定性。进入对象化叙述阶段，现

① 《德意志意识形态》(节选本)，第 69 页，北京：人民出版社，2018 年。

实的个人的总体性存在先是体现为生产力。《形态》中的生产力概念也是由一系列始源性规定构成的：作为“一切人类生存的第一个前提”的“生产物质生活本身”；作为“第一个历史活动”的“新的需要的产生”；作为“一开始就进入历史发展过程的”的“繁殖”或者是“家庭”；作为“一定的共同活动方式或一定的社会阶段”的“生产力”。[①] 这样，马克思运用辩证叙述方法将生产力的要素构建起生产力的总体性“形象”。现实的个人概念进入“生产力”这个叙述阶段后，尽管表达的是现实的个人的对象化形态，概念的内容进一步丰富，但仍然不是对现实的个人之生产力的最终呈现。《形态》着眼于资本主义社会的矛盾运动规律，从分工和所有制来理解生产力，将现实的个人概念作为生产力“异在”全面揭示出来。马克思指出：“受分工制约的不同个人的共同活动产生了一种社会力量，即成倍增长的生产力。因为共同活动本身不是自愿地而是自然形成的，所以这种社会力量在这些个人看来就不是他们自身的联合力量，而是某种异己的、在他们之外的强制力量。关于这种力量的起源和发展趋向，他们一点也不了解；因而他们不能驾驭这种力量，相反，这种力量现在却经历着一系列独特的、不仅不依赖于人们的意志和行为反而支配人们的意志和行为的发展阶段。”[②]

就着这里出现的“异在”问题，日本哲学家广松涉提出了一个关于《形态》的整体判断。他认为，《形态》的“异在”观其实开创了一种新哲学范式——“物象化”理论，在这里，马克思思想完成了一次革命性的转变：超越早期的人本主义哲学走向晚期的历史唯物主义。广松涉认为：“马克思的所谓物象化，是对人与人之间的主体际关系被错误地理解为‘物的性质’(例如，货币所具有的购买力这样的‘性质’)，以及人与人之间的主体际社会关系被错误地理解为‘物与物之间的关系’这类现象……等等的称呼。此时所说的人与人之间的主体际的关系，当然不是从所谓对象存在中分离出来的人(们)彼此之间赤裸裸的关系，更不用说是静止的、反省的认知关系，而是在对象活动中动力学的相互接触，机能的相互关联，是‘对自然且人际的动态关系’……人们的主体际的对象参与活动的某个总体关联形态，在当事人的日常意识中……犹如事物彼此之间的关系，或者像物的性质，甚至像物的对象性一样映照出来。这样的面向我们(füruns)的事态，

① 《德意志意识形态》(节选本)，第23—24页，北京：人民出版社，2018年。

② 《德意志意识形态》(节选本)，第30页，北京：人民出版社，2018年。

就是马克思的所谓的‘物象化’。”[①]到这时，马克思才摆脱以《1844年经济学哲学手稿》“异化”观为基础的主客二分的哲学范式，构建起交往逻辑为主轴的“物象化”理论。如果说“异化”观把社会历史过程看作人性失而复得，那么，它无疑还是滞留在近代哲学主客二分的立场，它杜撰的不过是一个先验主体的自我认识故事。“物象化”理论以关系性存在论取向点破了主体哲学的虚妄，把人与人的交往逻辑提升至本体论地位，对社会和自然的实体化理解具有优先性。

在我看来，广松涉物象化理论的主要价值在于，它触及了现实的个人概念辩证运动中的一个叙述逻辑阶段：(1)把主体间性作为始源性关系。(2)将现实的个人的“异在”理解为一种“颠倒”——否定现实的个人的现实力量。可以说，物象化推进了起点阶段的认识，又将起点处得到的规定性置于更大的总体规定性中。这个新的总体性，是现实的个人在生产关系中生产。广松涉对物象化事实的分析，是关于资本主义社会的一种自我认识，与卢卡奇《历史与阶级意识》提出的以无产阶级主体与客体辩证关系来把握资本主义社会相比较看，广松涉突出的是现代社会自我认识的交往逻辑。

需要指出的是，广松涉的物象化理论，对应的还只是现实的个人概念的一个叙述阶段，并没有对这个叙述逻辑给出动态的、生成式的解释。换言之，物象化揭示的只是现实的个人在交往形式中生产的一个横向截面，它源于胡塞尔的现象学还原追求的静态反思，并加入了海德格尔“此在”现象学的生存论观念。对此，有人认为广松涉陷入了“胡塞尔加海德格尔式的泥潭”，[②] 是很有道理的。

从现实的个人概念的整个叙述逻辑观之，物象化来源于现实的个人在交往形式中生产，随着这一始源性关系的叙述逻辑展开，现实的个人既表现为“生产力”，从而“在交往形式中”生成为“生产关系”中的现实力量，同时，它还表现为作为“交往形式”的共同体之中的社会成员，即一定“交往关系”中的、具有某种人格的个人。从现代社会的现实看，当生产力与生产关系的矛盾运动发展到大工业与资本之间的矛盾运动时，现实的个人的历史发展，便提出打破资本主义生产关系的历史任务，它适应了生产力发

① ［日］广松涉《物象化论的构图》，第70页，南京：南京大学出版社，2002年。

② ［日］广松涉《物象化论的构图》，第14页，南京：南京大学出版社，2002年。

展的必然性要求。这一历史任务的完成，则意味着现实的个人在生产关系中生产阶段的“物象化”结束，与之相伴，生产力高度发展所蕴含的自由交往逻辑得以实现。

至此，只分析了现实的个人在生产关系中生产，还不是现实的个人概念的全部叙述逻辑，虽然承认交往形式一度表现为生产关系，但不能把生产关系完全等同于交往形式。相对于人与人之间的多样性社会关系而言，生产关系固然占据本质性地位，不过，它的现实化过程却不能离开其他类型社会关系的支持。由此展开的分析，呈现的是生产关系的总运动过程。这一过程，最终在外延上与交往形式相统一。

接下来，我们将考察《形态》对现实的个人概念的下一阶段的叙述——现实的个人概念表现为：在交往关系—人格关系中生产有特定人格权利、人格尊严的人自身。

三、作为现实的个人抽象交往形式的人象化

现实的个人在生产关系中生产发生物象化的颠倒，这一颠倒还进一步引起了现实的个人在交往关系中产生颠倒——受制于共同体生存条件所形成的普遍的、抽象的人性统治活生生的真实个性。借用广松涉对资本主义交往关系批判的表达式，我们可以把现实的个人在交往关系层面发生的“颠倒”称为“人象化”。

现实的个人生产在生产关系层面的物象化事实，带来了交往关系层面个人与共同体之间的颠倒关系，对此，《形态》做了四个方面分析：

首先，物象化造成交往形式和人的交往活动的抽象化、非人格化。“在大工业和竞争中，各个人的一切生存条件、一切制约性、一切片面性都融合为两种最简单的形式——私有制和劳动。货币使任何交往形式和交往本身成为对个人来说是偶然的东西。因此，货币就是产生下述现象的根源：迄今为止的一切交往都只是在一定条件下个人的交往，而不是作为个人的个人的交往。”①

其次，抽象化的人以及非人格关系组成的共同体是否定个性的“虚假的共同体”。18 世纪以来的启蒙观念论证资本主义社会具有平等的契约性

---

① 《德意志意识形态》(节选本)，第 73—74 页，北京：人民出版社，2018 年。

质，是自由交往的社会。事实上，它只承认一般化的抽象的人，即拥有私有财产的人。针对这种非人格性，马克思、恩格斯指出："在过去的种种冒充的共同体中，如在国家等等中，个人自由只是对那些统治阶级范围内发展的个人来说是存在的，他们之所以有个人自由，只是因为他们是这一阶级的个人。从前各个人联合而成的虚假的共同体，总是相对于各个人而独立的；由于这种共同体是一个阶级反对另一个阶级的联合，因此对于被统治的阶级来说，它不仅是完全虚幻的共同体，而且是新的桎梏。"①所以，"过去的联合决不像《社会契约论》中所描绘的那样是任意的，而只是关于这样一些条件的必然的联合(可以对照例如北美合众国和南美诸共和国形成的情况)，在这些条件下，各个人有可能利用偶然性。这种在一定条件下不受阻碍地利用偶然性的权利，迄今为止一直称为个人自由"。②

再次，人象化是"虚假的共同体"以颠倒的、抽象的、"成员"化即物化方式规定着人的个性。"各个人的出发点总是他们自己……然而在历史发展的进程中，而且正是由于在分工的范围内社会关系的必然独立化，在每一个人的个人生活同他的屈从于某一劳动部门以及与之相关的各种条件的生活之间出现了差别。这不应当理解为，似乎像食利者和资本家等等已不再是个性的个人了，而应当理解为，他们的个性是由非常明确的阶级关系决定和规定的，上述差别只是在他们与另一阶级的对立中才出现，而对他们本身来说，上述差别只是在他们破产之后才产生。"③及至《共产党宣言》，马克思、恩格斯又将这一思想深刻的概括为："在资产阶级社会里，资本具有独立性和个性，而活动着的个人却没有独立性和个性。"④

最后，人象化的社会事实在思想上滋生唯心主义历史观。唯心主义历史观总是有其社会基础。在黑格尔及其"孵化"的青年黑格尔派那里，他们的历史观是以资本主义社会人象化事实作为现实基础的。他们把一般化的、物化的人及其意识视作历史发展的主体。"整个历史过程被看成是'人'的自我异化过程，实质上是因为，他们总是把后来阶段的普遍个人强加于先前阶段的个人并且以后来的意识强加于先前的个人。由于这种本末倒置的做法，即一开始就撇开现实条件，所以就可以把整个历史变成意识

① 《德意志意识形态》(节选本)，第 65 页，北京：人民出版社，2018 年。

② 《德意志意识形态》(节选本)，第 68 页，北京：人民出版社，2018 年。

③ 《德意志意识形态》(节选本)，第 65—66 页，北京：人民出版社，2018 年。

④ 《马克思恩格斯选集》第 1 卷，第 415 页，北京：人民出版社，2012 年。

的发展过程了。”[①]

可见，资本主义条件下现实的个人在生产关系层面发生物象化颠倒之后，必然导致人们在交往关系层面发生人象化颠倒，他们自己创造的生产力和共同体一道成为剥夺个性发展的力量。

综上，我们可以完整地看到，《形态》中资本主义条件下现实的个人概念所反映的两种“异在”的社会本质及其意识形态表现。

资本主义社会令现实的个人在生产关系、交往关系层面分别产生物象化和人象化事实，与此同时，生产力也转变为现实的个人发展的破坏性、否定性力量，而个人自主活动被物化、抽象化为偶然性存在。按照现实的个人发展遵循的历史规律和价值追求，必然提出扬弃物象化和人象化，从而实现个性自由全面发展的自我。

四、作为现实的个人交往形式革命的共产主义

在现实的个人辩证法中，共产主义本质上是作为现实的个人自我实现“出场”的。资本主义社会作为现实的个人的交往形式，它导致现实的个人辩证法的“异在”或对象化的颠倒，共产主义革命无论在生产关系阶段还是在交往关系阶段都是对这种颠倒的内在否定，即反向再颠倒。在生产关系阶段，共产主义将通过变革资本主义生产关系解放现实的个人共同活动意义上的生产力；在交往关系阶段，共产主义则是通过消灭阶级统治这种“虚假的共同体”来回归到现实的个人辩证法起点，真正实现在人格关系的交往形式中占有生产力和发展自由个性。

以现实的个人辩证法观之，共产主义革命完成了现实的个人生产在生产关系和交往关系两个逻辑层面的双重实现，是现实的个人概念自我生成逻辑的真正现实化。

首先，在生产关系方面，“……随着私有制的消灭，随着对生产实行共产主义的调节以及这种调节所带来的人们对于自己产品的异己关系的消灭，供求关系的威力也将消失，人们将使交换、生产及他们发生相互关系的方式重新受自己的支配”。[②] 这里的“自己”，是现实的个人；“重新”就是

---

① 《德意志意识形态》(节选本)，第 77 页，北京：人民出版社，2018 年。

② 《德意志意识形态》(节选本)，第 32 页，北京：人民出版社，2018 年。

把资本主义生产关系颠倒的“物象化”关系再颠倒回来，使现实的个人生产所形成的生产力转化为现实的人与人之间的关系，在人们共同活动的意义上发展生产力。此时，分工就再也不是奴役人的社会形式了。“在共产主义社会里，任何人都没有特殊的活动范围，而是都可以在任何部门内发展，社会调节着整个生产，因而使我们有可能随自己的兴趣今天干这事，明天干那事，上午打猎，下午捕鱼，傍晚从事畜牧，晚饭后从事批判，这样就不会使我老是一个猎人、渔夫、牧人或批判者。”①

其次，在交往关系方面，超越物化社会关系统治，真正实现人格关系意义上的共同生活。“共产主义和所有过去的运动不同的地方在于：它推翻一切旧的生产关系和交往关系的基础，并且第一次自觉地把一切自发形成的前提看作是前人的创造，消除这些前提的自发性，使它们受联合起来的个人支配。……共产主义所造成的存在状况，正是这样一种现实基础，它使一切不依赖于个人而存在的状况不可能发生，因为这种存在状况只不过是各个人之间迄今为止的交往的产物。”②

再次，共产主义革命是现实的个人在生产关系与交往关系两个领域变革的统一。现实的个人概念的叙述逻辑，是从在交往形式中的生产逻辑起点开始的，随着市民社会这种交往形式与现实的个人之间的矛盾运动的展开，在理论上表现为一个从抽象上升到具体的逻辑进程。缘于此，现实的个人的自我实现获得双重内涵：既是生产关系中的生产力，又是交往关系中的个人自主活动；相应地，交往形式既是生产力寄寓其中的生产关系，又是个人自主活动处身的交往关系。随着现实的个人内涵变得渐次丰富和完整，现实的个人的历史，一方面表现为自我发展、自我否定、自我实现，另一方面也表现为交往形式自我否定、自我实现的历史进程。对这个总体逻辑，马克思的刻画是清晰明确的：“这些不同的条件，起初是自主活动的条件，后来却变成了自主活动的桎梏，这些条件在整个历史发展过程中构成各种交往形式的相互联系的序列，各种交往形式的联系就在于：已成为桎梏的旧交往形式被适应于比较发达的生产力，因而也适应于进步的个人自主活动方式的新交往形式所代替；新的交往形式又会成为桎梏，然后又为别的交往形式所代替。由于这些条件在历史发展的每一阶段都是

① 《德意志意识形态》(节选本)，第30页，北京：人民出版社，2018年。

② 《德意志意识形态》(节选本)，第68—69页，北京：人民出版社，2018年。

与同一时期的生产力的发展相适应的，所以它们的历史同时也是发展的、由每一个新的一代承受下来的生产力的历史，从而也是个人本身力量发展的历史”。[①]

现实的个人辩证法自否定圆圈叙述至共产主义时，提出现实的个人应当占有生产力和实现自我的革命要求，达到了对资本主义交往形式下现实的个人面向未来的，同时也就是趋向于回复到起点的完整的总体性认识。

五、现实的个人的交往逻辑敞开的理论视野

考察《形态》现实的个人概念的交往逻辑，发现“在交往形式中生产”为始源性关系的现实的个人理论的叙述逻辑，即生产关系和交往关系中的现实的个人。循着这一发现，现实的个人概念敞开了生产关系和交往关系的两个叙述阶段，它表明现实的个人在历史发展中以“异在”样式向共产主义发展，呈现出从“异在”到“复归”的发展轨迹。这样，现实的个人概念的交往逻辑所叙述的，首先是对资本主义社会“物象化”与“人象化”的批判，继而得出共产主义的使命是对“物象化”与“人象化”做反向的颠倒。以现实的个人的交往逻辑为观察视角，历史唯物主义延展了理论视野，显现出包含交往逻辑的广义历史唯物主义理论图景。在广义历史唯物主义理论图景中，我们将获得如下一些新认识。

第一，厘清历史唯物主义理论起点，准确把握现实的个人概念。以知性化思维方式理解现实的个人及其对象化产物，这是带有普遍性的思考误区。以往各种研究形成的观点，多在于对现实的个人的析出“单位”有所不同，思维方式并无根本差异。人本主义范式突出的是“人”，力图将社会结构和历史发展还原至个性的人。以工具理性为认识轴心的生产理论观，当它把人理解为生产性存在时，只是以“生产”替换了“人”，而与人本主义的人的本质观在思维方式上并无二致。结构主义把人的分析单位转向高于“主体”的客观社会关系，似乎站到了人本主义对立面，其实仍然是停留在人的对象化的社会结构方面，是变相的人本主义还原论。以达到交往逻辑的现实的个人概念观之，这些用知性思维范式抓到的现实的个人属性，只有作为现实的个人概念的“因素”、发展阶段来理解才真正属于现实的个人

---

① 《德意志意识形态》(节选本)，第70页，北京：人民出版社，2018年。

的客观规定性。唯此，历史唯物主义的整体逻辑演进才具备把握现实生活的完整视野，并且把现实的个人的交往逻辑辐射到它全部内容的各个环节。

第二，延展历史唯物主义的理论视野，有助于突破抽象解释历史唯物主义的理论框架。现实的个人概念的交往逻辑以主体间性为主导线索，不仅贯穿生产力与生产关系、经济基础与上层建筑的矛盾运动理论，而且在个人交往意义上辐射上述社会的各个环节和结构。由此，我们有必要改变抽象解释历史唯物主义的理论框架，即以《1859年〈政治经济学批判〉序言》为历史唯物主义的唯一经典表述，忽视交往逻辑在历史唯物主义的理论地位。增加交往逻辑，就是“加长”历史唯物主义的逻辑链条，扩展历史唯物主义的理论视野。而这，正是《形态》所阐发的广义历史唯物主义。广义历史唯物主义以现实的个人为整个理论体系的逻辑起点，以生产关系和交往关系为研究对象，在现实的个人概念辩证运动中绘制历史唯物主义的理论全貌。相比较而言，《1859年〈政治经济学批判〉序言》主要表达的是生产关系和“物象化”理论，而《形态》则是对生产关系与交往关系、“物象化”与“人象化”做出了完整叙述。

第三，有利于将历史唯物主义的宏观叙事与微观叙事统一起来。现实的个人概念在起点处就存在交往逻辑，即以现实的个人在交往形式中生产为始源性关系。这打破了将个人与社会对立起来，从而把主体与客体、必然与自由等等作二元对立的思维方式，其后现实的个人的叙述始终都没有脱离“在交往形式中生产”的始源性规定。揭示个人通过这个“在之中”结构才能真正成为现实的存在，带来了社会历史研究的方法论变革：现实的个人的叙述逻辑，必然也是对交往形式的辩证分析。可以说，从微观层面分析现实的个人如何达到自我规定时，宏观层面的分析也就相伴完成了交往形式的辩证运动过程的理解。在《形态》中，阐述现实的个人在交往形式中生产，完成了把宏观分析与微观分析统一起来的客观认识之路。以往长期存在的微观叙事与宏观叙事相分裂的难题，在历史唯物主义的交往逻辑中得以解答。

第四，为深化历史唯物主义的批判思维增添了新视点。在已有生产关系研究的基础上，可以对历史唯物主义的社会批判理论做出新的概括。以交往逻辑为现实的个人概念的内涵，马克思关于政治经济学批判、政治批判、意识形态批判、方法论批判等批判理论能够转换至“物象化”批判、“人象化”批判，将生产关系批判与交往关系批判统一起来，增添社会批判的新视点。按照“物象化”批判与“人象化”提供的生产关系逻辑和交往关系逻辑的“颠倒”式的实现方式，我们还可以进一步提出“意识象化”“历史象化”这样发生意识活动和辩证法运用中“颠倒”式的现实的个人之实现方式。《形态》在批判青年黑格尔派及其思想“巢穴”——黑格尔哲学时，提出现实生活本身的颠倒不可避免地带来生活与意识之间相互关系的颠倒，并由此指出唯心主义辩证法的历史原则是它们在方法论上的反映。所以，与现实生活“物象化”与“人象化”相一致，观念及思想方法就会发生“意识象化”“历史象化”这样的社会结构意义上的事实。这些自然成为历史唯物主义的批判理论新议题。

第五，通过本体论层面的交往逻辑，重思唯物辩证法的世界观意义。马克思主义到底是在何种意义上颠倒了黑格尔辩证法？对于这个问题，如果仅仅在既有的辩证唯物主义框架中讲，或者认为是把绝对精神辩证法“颠倒”为物质辩证法，或者认为是马克思主义把黑格尔的精神劳动辩证法“颠倒”为物质生产辩证法。两种看法，或从静态，或从动态上都抓住了马克思以唯物主义颠倒黑格尔唯心主义辩证法的一些理论后果，但并没有真正抓住始源处的变革——现实的个人通过共产主义革命将自身颠倒的现实存在再颠倒过来。作为新世界观的历史唯物主义，不是抽象地研究生产劳动——无论它是精神性的还是物质性的——而是具体地思考现实的个人的生产与再生产。所以《形态》洞察在资本主义社会，作为始源性关系的现实的个人“在交往形式中生产”是以非人格关系的颠倒方式实现自己。至于现实的个人，真正实现自己，须将颠倒了的交往关系再颠倒过来。这种再颠倒不可能仅仅作为思想内部的事件来完成，也不是凭借简单地讲意识来自生活，问题的关键在于：现实的个人在交往形式中生产造成的颠倒事实——“物象化”“人象化”，它同时在自身辩证发展过程中准备着解决问题的条件，共产主义革命就是资本主义社会这一交往形式的内在否定，通过共产主义革命现实的个人将在真实的集体中占有生产力和发展自由个性。只有这样，那些被资本主义社会颠倒的社会存在才现实地进行再颠倒。唯物史观所思考的世界，就是这个现实的世界及其矛盾运动过程。

第六，应答历史唯物主义的当代挑战，借助生产的交往逻辑开显马克思主义政治哲学的当代价值。现代西方政治哲学中，阿伦特、哈贝马斯、霍耐特都曾指责作为历史唯物主义的核心观念的生产理论，批评生产理论是以工具理性为主导，缺少人格关系意义上的社会理论。据此，指责马克思主义的政治哲学是薄弱的，甚至是“反政治”的。尽管就政治哲学争论为历史唯物主义的生产理论辩护者不乏其人，但整个说来，并未脱出独白主体视域，尚未有效地解答历史唯物主义如何确立政治维度的问题。从现实的个人概念的交往逻辑及其在历史唯物主义的总体影响看，上述指责基本上是缘于不了解历史唯物主义的理论起点及其总体逻辑而产生的。可以说，历史唯物主义比任何一种政治哲学都更加重视人与人关系在理论中的地位和价值，并且，能够把交往逻辑落实在全部社会生活的认识中。对于思考现时代的政治生活来说，现实的个人概念的交往逻辑所敞开的历史唯物主义政治哲学视域，依然可以给予人们丰富的启迪。

第九章　“个人的交往”二重性与广义劳动二重性理论

马克思的劳动二重性理论有个形成、演进的过程。以往对劳动二重性理论发展史的认识，基本上局限于解读《资本论》及其手稿，缺少从更早时期马克思主义发展史来分析把握。这里，我们基于《形态》为中心的研究将证明：马克思以现实的个人的生命生产为研究对象，在“个人的交往”角度，也就是为交往而生产自身生命的意义上阐发了劳动二重性。我认为，《形态》当中提出的“个人的交往”的二重性，是马克思劳动二重性理论的最早表达；既包括劳动二重性的生产关系分析，又包括交往关系分析，可以看作马克思提出广义劳动二重性理论的标志。相比较现实的个人的生命生产具有的二重性来说，只研究物质形式的商品及生产商品的劳动二重性理论则处于派生和从属的阶位，或者称之为狭义的劳动二重性理论。

一、生命生产二重性的早期探索

所谓“个人的交往”二重性，是在商品交换背景下，特别是货币主导人与人的交往情况下，“一切交往都只是在一定条件下个人的交往，而不是作为个人的个人交往”。它对于现实的个人的生命生产来说，表现为超感性的抽象性统治，即抽象的人与人之间的关系统治着人与自然之间的关系以及人的全部感性存在。

对于人与自然之间、人与人之间的关系之于现实的个人的生命生产的意义，在《形态》之前，马克思以及恩格斯已经有所思考。就问题的提出而言，恩格斯的探讨具有开创性。

当恩格斯没有走出费尔巴哈哲学影响的时候，他把人与自然、人与人相统一看作直观的、超历史的人类应然状态。从这一哲学假设出发，恩格斯确定反映人与自然关系、人与人关系相统一的“实际价值”作为批判国民经济学的价值尺度。他认为，资本主义商品经济中存在着天然的“实际价值”和资本主义国民经济学家推崇的“交换价值”之间的对立，应当肯定“实际价值”，揭露和批判“交换价值”对“实际价值”的统治。恩格斯进一步指出，正是因为资本主义条件下抽象的“交换价值”统治着“实际价值”，从而必然带来人与自然之间、人与人之间的相互分离、分裂、颠倒和对抗。打碎资本主义社会，走向理想社会，就是实现人与自然和解、人与人和解。当然，这种和解必须扬弃资本主义社会发展成果才可能出现，恩格斯在批判资产阶级的国民经济学家时阐明了这一点：“他不知道，他的全部利己的论辩只不过构成人类普遍进步的链条中的一环。他不知道，他瓦解一切私人利益只不过替我们这个世纪面临的大转变，即人类与自然的和解以及人类自身的和解开辟道路。”[①]此时，恩格斯虽然受制于费尔巴哈人本学唯物主义哲学，但是站在政治经济学批判的立场，批判所及已经扩展至资本主义的双重分裂及其衍生的多重社会对立，同时申明了解决问题的政治方向。

几乎与恩格斯展开政治经济学批判同时，马克思的《论犹太人问题》进入人自身存在的两种基本关系的批判性分析。马克思批判资产阶级追求的政治解放即“政治国家”里把人自身分裂为两部分存在：“在政治国家真正形成的地方，人不仅在思想中，在意识中，而且在现实中，在生活中，都过着双重生活——天国的生活和尘世的生活。前一种是政治共同体中的生活，在这个共同体中，人把自己看作社会存在物；后一种是市民社会中的生活，在这个社会中，人作为私人进行活动，把他人看作工具，把自己也降为工具，并成为异己力量的玩物。政治国家对市民社会的关系，正像天国对尘世的关系一样，也是唯灵论的。”[②]在马克思看来，资产阶级的政治解放以及所形成的类生活，都是虚假的，同时市民社会的感性世界也是片面的。战胜政治国家的抽象统治和恢复市民社会的感性真实走的是同一条道路，就是要超越资产阶级政治解放的生命政治逻辑，走向人的全面发展

① 《马克思恩格斯文集》第1卷，第66—67页，北京：人民出版社，2009年。

② 《马克思恩格斯文集》第1卷，第30页，北京：人民出版社，2009年。

的人类解放。作为人的解放的最高形式，人类解放在现实的个人那里达到了人与自然之间、人与人之间的统一。“只有当现实的个人把抽象的公民复归于自身，并且作为个人，在自己的经验生活、自己的个体劳动、自己的个体关系中间，成为类存在物的时候，只有当人认识到自身‘固有的力量’是社会力量，并把这种力量组织起来因而不再把社会力量以政治力量的形式同自身分离的时候，只有到了那个时候，人的解放才能完成。”[①]

此后的《巴黎手稿》中，马克思通过异化劳动批判和交往异化批判，再一次提到了人与自然之间、人与人之间相互关系问题之于资产阶级国民经济学批判和证成共产主义的首要地位，并揭示出它们之于生命生产的意义。一方面，批判了私有制、异化劳动、异化交往造成了生命生产中的人与自然的分裂、人与人的对抗；另一方面，又不是完全消极看待资本主义，而是立足资本主义社会的既有现实去展望未来理想社会将实现生命生产中人与自然、人与人的相统一。作为上述两个方面的结合点，共产主义被马克思规定为通过扬弃私有财产“归还真正人的生命”[②]的革命运动，而一旦生命生产摆脱了私有制、异化劳动和异化交往，“我们每个人在自己的生产过程中就双重地肯定了自己和另一个人”。[③] 与此处言及的生命生产的理路一致，马克思对共产主义做出如下诠释：“共产主义是对私有财产即人的自我异化的积极的扬弃，因而是通过人并且为了人而对人的本质的真正占有，因此，它是人向自身，也就是向社会的即合乎人性的人的复归，这种复归是完全的复归，是自觉实现并在以往发展的全部财富的范围内实现的复归。这种共产主义，作为完成了的自然主义，等于人道主义，而作为完成了的人道主义，等于自然主义，它是人和自然界之间、人和人之间的矛盾的真正解决，是存在和本质、对象化和自我确证、自由和必然、个体和类之间的斗争的真正解决。”[④]此后，《神圣家族》把上述两个方面结合起来确定未来社会的含义：“对象作为为了人的存在，作为人的对象性存在，同时也就是人为了他人的定在，是他同他人的人的关系，是人同人的社会关系。”[⑤]这表明，此时的马克思认识到，作为生命生产形式的

① 《马克思恩格斯文集》第1卷，第46页，北京：人民出版社，2009年。
② 《1844年经济学哲学手稿》，第112页，北京：人民出版社，2000年。
③ 《1844年经济学哲学手稿》，第183—184页，北京：人民出版社，2000年。
④ 《1844年经济学哲学手稿》，第81页，北京：人民出版社，2000年。
⑤ 《马克思恩格斯文集》第1卷，第268页，北京：人民出版社，2009年。

理想社会，就是实现人与自然之间、人与人之间关系的协调发展。

由上可见，早在《形态》之前，马克思以及恩格斯已然对生命生产包含的双重关系做出开创性分析，形成劳动二重性理论的最初萌芽。它肇始于《德法年鉴》时期，并在《巴黎手稿》、《神圣家族》中不断增添新的内容。就实践诉求而言，始终是围绕人类解放来探讨资本主义社会的生产方式和交往方式，即人与自然之间、人与人之间的关系。以现实的个人的生命生产视角观之，他们的探索不是局限在政治经济学视野来研究物质财富生产的双重关系，毋宁说，劳动二重性的萌芽首先是关怀人自身的思考成果。需要指出的是，上述哲学思考并没有达到后来的实践观高度，其中，费尔巴哈人本学唯物主义仍然起着一定作用。相应地，对人与自然之间、人与人之间关系的认识仍然残留着费尔巴哈的影响，生产方式和交往方式分析尚处于酝酿阶段。这些问题只有到《形态》才得到真正的解决。

二、资本主义社会中财产二重性

马克思在《形态》中阐发的劳动二重性理论（鉴于我们前述已经认定马克思在《形态》创作中居主导地位，为叙述简洁计，该书著者只提马克思一人——笔者注），既是此前批判资本主义社会的生产方式与交往方式的合理推进，也是系统论证广义马克思主义的构成环节。马克思用感性活动取代了费尔巴哈的直观感性，复以从事感性活动的现实的个人来揭示财产二重性及其生命生产根源。

资本主义社会的财产，是资本主义社会条件下现实的个人生命生产对象化的结果。了解资本主义社会的财产的二重性，是深入理解“个人的交往”二重性，进而把握现实的个人的生命生产二重性的必经准备阶段。

与资产阶级意识形态家们那种把私有制财产形式视作始终如一、理所当然的存在不同，马克思认为财产具有历史性。为了从现实的个人实践活动层面打开财产认识的历史维度，《形态》批判费尔巴哈哲学的感性范畴是直观的，静态的，非实践、非历史的，主张感性的表现方式源于感性活动，应当以感性活动把握感性世界。对于何谓感性活动，马克思从现实的个人的生命生产展开一般性论述。

《形态》最初在一般意义上给出了现实的个人的规定性。现实的个人

“是从事活动的，进行物质生产的，因而是在一定的物质的、不受他们任意支配的界限、前提和条件下活动着的”。[①] 从现实的个人最初规定性来看，人与自然的关系，是实践基础上发生的感性的联系，这决定了人占有感性世界的方式、程度、内容，并与费尔巴哈的感性观念划清了界限。

现实的个人及其生命生产，并非天然的采取财产占有形式与自然建立联系，也不是作为一种资本主义所有权而存在的。相反，《形态》首先呈现的是人与自然之间浑然一体的交织状态，并以现象学方式还原人与自然之间、人与人之间的始源性统一。在马克思看来，无论是“生产物质生活本身”、“已经得到满足的第一个需要本身、满足需要活动和已经获得的为满足需要而用的工具又引起新的需要”，还是生产他人生命的“家庭”，都是彼此交织、浑然一体的。这里，既分析人与自然关系主导下的生命生产，也探讨人与自然关系中的社会关系环节：“生命的生产，无论是通过劳动而生产自己的生命，还是通过生育而生产他人的生命，就立即表现为双重关系：一方面是自然关系，另一方面是社会关系；社会关系的含义在这里是指许多人的共同活动。”[②]这样，在人与自然之间关系特定研究视角下，阐明了现实的个人与对象性产物及他人获得始源性统一。

那么，财产或者所有权又是如何取代了人与感性世界的最初联结方式呢?《形态》指出，之所以发生如此转变，作为劳动和交往双重异化形式的分工，它起着决定性作用。原来，随着人的生产能力的提高，分工同时发展起来，换言之，当分工出现后，财产和所有权逐渐成为人占有现实自然界的根本方式。“其实，分工与私有制是相等的表达方式，对同一件事情，一个是就活动而言，另一个是就活动的产品而言。”[③]资本主义市民社会所承认的财产，是分工和私有制这种所有制条件下个人生命生产的对象化形态。人通过财产，进而通过占有权，在所有制意义上证明自己是现实的个人。不过，由分工所决定的财产及其占有形式，对于现实的个人生命生产来讲，与其说是占有了自身的生命，不如说在根本上失去了人的感性世界生命。其中道理在于，“受分工制约的不同个人的共同活动产生了一种社会力量，即成倍增长的生产力。因为共同活动本身不是自愿地而是自然形

① 《马克思恩格斯文集》第 1 卷，第 524 页，北京：人民出版社，2009 年。
② 《马克思恩格斯文集》第 1 卷，第 532 页，北京：人民出版社，2009 年。
③ 《马克思恩格斯文集》第 1 卷，第 536 页，北京：人民出版社，2009 年。

成的，所以这种社会力量在这些个人看来就不是他们自身的联合力量，而是某种异己的、在他们之外的强制力量。关于这种力量的起源和发展趋向，他们一点也不了解；因而他们不再能驾驭这种力量，相反，这种力量现在却经历着一系列独特的、不仅不依赖于人们的意志和行为反而支配着人们的意志和行为的发展阶段。”[①]除了在生命生产和对象化结果关系上理解财产的抽象性质，《形态》还进一步在阶级关系对立的角度，指出财产占有的两种方式，“没有财产的人”和“有钱有教养的世界”的尖锐矛盾。对于无产阶级来讲，占有表现为失去，就是人与感性世界的分离，对于资产阶级而言，占有则是剥削无产阶级生命生产的对象世界；对于无产阶级来讲，占有体现在贫穷，对于资产阶级而言，占有则是剥夺无产阶级创造的财富。笼罩在阶级对立之中的现实的个人，其生命生产已然彻底屈从于物象化逻辑。

可见，当《形态》讨论资本主义条件下的现实的个人，以对象性存在的感性世界的财产形态是最直接的话题。本质上讲，无非是私人占有制下原子式的个人。这种原子式个人既存在于资产阶级意识形态家们的头脑里，又是资本主义社会的个人依托于财产来生存的实情。前者是后者的意识形态反映。对于这种生存状况体现出的现实的个人处于抽象、颠倒的境地，共产主义者主张理论上予以批判，实践中必须加以革命的改造。

财产关系的物质载体具有可感觉的一面。直接来看，本应是人们对自身生命活动对象化结果的占有。但是，在资本主义社会里，占有必须以资本，并通过其人格化形式的资本家来实现。《形态》还揭示出，在分工和所有制条件下，人与自然之间的关系不再直接体现它本来的面目，财产的占有随着商品生产的出现而具有超感觉的一面。特别是在资本主义条件下，超感觉的力量完全压倒了可感觉的事实。它表现为人与感性世界的生产实践关系受制于资本主义私人占有制，从而受制于普遍的商品、货币和资本所有权，受制于无所不在的物象化逻辑。于是，财产这种现实的个人生命生产的对象化产物，最终既表现为资本占有的感性对象，同时又表现为一种抽象的个人权利。财产的双重属性正是资本主义社会里生命生产二重性的客观结果。

总之，资本主义社会财产具有二重性，它反映一种历史性的人与自然

---

① 《马克思恩格斯文集》第1卷，第537—538页，北京：人民出版社，2009年。

之间、人与人之间的关系：前者表现为资本主义私有制对财产自然属性和有用性的占有；后者则体现为原子化个人的财产权，即通过私有制实现对人自身的抽象规定。

三、资本主义社会中个人的抽象交往

在资本主导下的抽象交往中，现实的个人的生命生产具有二重性。换言之，这种生命的生产二重性与资本主义生产方式、交往方式联系在一起。它一方面表现为受制于资本主义生产关系的生产力，另一方面体现在资本主义交往关系中的抽象的、虚假的共同体。就反映在人与自然关系中的生命生产而言，马克思把它规定为生产力。《形态》虽然在普遍意义上揭示生产力体现人与自然之间关系，目的却是探讨实现于资本主义交往方式中的资本主义生产方式，最终呈现生产关系与交往关系相统一的资本生产力。

与财产二重性相一致，《形态》对于生产力如何由现实的个人的生命生产形成，按照从抽象到具体的叙述逻辑，表达了四个环节或者阶段：感性生产、增长的需要、家庭（"他人生命的生产"）和共同的感性活动。现实的生产力就是"原初的历史的关系的四个因素、四个方面"[①]，就是这四个方面相结合的总体。上述四个方面，是任何社会都存在的最一般的生命生产，同时也是普遍存在于各个历史时期的最一般的人与自然之间关系。不过，这种一般关系必须实现在特殊的社会形态中，否则，关于一般性认识就成为没有价值的抽象。马克思正是在接下来探讨资本主义社会条件下人与自然之间发生关系的具体机制中，运用上述一般性认识，沿着抽象到具体的叙述方式，把它理解为资本主义社会的构成要素。

资本主义交往关系中的生产力，本质上受制于资本逻辑。不过，由于此时马克思的政治经济学研究，不可能达到系统分析资本主义生产方式的水平，所以，《形态》对资本生产力的分析，主要表现为从分工及其结果所有制角度来阐述作为生命生产的生产力。

分工，被马克思看作现实的个人生命生产的关键性事实。"分工包含着所有这些矛盾。"分工是一定所有制产生的原因，形成人们对感性世界的

① 《马克思恩格斯文集》第1卷，第533页，北京：人民出版社，2009年。

占有，即财产。围绕财产，《形态》一度在生产力的角度，分析财产这一感性形态如何来源于生命生产。其中，生产力就是生命生产的表现方式。

生产力采取分工和私有制所有制形式，导致本应满足生命生产的力量，颠倒为剥夺和奴役生命自身的力量，这种悖论性事实只有通过生产力的进一步发展才可能予以解决。换言之，生命生产的内在矛盾，不可能求助于它之外的力量得到解决。“生产力的巨大增长和高度发展”，① 是改变旧的占有关系，从而是消灭贫穷、消灭奴役的最终力量。

财产的本质是劳动，是生产力。在分工，从而在私有制条件下，它集中体现了人与自然的关系，是现实的个人占有感性世界的方式。在资本主义社会，财产及其权利形态，以物的形式展现了生命的生产再生产。这是财产的第一重逻辑，生命对象化在人与自然之间关系中证成自身的历史性存在；尽管是以颠倒的形式出现的。

财产、分工、所有制、生产力，这几个紧密相连的概念，首先反映了人与自然关系中的主要事实。不过，这只是生命生产的一个维度。《形态》还进一步分析了上述事实如何实现在人与人之间的关系，即共同体之中。通过剖析资本主义社会作为抽象共同体，从而展现出生命生产居然导致自身个性的丧失。

在资本主义社会，生命生产在共同体逻辑中表现出特殊性，它通过抽象的共同体来实现财产、分工、生产力。这里所说的抽象的共同体，也就是虚假的共同体，它以原子式个人的抽象权利，即资本主义“人权”确立了资本主义社会秩序及其合法性。

为了说明资本主义社会共同体的被迫交往、异化交往，马克思指出虚假共同体具有阶级属性。“在过去的种种冒充的共同体中，如在国家等等中，个人自由只是对那些在统治阶级范围内发展的个人来说是存在的，他们之所以有个人自由，只是因为他们是这一阶级的个人。从前各个人联合而成的虚假的共同体，总是相对于各个人而独立的；由于这种共同体是一个阶级反对另一个阶级的联合，由此对于被统治阶级来说，它不仅是完全虚幻的共同体，而且是新的桎梏。”②阶级关系本质上是经济利益关系，现实的个人在其统治之下，只能服从“家政学”逻辑来生产自身的生命。

---

① 《马克思恩格斯文集》第 1 卷，第 538 页，北京：人民出版社，2009 年。

② 《马克思恩格斯文集》第 1 卷，第 571 页，北京：人民出版社，2009 年。

资本主义社会共同体具有的阶级性，表明它失去了共同体最根本的规定性——公共性。借用哈贝马斯关于现代社会体制对生活世界“殖民化”的批判性理解来看，我们可以把阶级性视为经济利益统治对公共生活领域彻底的“殖民化”。“某一阶级的各个人所结成的、受他们的与另一个阶级相对立的那种共同利益所制约的共同关系，总是这样一种共同体，这些个人只是作为一般化的个人隶属于这种共同体，只是由于他们还处在本阶级的生存条件下才隶属于这种共同体；他们不是作为个人而是作为阶级的成员处于这种共同关系中的。”[①]

马克思还指出，不同于以往的等级社会的虚假共同体，资本主义社会共同体之所以虚假，有其独特性。它是以“积累起来的劳动，或者私有制，以及现实的劳动”为主导力量的抽象共同体。之所以形成此类抽象的共同体统治地位，根源在于：“在大工业和竞争中，各个人的一切生存条件、一切制约性、一切片面性都融合为两种最简单的形式——私有制和劳动。货币使任何交往形式和交往本身成为对个人说来是偶然的东西。因此，货币就是下述现象的根源：迄今为止的一切交往都只是一定条件下个人的交往，而不是作为个人的个人的交往。”相应地，“生产力只有在个人是私有者的情况下才是个人的力量。在以前任何一个时期，生产力都没有采取过这种对于作为个人的个人的交往无关紧要的形式……同这些生产力相对立的大多数个人，这些生产力是和他们分离的，因此这些个人丧失了一切现实的生活内容，成为抽象的个人，然而正因为这样，他们才有可能作为个人彼此发生联系。”[②]

由此不难看出，马克思依据经济利益统治及其阶级逻辑的探讨，不仅洞察资本主义社会的政治进步，同时发现了更深层的公共生活的丧失。“有个性的个人与阶级的个人的差别，个人生活条件的偶然性，只是随着那本身是资产阶级产物的阶级出现才出现。只有个人相互之间的竞争和斗争才产生和发展了这种偶然性本身。因此，各个人在资产阶级的统治下被设想得比先前更自由些，因为他们的生活条件对他们来说是偶然的；事实上，他们当然更不自由，因为他们更加屈从于物的力量。”[③]对于这种“物的

① 《马克思恩格斯文集》第1卷，第573页，北京：人民出版社，2009年。

② 《马克思恩格斯文集》第1卷，第579—580页，北京：人民出版社，2009年。

③ 《马克思恩格斯文集》第1卷，第571—572页，北京：人民出版社，2009年。

力量”，马克思这里虽然在经济层面予以揭示，但是，按照历史唯物主义的一般逻辑，它又必然传导至上层建筑领域。于是，真实交往的公共生活丧失，就呈现为生命生产处于阿甘本所言的“例外状态”。不过，阿甘本那里，“例外状态”还只是生命政治视野下的，“作为一个法在其中透过自身的悬置而将生命纳入的原初结构”。[①] 而马克思那里，却已经对它的客观的经济原因做出了正确阐发。在资本主义公共生活的历史辩证运动中，预示未来理想社会的发展方向——共产主义社会作为保障个性自由交往的真正共同体必然到来。

四、共产主义革命扬弃“个人的交往”的二重性

以“个人的交往”历史发展逻辑观之，《形态》不仅分析了现实的个人在资本主义社会条件下的抽象性，而且探讨如何扬弃资本主义对现实的个人的交往异化，即共产主义包含着个性自由全面发展的交往维度。

前述分析资本主义条件下现实的个人通过抽象交往生产和再生产自身，已经表明，无论是人与自然之间关系方面发生的异化劳动，还是人与人之间关系方面发生的异化交往，都是它们可感觉逻辑与超感觉逻辑的分离，并且，超感觉的力量成为高于可感觉的力量，形成了抽象交往关系对感性世界、交往世界的“殖民化”统治。于是，现实的个人丧失了个性，成为抽象的公共性存在。破除抽象交往关系统治，回到人与自然之间、人与人之间的真实关系，是共产主义革命的诉求。

资本主义生产方式和交往方式对现实的个人的抽象化、“殖民化”统治，集中体现在生命生产的劳动二重性。经由商品拜物教和货币拜物教，最终确立了资本主义条件下抽象交往关系的绝对优势地位，即资本成为“普照的光”，一切现实事物都隐没于资本这种生产关系和交往关系的单一色彩之中。对于共产主义革命来讲，就是要破除商品、货币、资本等等抽象的同一性力量对丰富社会内容的“通约化”“殖民化”，最终达到多样性、个性化生产，由此生命的生产获得全面自由的发展。

超越资本主义商品经济交换的霸权，就是祛除抽象交往关系对丰富多样的社会纽带的“殖民化”统治，从而解放人与自然之间、人与人之间的广

① [意]阿甘本：《例外状态》，第6页，西安：西北大学出版社，2015年。

泛而真实的联系。在共产主义革命的交往向度中，尽管生产力为人类解放奠定了客观基础，但是，当前革命的首要任务却是生产力如何实现在人与人的关系中。“共产主义和所有过去的运动不同的地方在于：它推翻一切旧的生产关系和交往关系的基础，并且第一次自觉地把一切自发形成的前提看作是前人的创造，消除这些前提的自发性，使这些前提受联合起来的个人的支配。因此，共产主义实质上具有经济的性质，这就是为这种联合创造各种物质条件，把现存的条件变成联合的条件。共产主义所造成的存在状况，正是这样一种现实基础，它使一切不依赖于个人而存在的状况不可能发生，因为这种存在状况只不过是各个人之间迄今为止的交往的产物。”①

由共产主义革命所得到的，还有一种包含交往逻辑的历史观视野。它以人与自然关系，即生产力发展为基础，进而把个人活动的公共性以及个人联合所具有的共同体维度作为理解人类历史发展的理论视角。《形态》从交往形式即人与人相互关系作为生产力和人自身发展的条件，从交往形式形态的历史变迁来阐述新发现的历史观。“这些不同的条件，起初是自主活动的条件，后来却变成了自主活动的桎梏，这些条件在整个历史发展过程中构成各种交往形式的相互联系的序列，各种交往形式的联系就在于：已成为桎梏的旧交往形式被适应于比较发达的生产力，因而也适应于进步的个人自主活动方式的新交往形式所代替；新的交往形式又会成为桎梏，然后又为另一种交往形式所代替。由于这些条件在历史发展的每一个阶段都是与同一时期的生产力的发展相适应的，所以它们的历史同时也是发展着的、由每一个新的一代承受下来的生产力的历史，从而也是个人本身力量发展的历史。”②

商品拜物教、货币拜物教、资本拜物教，根源于抽象交往关系对丰富交往关系的颠倒和抽象统治，而共产主义革命正是致力于回归现实的个人生命生产所包含的人与自然之间、人与人之间的真实关系，最终破除这种颠倒和压制。在此意义上，马克思如是表达未来理想社会对于超越资本主义社会的历史意义：“只有当实际日常生活的关系，在人们面前表现为人与人之间和人与自然之间极明白而合理的关系的时候，现实世界的宗教反

① 《马克思恩格斯文集》第1卷，第574页，北京：人民出版社，2009年。

② 《马克思恩格斯文集》第1卷，第575—576页，北京：人民出版社，2009年。

映才会消失。只有当社会生活过程即物质生产过程的形态，作为自由人联合的人的产物，处于人的有意识有计划的控制之下，它才会把自己的神秘的面纱揭掉。”①

如其所是地回归生命生产当中人与自然、人与人的本来关系，不可能一蹴而就，毋宁说，回归，乃是生命生产的一个敞开自身的生成过程。共产主义运动正是这样的一种彼此交往的生活世界；它一方面是可能的、生成的生活世界，另一方面，又是交互主体性世界、“我和你”共生的世界。就这个生活世界的实质而言，无非是每一个现实的个人通过共生世界获得自身生命的生产再生产，即每一个人的生命生产寄寓在彼此平等、自由交往的世界。

五、“个人的交往”二重性思想的多重意义

通过对资本主义社会财产和生命生产的二重性分析，《形态》形成了“个人的交往”二重性理论。据此，马克思在现实的个人的生命生产的二重性处再次彰显自身理论的系统性。正如发现劳动二重性就把握到了理解全部政治经济学的“枢纽”，认清以“个人的交往”为核心内容的现实的个人的生命生产二重性，可以看作理解广义历史唯物主义乃至广义马克思主义理论体系的理论“枢纽”。

科学认识现实的人及其历史发展，是历史唯物主义的主题。我们对《形态》的研究证明了，资产阶级意识形态家们编织的契约社会和个性自由的幻象，肇始于资本主义社会财产和生命生产的二重性。对抽象的生命生产，以及由此带来的抽象力量对全社会方方面面的物象化渗透，是资本主义社会的“治理方式”。马克思、恩格斯研究和发现财产和生命生产的二重性事实，揭示了资本主义社会中现实的个人的生存处境，并蕴含对资产阶级社会的“治理方式”提出共产主义革命要求。其实，批判资本主义之于现实的个人在人与自然、人与人关系上的抽象统治，后来马克思《〈政治经济学批判〉序言》在社会基本矛盾层面，即人与自然之间的生产力、人与人之间的生产关系，以及由它们决定的上层建筑，做出了进一步分析和阐发。可以说，这是在历史唯物主义经典表述中实现了对生命生产理论的科学升

① 《资本论》第1卷，第97页，北京：人民出版社，2004年。

华。抽象交往关系的统治，实则表现为某种单一的交往关系对丰富多彩的交往关系的“殖民化”统治，是真正公共性的丧失。它使人类社会生活处于伦理生活的“史前史”，从而也是真正符合人类的社会本性的“史前史”。对于将来的理想社会，马克思称之为“人类史”，即人与人的社会关系不再屈从于物的关系，结束人类受制于生存统治的物象化历史。[①] 共产主义社会，抽象交往关系的统治终止，人与人的关系及人与自然关系，呈现为如其所是的本来面貌。这再次显示，完整意义上的劳动二重性学说，不仅为理解政治经济学的“枢纽”奠基，同时也是理解包含交往逻辑的广义历史唯物主义的“枢纽”。

对于科学社会主义来说，批判资本主义的生命政治“治理方式”以及展望个性自由全面发展的自由交往，应当是其题中应有之义。这里，劳动二重性同样占有“枢纽”位置。共产主义社会的公有制，决定了财富以及决定它的生命生产在面向人与自然之间、人与人之间的可能世界中发展出无限的形式，不可能用某种抽象的形式束缚生产和交往活动。那时，活泼的生命生产方与自身的活动结果最终达成和谐统一。正如马克思在《1857—1858 年经济学手稿》所指出的：“如果抛弃狭隘的资产阶级形式，那么，财富不就是在普遍交换中产生的个人的需要、才能、享用、生产力等等的普遍性吗？财富不就是人对自然力——既是通常所谓的‘自然’力，又是人本身的自然力——的统治的充分发展吗？财富不就是人的创造天赋的绝对发挥吗？这种发挥，除了先前的历史发展之外没有任何其他前提，而先前的历史发展使这种全面的发展，即不以旧有的尺度来衡量的人类全部力量的全面发展成为目的本身。”[②]此时，人与自然之间、人与人之间的关系达到如其所是的真实而公正的状态，从而为生命生产创造了历史性前提。

基于“个人的交往”分析而提出劳动二重性思想具有重大的实践意义。放眼当代中国，新时代中国特色社会主义政治经济学的理论建构是一个迫切的时代课题。从回答这一课题的本体论前提及其相关的政治逻辑来看，需要贯通生产和交往两个层面的思考，从而应答在最广泛意义上实现人与自然之间、人与人之间和谐发展的可能性。与资本主义社会的生命政治的“治理方式”迥然有别，中国特色社会主义政治经济学及其实践，始终以人

---

① 《马克思恩格斯文集》第 2 卷，第 592 页，北京：人民出版社，2009 年。

② 《马克思恩格斯全集》第 30 卷，第 479—480 页，北京：人民出版社，1995 年。

民性这一超越资本逻辑的公共性为取向，以是否满足人民群众对美好生活的需要为价值尺度。它使现实的个人生命生产在面向人与自然之间、人与人之间关系之际激发出新的可能，更加有利于人的发展。由是观之，阐发以现实的个人为研究对象的劳动二重性思想，能够为建构中国特色社会主义政治经济学提供一个崭新的理论支点，在合理解释必须坚持和改善公有制经济的地位，坚持科学发展观，正确处理市场和政府的相互关系等一系列理论和实践中的重大问题，形成一种哲学生存论的思考前提和政治合法性的论说方式。

第十章　偶然性个人的交往异化向度

现实的个人作为偶然性的存在，马克思既运用客观性原则来解释，也在价值批判意义上加以分析。其中，交往逻辑是展开上述两方面研究的重要思考维度。当现实的个人处于受动性存在时，就是《形态》所言的“偶然的个人”。对于“偶然的个人”，需要从交往逻辑予以把握，而交往逻辑正是生产逻辑走向完整叙述的最终实现环节。本着全面把握现实的个人及其历史地位之目的，有必要深入探讨《形态》偶然性个人思想的交往逻辑及其方法论价值。

一、偶然性个人的交往异化含义溯源

为了厘清偶然性个人的交往异化向度，首先要了解偶然性本身就具有异化的性质。偶然性的异化性质在马克思那里最初是被表达为受动性。在主体的受动性即异化意义上使用偶然性范畴，目的在于批判偶然性生存的反主体性、反人格关系的被动和物化性质，这是马克思在《形态》之前已经开始思考的课题。

对偶然性范畴的认识，马克思有个发展的过程。最初，他是在肯定意义上，即自由实现的意义上来理解偶然性。早在他博士论文——《德谟克利特的自然哲学和伊壁鸠鲁的自然哲学的差别》中，沿用黑格尔提出的实体与主体相统一的方法论原则，从事实和价值两方面讨论偶然性。在黑格尔看来，绝对精神的自我认识过程体现的是实体与主体的统一，进而，感性、必然性与精神性、能动性之间也具有统一性。“一切问题的关键在于：

不仅把真实的东西或真理理解和表述为实体，而且同样理解和表述为主体。”[①]我们看到，马克思在博士论文中所论及的偶然性，同样既被看作与必然性相对的感性、具体性、有限性、随机性，也被看作与物质性相对的主体性、能动性和个性自由。马克思从个人自主活动角度来理解原子与必然性、偶然性的相互关系，认为德谟克利特的原子论的缺点是，只看到原子的必然性，没有看到原子的能动性和个性自由。与此不同，伊壁鸠鲁通过提出原子的偏斜运动，肯定了原子具备形式的规定性、能动性和个性自由。对伊壁鸠鲁原子论的辩证理解，反映出马克思肯定自由的个性自主活动的积极意义，把自由个性的个人看作必然性和能动性的统一体。可见，正因为偶然性范畴包含能动性，它才得到马克思的肯定。

有必要做出一个根本性的区分是，马克思对黑格尔方法论原则的继承是带有批判性的。

(1)马克思的博士论文与黑格尔哲学的主题不同，自由的主体是个体的原子，而不是绝对精神那种总体性存在。

(2)在宗教和政治问题上，马克思不赞成黑格尔的保守性，强调哲学具有改造现实的作用。如此说来，尽管马克思反对伊壁鸠鲁割裂自由与必然的联系，但是，并不会以黑格尔的唯心主义整体论思路谋求协调能动性、自由与必然性、偶然性的相互关系。

为了探求能动性、自由与必然、偶然性相统一的现实基础，马克思开始关注物质利益和交往关系，希望从生产关系和交往关系寻找超越资本主义制度和思想观念的人类解放之路。这一转变，预示着马克思已经不满足于立足抽象化的、理想化的偶然性论证能动性和自由，他将在新的理论平台上重新规定偶然性的交往关系内涵。

在主体的受动、异化意义上使用偶然性，提出偶然性个人，是《形态》提出的重要思想。之所以能够从能动性意义上的偶然性转换为受动、异化意义上的偶然性个人，此前，马克思《1844年经济学哲学手稿》的异化劳动观点对这一思想变迁起到了过渡的作用。

异化劳动，是指在资本主义私有制条件下，人的劳动必然产生否定自身的后果。由此，发生了人与自然之间、人与劳动本身之间、人与劳动产品之间、人与他人之间的多重对抗关系。作为异化劳动总体逻辑的一部

---

① [德]黑格尔：《精神现象学》上卷，第10页，北京：商务印书馆，1962年。

分，异化交往表达了异化劳动如何实现在利益之外的广泛社会关系之中。为此，马克思还专门讨论了资本主义“信用”的非人格化本质。

以上述认识为准备，《形态》将偶然性的能动性含义转换为受动性的规定。

首先，《形态》的偶然性思想继承了异化劳动理论所带有的强烈批判精神，并且，两者都力图揭示主体受动性发生的社会历史原因。异化劳动指出人的需求具有多方面性，追求成为完整的人。但是，在异化劳动条件下的人，他们的居住需求甚至不如爱清洁的动物。《形态》也通过对比现实的个人与动物在需求方面的差异，指出现实的个人的受动性。按照现实的个人的需求本性来讲，需求总是增长的，趋向实现人的更全面发展。这是人类超越动物界的一个重要表现。然而，在资产阶级统治下的现代社会，对人的需求的满足，一方面表现为资产阶级追求的“奢侈”“享乐哲学”流行，一方面又表现为无产阶级的普遍贫穷。对此，马克思、恩格斯在历史观高度揭示道：“每一个时代的个人的享乐同阶级关系以及产生这些关系的、这些个人所处的生产条件和交往条件的联系，迄今为止脱离个人现实生活内容并且和这种内容相矛盾的享乐的狭隘性，任何一种享乐哲学同呈现于它之前的现实的享乐的联系，这种不加区别地应用于一切个人的哲学的虚伪性，当然只有在对现存世界的生产条件和交往条件能够进行批判的时候，也就是在资产阶级和无产阶级之间的对立产生了共产主义观点和社会主义观点的时候，才有可能被揭露。随着这种揭露，任何一种道德，无论它是禁欲的道德还是享乐的道德，都受到了谴责。”①

其次，《形态》在主体受动性意义上使用偶然性范畴，克服了先前在主体异化劳动理论中仍然存在的先验性、非历史性。马克思指出：“有个性的个人与偶然的个人之间的差别……不是我们为每个时代划定的，而是每个时代本身在既存的各种不同的因素之间划定的，而且不是根据概念而是在物质生活冲突的影响下划定的。”②此前，异化劳动理论认为，人的类本质就是自由自觉的活动，这种人性的本质规定乃是不变的、永恒的，能够消除人与自然之间、人与人之间的矛盾而实现最终的和谐。受动性就是异化，异化只是类本质的颠倒和迷失。历史发展将通过一个类似黑格尔“正、

---

① 《德意志意识形态》(节选本)，第111页，北京：人民出版社，2018年。

② 《德意志意识形态》(节选本)，第69页，北京：人民出版社，2018年。

反、合”式的先验结构，找回人的真实的自由自觉活动。《形态》当中，无论是现实的个人，还是受资本主义生产方式奴役着的无产阶级，他们作为主体所具有的受动性以及受动性的克服，不是拿先验标准衡量，也不是要实现一个先验的人类目的。对于无产阶级从事的共产主义革命，马克思强调：“共产主义对我们来说不是应当确立的状况，不是现实应当与之相适应的理想。我们所称为共产主义的是那种消灭现存状况的现实的运动。这个运动的条件是由现有的前提产生的。”①由此，马克思还指出：“生存于一定关系中的一定个人独力生产自己的物质生活以及与这种物质生活有关的东西，因而这些条件是个人的自主活动的条件，并且是由这种自主活动产生出来的……人们进行生产的一定条件是同他们的现实的局限状态，同他们的片面存在相适应的。”只有当人们的能力和需求超出以往的条件，“这时人们才觉得这些条件是偶然的桎梏。”②

为什么会产生异化理论这种思维方式及其建构的超验主体？马克思给出解答：源于一种形而上学的、独白的历史主体；当它作为后代人时，就一厢情愿地把自己的意识强加给过去的人们。就此，马克思批评那些唯心主义哲学家的如下臆想：“整个历史过程就被看成是‘人’的自我异化过程，实质上这是因为，他们总是用后来阶段的一般化的个人强加于先前阶段的个人，并且把后来的意识强加于先前的个人。”③马克思在揭示独白历史主体臆造的“异化”之际，也为打破这种理论神话指明了方向：只有把历史认识放回到进行社会交往的认识主体中来，我们才能如实认识历史过程及其产生的各种“颠倒”现象。

二、偶然性个人的交往异化

以“个人本身力量发展的历史”为历史和价值尺度，《形态》所阐释的偶然性个人，在如下三个层面发生交往的异化。

第一，从生产力的交往维度看，偶然性个人是指一定社会历史条件下生产力成为个人自主活动和个性发展的否定性力量，即生产力成果不是肯

① 《德意志意识形态》(节选本)，第 31 页，北京：人民出版社，2018 年。

② 《德意志意识形态》(节选本)，第 70 页，北京：人民出版社，2018 年。

③ 《德意志意识形态》(节选本)，第 77 页，北京：人民出版社，2018 年。

定有人格尊严的人，而只是把人作为工具。

“只要分工还不是出于自愿，而是自然形成的，那么人本身的活动对人说来就成为一种异己的、同他对立的力量，这种力量压迫着人，而不是人驾驭着这种力量。”[①]自发形成的生产力是个人主体性的对立力量，它控制着人们的意志和行为，使个人陷入偶然性的存在处境。这一点，在资本主义社会表现得最为强烈。因为在资本主义私有制下，“各个人——他们的力量就是生产力——是分散的和彼此对立的，而另一方面，这些力量只有在这些个人的交往和相互联系中才是真正的力量。因此，一方面是生产力的总和，生产力好像具有一种物的形式，并且对个人本身说来它们已经不再是个人的力量，而是私有制的力量，因此生产力只有在个人是私有者的情况下才是个人的力量。在以前任何一个时期，生产力都没有采取过这种对于作为个人的个人的交往无关紧要的形式，因为他们的交往本身还是受限制的。另一方面是同这些生产力相对立的大多数个人，这些生产力是和他们分离的，因此这些个人丧失了一切现实的生活内容，成为抽象的个人，然而正因为这样，他们才有可能作为个人彼此发生联系。”[②]在资本主义私有制下，不管人的活动和对象化成果采取怎样的特殊形式，具有何种独特本质，它们都被化约为交换价值，即一切个性和特性全部消融到一般性财富——货币之中。人们只有借助于外在的价值关系，通过占有货币及资本才能确证自己的现实力量。谁利用物化社会关系占有了生产力，谁就现实地掌握了人与自然之间的关系，谁就成为物质财富和精神财富的所有者。那些从事现实活动的个人，他们越是直接介入人与自然之间的关系，反倒越是失去现实的生产力。此时，生产力将现实的个人置于偶然性存在，生产力变成个性活动的破坏力量。

第二，从共同体的交往关系讲，在偶然性个人揭示社会自身分裂的情况下，共同体对参与交往的个人带有虚幻性或欺骗性。产生共同体虚幻性的根本原因来自私有制和旧式分工。这里进一步揭示出生产力和现实的个人对立关系。

“受分工制约的不同个人的共同活动产生了一种社会力量，即成倍增长的生产力。因为共同活动本身不是自愿地而是自然形成的，所以这种社

① 《德意志意识形态》(节选本)，第 30 页，北京：人民出版社，2018 年。

② 《德意志意识形态》(节选本)，第 75 页，北京：人民出版社，2018 年。

会力量在这些个人看来就不是他们自身的联合力量，而是某种异己的、在他们之外的强制力量。关于这种力量的起源和发展趋向，他们一点也不了解；因而他们不再能驾驭这种力量，相反，这种力量现在却经历着一系列独特的、不仅不依赖于人们的意志和行为反而支配着人们的意志和行为的发展阶段。”[①]在马克思看来，人与自然之间的对立关系，从来都联系着人与人之间的对立，只有在生产关系总运动当中才能够真正认识和解决人与自然之间的对立。前述分析，道出了各个时代都存在的生产关系之于现实的个人的负面作用，并未进入到交往关系层面展开分析。进入大工业社会以来，交往关系因城市的发展越来越占据重要位置。作为现代共同体的新兴城市，城市标志着交往关系之于生产力发展起到决定性作用。或者说，认识生产力发展必须将交往视为它自身的构成要素，从而需要在宽广的视野上把握现代生产力和生产方式的总体运动。资本主义时代的交往关系，突出表现为资产阶级共同体的形成。它肇始于经济领域，最终通过现代国家来实现自身的生产再生产。对于这种共同体，马克思指出：“从前各个人联合而成的虚假的共同体，总是相对于各个人而独立的；由于这种共同体是一个阶级反对另一个阶级的联合，因此对于被统治的阶级来说，它不仅是完全虚幻的共同体，而且是新的桎梏。”[②]

第三，从交往关系发展趋势看，偶然性规定“个人本身力量发展”的特定社会历史阶段，它将为获得自由交往的个性个人所取代。

历史进步的决定性力量和根本评价指标是生产力。不过，马克思所讲的生产力，从来不是作为单纯物的力量，而是理解为与人、自然、社会、精神等多方面要素息息相关的存在。换言之，完整的生产力，总是全面生产当中形成的物质力量。同时，生产力发展与人自身发展是“一体双面”的关系，即全面的人是全面生产的担当者，两者之间相互诠释、相互表达。马克思对社会形态三阶段的著名划分，就蕴含他关于生产力与人自身发展之间关系的认识。马克思以大工业时代生产力发展为分析视角，对不同生产力发展阶段所对应的不同性质的交往关系下人的发展形态做出划分：人的依赖关系、在物化社会关系基础上的人的独立性以及自由个性的全面发展。在《形态》中，不难找到马克思最初做出的相近的思想阐释。马克思先

① 《德意志意识形态》(节选本)，第30页，北京：人民出版社，2018年。

② 《德意志意识形态》(节选本)，第65页，北京：人民出版社，2018年。

是阐述包括资本主义在内的旧时代和共产主义社会的本质差异："在迄今为止的一切占有制下，许多个人始终屈从于某种唯一的生产工具；在无产者的占有制下，许多生产工具必定归属于每一个个人，而财产则归属于全体个人。"[①]之后，他进一步指出，缘于资本主义时代生产力与人自身发展之间的对立，偶然性对个性统治达到无以复加的程度。于是，历史进步大趋势理所当然地向人们提出这样的要求："以个人对偶然性和关系的统治来代替关系和偶然性对个人的统治。"[②]可以看出，偶然性占支配地位的资本主义时代迥异于之前和之后的历史时期。由此，以生产力和普遍交往发展为基础，考察由偶然性个人迈向个性自由全面发展的个人的历史进程，就有理由成为划分历史发展阶段的一个标尺。

三、偶然性个人思想的方法论价值

研究马克思的偶然性个人思想，主要的价值在于为研究人的发展提供方法论帮助。对于社会历史领域中的偶然性，既要把它看作与必然性相对应的范畴，又要把它看作与主体性相对应的范畴；既要从事实的角度揭示偶然性存在的个别性、不确定性，也要从价值角度把握偶然性存在的受动性、非自主性。如果说，从必然性和偶然性关系角度存在于认识客体性的现实的个人，那么，从偶然性与主体性关系角度主要是阐释主体性的现实的个人。前者，能够客观地说明人民群众和个人、普通个人与历史人物在创造历史过程中的相互关系和各自历史作用；后者是立足于个人的主体性来批判地认识现实。由是观之，过去那种仅仅以必然性和偶然性相互关系的过程来理解马克思讲的偶然性个人，是失之片面的。更不应当无批判地肯定个人就是偶然性存在，这会在理论认识上导致排斥，甚至取消现实的个人具有的主动性、创造性维度，在生产和交往中不利于激发每个人对社会发展和历史进步事业的参与热情。

继之，逻辑上还有必要面对如下这个问题：在生产和交往中如何看待现实的个人存在的客体向度与主体向度之间的关系？

通过对偶然性个人的辩证分析和把握，我们认为，《形态》的广义历史

---

① 《德意志意识形态》(节选本)，第76页，北京：人民出版社，2018年。

② 《德意志意识形态》(节选本)，第121页，北京：人民出版社，2018年。

唯物主义是基于现实的个人的生产和交往将必然性与偶然性、偶然性与主体性统一起来，从而全面地把握了主体、客体两个向度上的现实的个人。生产和交往，就其最一般实践规定来讲，是指以主体为中心的主客体相互之间的矛盾运动过程，它一方面把人从一般的对象性存在领域提升出来，另一方面还使人成为能动的对象性存在。以生产和交往的观点看现实的个人，现实的个人既是受特定社会历史条件制约的对象性存在，又是追求个性自由、尊严、自由交往的能动者。可以说，现实的个人因生产和交往而受动，亦因生产和交往而能动。所以，现实的个人参与到社会历史中的生产和交往，是其能动性和受动性、主体性和客体性相统一的真正基础。

现实的个人及其历史作用的客体向度和主体向度，在依靠个人的生产和交往统一起来时，主要表现为两种情形。

第一种情形是指，现实的个人在生产和交往中的主体向度和客体向度的相互依存、相互渗透。两者的相互依存，从前述方法论原则运用的讨论上已经得到证明。因为，主体性原则与客体性原则必须结合的要求，是通过分析所要把握对象的根本属性而确立的。之所以讲两者又是相互渗透的，是缘于个人作为偶然性存在，其实就是把个人看作特定历史条件下的有限的、具体的客观力量，特别是资本主义社会中的客观存在。这是把个人置于社会运动的动力系统中得出的一个基本判断。然而，这个判断的成立离不开这样一个因素——个人为什么要以自身的力量参与到社会历史活动中来呢？人的生存和发展的需要所显示的能动性，这是极其必要的。从人和世界的一般性关系讲，“凡是有某种关系存在的地方，这种关系都是为我而存在的；动物不对什么东西发生‘关系’，而且根本没有‘关系’；对于动物说来，它对他物的关系不是作为关系存在的”。[①] 这说明，在人的活动中，存在着一种返回到自身的关系，这种关系确证的就是人的主体性。至于现实的个人，他们在社会分工、交往中满足自己各种各样的需求；没有这些需求，就不会激起人们实践的积极性、主动性、创造性。正是含有这一规定性的现实的个人，才能不沦为只被外在历史必然性单向决定、只具有工具意义的偶然性存在。毋庸赘言，现实的个人如果不同时含有偶然性所指称的客观属性，就会混淆它与唯心史观片面强调的个人抽象能动性的根本差异。

---

① 《德意志意识形态》(节选本)，第 26 页，北京：人民出版社，2018 年。

第二种情形是指，在一定交往关系条件下，现实的个人的主体性存在与偶然性存在之间可以相互转化。从人们交往的价值关系处看，异化的主客体关系既是人与自然关系的颠倒，同时，又表现为人与人之间的交往关系的颠倒。资本主义私有制条件下人的生产和交往必然转变为丧失自身自主性的偶然性。一旦现实的个人的本质力量对象化为客观的、社会的财富，财富立刻就采取了资本逻辑所支配的形态。在资本关系统治之下，"生产力好像具有一种物的形式，并且对个人本身来说它们已经不再是个人的力量，而是私有制的力量，因此，生产力只有在个人是私有者的情况下才是个人的力量"。[①] 现实的个人的本质力量融入社会动力系统之后，变成独立于个人之外，奴役他们自身的力量。而未来的共产主义社会，将克服资本主义社会关系的物化性质，为现实的个人实践当中的偶然性不断顺畅地向主体性方向转化提供了社会方面的物质和制度上的保障。高度发展的生产力和广泛的社会联系不再与各个个人相对抗，而是成为每个个人全面自由发展的条件。于是，现实的个人的生产和交往的本质力量对象化过程，同时也就是他们主体性的实现。

在共产主义低级阶段，尤其是社会主义发展的初级阶段，尚不能提供个性自由全面发展的充分条件。从生产关系看，一方面，生产力落后的一些东方国家虽然建立了社会主义制度，使自身发展呈现出跨越性特征，但是，却不能回避发展市场经济的历史任务。另一方面，从现代国际生产关系体系来看，人类社会仍然处在资本主义生产关系处主导地位的时代，它们在很大程度上左右着世界经济格局。正是缘于自身状况和特定世界历史阶段，面对当下生产关系，需要我们在利用资本和驾驭资本的平衡中寻找解决之道。这里，生产关系层面的问题，必然经由现实的个人的交往关系来分析和解决。由此决定了社会建设、文化建设的重要性和必要性。缺少社会和文化条件的支持，社会主义市场经济就有可能在运行机制上受阻，这也是探讨偶然性个人的交往逻辑得出的一个现实结论。

总之，对《形态》偶然性个人思想的探讨表明，偶然性个人发生在生产关系和交往关系之中。作为人存在的"异化"状态，交往异化完整地呈现出人的被动处境。对偶然性个人的理解，以往存在一定的片面性，即失之主观化或者客体化，究其原因，是没有认识到偶然性个人产生的社会历史根

① 《德意志意识形态》(节选本)，第 75 页，北京：人民出版社，2018 年。

源。在广义马克思主义视野下，偶然性无非是现实的个人存在的一种历史形态。同时，现实的个人从来没有彻底屈从于偶然性的历史处境。实际上，现实的个人既是社会动力系统中的有限的、个别性的存在，也是能够意识到自身有限性的超越性存在；是相对于历史必然性的受制约的、被支配的偶然性个人，也是在历史主客体运动中一种主体形态，从而能够不断改造自身和整个社会历史的关系，发展自由个性。通过现实的个人的积极实践，一方面不断克服生产关系层面的异化，一方面也不断克服交往关系层面的异化，而后者，更加完整地体现了生活世界中的主体性状态。

第四篇

本篇由两章构成，探讨广义马克思主义中观视野下的问题和观点。第十一章，是以交往理论研究共同体，讨论共同体的内在矛盾运动和历史类型。第十二章，阐释马克思主义阶级理论的交往逻辑，回应阶级理论在当代遇到的挑战。

第十一章　广义马克思主义的共同体范畴

共同体是社群主义的核心概念，也是马克思主义理论中的重要范畴。由认识和评价共同体引发的论争，为当代政治思想发展创造了新的“平台”和思想支点。作为反思和批评自由主义“神化”个体本位的政治思潮，社群主义论说的共同体观念，不仅为西方政治思潮增添新的一极，而且对探讨马克思主义共同体理论的思想特质和当代价值带来外部刺激和介质。这里，我们不打算关注自由主义和社群主义之间对峙产生的争论，而是从社群主义勃兴带动的共同体观念复兴为聚焦点，阐释广义马克思主义共同体范畴包含的交往逻辑，探究这一逻辑如何超越已有理论关于共同体知性化、单一化、片面化的理解，以及展现它为思考和建构合乎现时代发展要求的共同体所提供的科学构想。

一、从人类解放看共同体的交往关系变迁

在广义马克思主义理论视野下，交往与共同体、人类解放有着内在关联，构成了共同体和人类解放的一个主要向度。

一般说来，共同体是指与个体相对，表示人们通过交往而共同存在的概念。马克思主义不是抽象地议论个体与共同体之间的相互关系，而是依据活生生历史过程中的人们之间的交往活动来考察问题。同时，马克思主义也不是抽象议论任意某个时代的人们交往与共同体，而是源自对现时代课题——无产阶级的历史处境及共产主义革命使命的自觉解答，体现着马克思主义创始人那里所重视的“从后思索”方法。马克思主义批判物化的资

本主义社会关系的交往异化，是以追求人类解放为根本宗旨。继而，马克思主义共同体理论在探讨人们之间交往活动中的差异性与同一性、现实性与批判性的辩证关系过程中，阐发个性与社会性关系在共同体中的历史演变，并揭示不同类型共同体的交往关系特质。由此，人类解放的交往问题成为马克思主义共同体分析的重要维度。

从理论前提看，前述论及的交往、共同体和人类解放之间的关系，已经蕴含于马克思主义人的本质观之中。人的生存具有的交往性，在马克思的《关于费尔巴哈的提纲》中有所体现。马克思将人的本质理解为社会关系的总和，共同体是人必然采取的社会存在方式。广义的共同体包括人们之间所有的社会交往形式，共同体就是最一般意义的社会。“社会——不管其形式如何——是什么呢？是人们交互活动的产物。”[①]“在人们的生产力发展的一定状况下，就会有一定的交换和消费形式。在生产、交换和消费发展的一定阶段上，就会有相应的社会制度形式、相应的家庭、等级或阶级组织，一句话，就会有相应的市民社会。有一定的市民社会，就会有不过是市民社会的正式表现的相应的政治国家。”[②]狭义的共同体则是指个人、家庭和国家之外的组织。在共同体中，个人通过交往活动实现自身的生产再生产。马克思主义认为：“一个人的发展取决于和他直接或间接进行交往的其他一切人的发展；彼此发生关系的个人的世世代代是相互联系的，后代的肉体的存在是由他们的前代决定的，后代继承着前代积累起来的生产力和交往形式，从而决定他们这一代的相互关系。”[③]

从交往关系看共同体，共同体就是实现个人之间相互联系的交往形式。因交往形式之于个人的意义不同，共同体呈现为三个主要历史发展阶段。“人的依赖关系(起初完全是自然发生的)，是最初的社会形式，在这种形式下，人的生产能力只是在狭小的范围内和孤立的地点上发展着。以物的依赖性为基础的人的独立性，是第二形式，在这种形式下，才形成普遍的社会物质变换、全面关系、多方面需要以及全面的能力的体系。建立在个人全面发展和他们共同的、社会的生产能力成为从属于他们的社会财富这一基础上的自由个性，是第三个阶段。”[④]这表明，与人的发展状态相

① 《马克思恩格斯选集》第 4 卷，第 408 页，北京：人民出版社，2012 年。

② 《马克思恩格斯选集》第 4 卷，第 408 页，北京：人民出版社，2012 年。

③ 《德意志意识形态》(节选本)，第 121 页，北京：人民出版社，2018 年。

④ 《马克思恩格斯文集》第 8 卷，第 52 页，北京：人民出版社，2009 年。

对应，历史上存在三种交往关系的共同体类型：非人格的依赖型共同体、物化人格的独立共同体、自由个性发展的共同体。不难看出，共同体的交往形态演进是趋向人类解放所追求的自由个性发展这一目标的。为厘清自由个性发展所需要条件，接下来，我们从交往关系来分析三种共同体。

首先，三种共同体的交往关系有着各自的经济基础。不同的共同体所包含的交往关系及交往形式都是由一定的生产力和生产关系决定的。“随着新生产力的获得，人们改变自己的生产方式，随着生产方式即谋生的方式的改变，人们也就会改变自己的一切社会关系。手推磨产生的是封建主的社会，蒸汽磨产生的是工业资本家的社会。”①前资本主义生产方式所决定的社会关系，从而个体生活其中的共同体所决定的交往形态，以及相应的交往形式，是生产方式运转起来的社会机制。这种社会机制在追根溯源的意义上，总是取决于它们依赖的经济基础。这里，个人之于共同体，表现出彻底的从属性。“我们越往前追溯历史，个人，从而也是进行生产的个人，就越表现为不独立，从属于一个较大的整体：最初还是十分自然地在家庭和扩大成为氏族的家庭中；后来是在由氏族间的冲突和融合而产生的各种形式的公社中。”②

进入资本主义商品经济社会，共同体作为交往形式凸显个体的本位性质；尽管这种独立的个体只是物化的存在。“社会联系的各种形式，对个人说来，才表现为只是达到他私人目的的手段，才表现为外在的必然性。”③物化的交往关系不仅体现在经济基础，通过资产阶级共同体的再生产运动，经济基础层面的交往关系会将其他社会领域当中的交往关系卷入自身的运动中来，于是，家庭、学校以及其他社会组织的交往关系最终成为物化的交往关系实现自身的工具。主导资产阶级社会的交往关系，是计算性、功利性的，它总体上完成了传统社会交往关系曾经带有的“温情”和“神圣”。

生产力发展，只有从资本主义私人占有制解放出来，步入共产主义社会，共同体才实现了属人的性质，人与人之间的关系具有“合理的”“明白的”初始意义，成为所有人自由发展的前提和基础。也就是说，到共产主

① 《马克思恩格斯选集》第1卷，第222页，北京：人民出版社，2012年。

② 《马克思恩格斯选集》第2卷，第684页，北京：人民出版社，2012年。

③ 《马克思恩格斯选集》第2卷，第684页，北京：人民出版社，2012年。

义社会才可能实现自由交往，因为，在共产主义社会中还同时实现了生产力发展与人的个性自由发展的统一。

其次，三种共同体的交往关系对应着各自的政治制度。共同体所包含的交往关系不仅是经济基础的一定实现形式，同时也是保障政治制度得以运行的社会机制，即一定的政治制度总是借助某种交往形式实现和再生产自身的。前资本主义政治制度是以等级制为特征的集权政治制度，奴隶社会和封建社会的政治上层建筑需要社会领域的共同体服从、服务于自身的运转。前资本主义时代共同体的交往关系，在涉及家庭、亲友、邻里、礼俗等社会关系层面维系上层建筑的存在。当我们进一步追问前资本主义社会共同体的交往关系何以具体服从、服务于政治制度再生产时，答案就在于，交往关系乃是连接经济基础和上层建筑的社会纽带。作为联系人与人之间交往的各种社会纽带，它通过再生产活生生的个体来完成经济基础之于上层建筑的决定作用。换言之，个人的交往关系对一定政治制度的微观层面“臣服”，不过是它从属于一定的经济基础的必然表现罢了。同理，资本主义时代共同体的交往关系也是资产阶级主导的政治制度的再生产条件。资本主义的共同体是基于商品交换产生的为私有制服务的组织，它一方面受决定于经济基础，通过交往关系实现资本主义生产关系；另一方面，又通过自身来实现经济基础对上层建筑的决定作用。就后一个方面而言，既然资本主义“国家不外是资产者为了在国内外相互保障各自财产和利益所必然要采取的一种组织形式”，[①] 那么，资本主义共同体当中的交往关系，就会在社会生活各个领域对此种资本主义经济—政治关系的实现，或是“推波助澜”式地直接参与，或是“润物无声”式地表示观念上的认同。共产主义共同体的交往关系，同样是连接经济基础和上层建筑的社会纽带。共产主义社会是奠基于发达生产力和生产资料公有制之上的“真实的共同体”，在共同体与个人的相互统一中保障个人的自由交往。相应地，自由人联合体成为处处肯定个性、适合每个人实现自由交往的政治制度，当然，这种政治制度已然超越了阶级社会的政治发展阶段。

再次，三种共同体的交往关系崇尚不同的价值原则。整体主义、个人主义、集体主义是共同体的三种交往形态下人们遵从的各自价值原则。前资本主义时代的共同体中，产生第一种交往观念，它尊崇否定个人自由个

---

① 《马克思恩格斯选集》第1卷，第212页，北京：人民出版社，2012年。

性的整体主义，把等级秩序道德化、神圣化。进入近代资本主义社会，交往转向以物化的个人为中心，个人主义成为主流价值观。随着交往关系的个人化，共同体变成达成资产阶级私人欲望的工具，各种各样的资产阶级共同体组织降低为满足资本获利的手段。资本主义的全部社会生活及其交往关系沦为资本主义生产方式即获取剩余价值的再生产环节和要素。共产主义倡导的集体主义，是在批判继承历史上两种共同体形式的基础上，个人和共同体关系达到了辩证的综合。集体主义肯定个人自由交往和共同体利益的一致性，正是在这个意义上，个性的自由发展才得到最大程度的社会保障："生产力和社会关系——这二者是社会个人的发展的不同方面。"①

二、马克思主义共同体理论的交往批判逻辑

马克思主义共同体理论蕴含着交往批判逻辑。它的交往批判，不是单纯的道德化批判，或者构建某种新理性的思维方式批判，而是立足无产阶级立场，在追求人类解放主题下，通过客观了解资本主义生产方式的矛盾运动，做出的有事实依据的内在批判。具体说来，就是凭借深入把握资本主义社会这一虚假共同体，剖析其存在的否定个性的交往物化，从而系统阐发在交往关系层面的共同体批判及资本主义批判。

基于上述理解，马克思主义共同体理论交往批判向度的构成，必然遵循着客观性与批判性相统一的认识原则。具体考察马克思主义共同体理论的交往批判，我们发现，这种客观性与批判性相统一的认识和批判原则又集中体现在对虚假的共同体批判上。

所谓虚假的共同体，是指否定个性和自由交往，与人的自由交往、个性全面发展相对立的共同体。在生产力发展到一定阶段，出现旧式分工和阶级分裂的社会发展阶段产生的共同体形态。在马克思主义看来，分工和私有制是一体双面的社会现象，它们造成了人对人的剥削、奴役关系，甚至在最初的家庭关系中也发生了成员之间的不平等和压迫。这种关系随着生产力发展，进一步扩大到广泛的人与人之间的交往关系中，于是私有制必然产生。以私有制为基础的国家是阶级矛盾不可调和的产物，是虚假的共同体的典型形式。在私有制条件下，"正是由于私人利益和共同利益之

①　《马克思恩格斯选集》第2卷，第784页，北京：人民出版社，2012年。

间的这种矛盾，共同利益才采取国家这种与实际的单个利益和全体利益相脱离的独立形式，同时采取虚幻的共同体的形式”。[①] 历史上的各种形态的虚假的共同体对于个人自由交往来说，都具有否定性的一面。马克思指出：“在过去的种种冒充的共同体中，如在国家等等中，个人自由只是对那些在统治阶级范围内发展的个人来说是存在的，他们之所以有个人自由，只是因为他们是这一阶级的个人。从前各个人联合而成的虚假的共同体，总是相对于各个人而独立的；由于这种共同体是一个阶级反对另一个阶级的联合，因此对于被统治的阶级来说，它不仅是完全虚幻的共同体，而且是新的桎梏。”[②]其中，阶级关系对于个人交往关系的独立性、强制性，乃是虚假共同体产生和运行的主导逻辑。“某一阶级的各个人所结成的、受他们的与另一阶级相对立的那种共同利益所制约的共同关系，总是这样一种共同体，这些个人只是一般化的个人隶属于这种共同体，只是由于他们还处在本阶级的生存条件下才隶属于这种共同体；他们不是作为个人而是作为阶级的成员处于这种共同关系中的。”[③]

作为虚假的共同体典型形式的国家，它只是人们处于有限制交往和被迫交往的一种历史现象。随着生产力发展，从而也是包括交往力量在内的个人本身力量的发展，决定了人们的交往方式发生相应的改变。这个历史进程，反映在国家这一虚假共同体上，表现为国家有个产生、存在和消亡的客观历史进程。“在经济发展到一定阶段而必然使社会分裂为阶级时，国家就由于这种分裂而成为必要了。”[④]这里，国家分析自然转变为阶级分析。换言之，阶级作为虚假共同体是国家存在和交往关系异化的根本原因。当然，阶级也无非是一定生产方式的产物，随着造成阶级对立的经济根源不再发挥作用，阶级对立所造成的交往关系异化也会随之退出人类历史。展望交往关系的未来，作为虚假的共同体的国家和阶级最终一道消亡。“随着阶级的消失，国家也不可避免地要消失。在生产者自由平等的联合体的基础上按新方式组织生产的社会，将把全部国家机器放到它应该去的地方，即放到古物陈列馆去，同纺车和青铜器陈列在一起。”[⑤]

---

① 《马克思恩格斯选集》第1卷，第164页，北京：人民出版社，2012年。
② 《马克思恩格斯选集》第1卷，第199页，北京：人民出版社，2012年。
③ 《马克思恩格斯选集》第1卷，第201—202页，北京：人民出版社，2012年。
④ 《马克思恩格斯选集》第4卷，第190页，北京：人民出版社，2012年。
⑤ 《马克思恩格斯选集》第4卷，第190页，北京：人民出版社，2012年。

有必要区分的是，与作为虚假的共同体的私有制国家相反，无产阶级专政的国家把自身当作向无阶级过渡的特殊组织。对于人民群众来讲，它是服务于人的自由交往和发展的真实的共同体。以人民民主专政为国体的中华人民共和国，执政的中国共产党把全心全意为人民服务奉为自己的根本宗旨，通过经济、政治、文化制度安排和探索、实施切合现实的政策，保障人民实现当家做主，所以是真实的共同体。至于如何辩证把握包括社会主义国家在内的真实的共同体，我们将在下文作进一步的分析。

人的发展受共同体形式的制约，而共同体本身又是随着人类历史的实践而不断改变的。如同国家一样，所有的虚假的共同体都是历史现象。起源于社会分工和私有制的虚假的共同体，进入到资本主义阶段后，达到了极端状态，对个性的否定最为彻底和普遍。“生产力好像具有一种物的形式，并且对个人本身来说它们已经不再是个人的力量，而是私有制的力量，因此，生产力只有在个人是私有者的情况下才是个人的力量。在以前任何一个时期，生产力都没有采取过这种对于作为个人的个人的交往完全无关的形式，因为他们的交往本身还是受限制的。”[①]这种生产力作为私有制的力量，本质上就是资本生产力，它决定了全部资本主义共同体具有反个性特征。当共产主义战胜资本主义，服务于自由个性全面发展的真实的共同体将取代虚假的共同体。

三、在批判现实交往关系中建构真实的共同体

运用辩证的分析方式，马克思主义在超越资本主义现实交往关系中建构真实的共同体。对于何谓“真实的共同体”，马克思主义仍然需要在人类解放主题下理解其规定性。与虚假的共同体相对立，它是实现个性自由交往发展，不断促进和实现个性自由全面发展的共同体。具体说来，真实的共同体乃是面向人类解放，能够为个性的自由交往，从而为个性自由全面发展提供经济、政治、文化等多方面保障的共同体。

从经济上看，真实的共同体之所以能够通过自由交往而推进自由个性全面发展，就是从经济基础和价值目标这些交往方式和交往理念方面，提供了有利于人的发展的主客观条件。在这个意义上，真实的共同体也可以

① 《马克思恩格斯选集》第1卷，第208—209页，北京：人民出版社，2012年。

称为“重建个人所有制”。马克思说：“从资本主义生产方式产生的资本主义占有方式，从而资本主义的私有制，是对个人的、以自己劳动为基础的私有制的第一个否定，但资本主义生产由于自然过程的必然性，造成了对自身的否定。这是否定的否定。这种否定不是重新建立私有制，而是在资本主义时代的成就的基础上，也就是说，在协作和对土地及靠劳动本身生产的生产资料的共同占有的基础上，重新建立个人所有制。”[①]在经济上真正实现共同体与个人的统一，就是把资本主义所有制“改造为联合起来的、社会的个人的所有制”。重建个人所有制，就是在经济上构建有利于实现个性自由交往的真实的共同体，“一方面由社会直接占有，作为维持和扩大生产资料；另一方面由个人直接占有，作为生活资料和享受资料”。[②]

从政治上看，真实的共同体是保证经济内容实现的政治组织形式和程序。马克思对巴黎公社的评价，表明真实的共同体应当恢复社会机体、实现自由交往。“公社体制会把靠社会供养而又阻碍社会自由发展的国家这个寄生赘瘤迄今所夺去的一切力量，归还给社会机体。”“公社的真正秘密就在于：它实质上是工人阶级的政府，是生产者阶级同占有者阶级斗争的产物，是终于发现的可以使劳动在经济上获得解放的政治形式。”[③]不过，马克思以历史发展的眼光指出：“公社给共和国奠定了真正民主制度的基础。但是，无论廉价政府或‘真正的共和国’，都不是它的终极目标，而只是它的伴生物。”[④]鉴于巴黎公社受制于自身历史环境，它还应该走向更高级的、真实的共同体，即实现自由交往的自由人联合体：“代替那存在着阶级和阶级对立的资产阶级旧社会的，将是这样一个联合体，在那里，每个人的自由发展是一切人的自由发展的条件。”[⑤]

从文化上看，真实的共同体是指精神活动及其相应的制度安排、物质设施以人的创造性活动为最高尺度。在消灭旧式分工后，人类结束了因生存条件竞争而造成的异化交往，精神活动才真正具有了现实保障。旧式分工逼迫人们，如果不失去生活资料，就必须有一定的特殊活动范围，有一定的交往局限，而在共产主义社会这真实的共同体里，任何人都不会被限

---

① 《马克思恩格斯选集》第2卷，第299—300页，北京：人民出版社，2012年。
② 《马克思恩格斯选集》第3卷，第812页，北京：人民出版社，2012年。
③ 《马克思恩格斯选集》第3卷，第101页，北京：人民出版社，2012年。
④ 《马克思恩格斯选集》第3卷，第102页，北京：人民出版社，2012年。
⑤ 《马克思恩格斯选集》第1卷，第422页，北京：人民出版社，2012年。

制在特殊的实践领域，人们可以在任何社会领域内自由发展，由社会调节着宏观的整体生产。这种以人的自由全面发展为目标的共同体生活，赋予了所有交往活动以全新文化意义。人的生产、科学、艺术活动，还有休息、交往和娱乐活动，都在真实的共同体中呈现出属人的文化意义。

最高阶段的真实的共同体是超越必然王国，通过自由交往达到人与自然、人与人之间的矛盾得到解决的自由王国。它从经济领域开始，贯穿了人类社会生活的全部内容。“一旦社会占有了生产资料，商品生产就将被消除，而产品对生产者的统治也将随之消除。社会生产内部的无政府状态为有计划的自觉的组织所代替。个体生存斗争停止了。于是，人在一定意义上才脱离动物界，从动物的生存条件进入真正人的生存条件。人们第一次成为自然界的自觉的和真正的主人，因为他们已经成为自身的社会结合的主人了。”①完善的、真实的共同体就是理想的共产主义社会。在共产主义社会这种真实的共同体中个性才真正得到了自由全面发展，“在共产主义社会中，即在个人的独创的和自由的发展不再是一句空话的唯一的社会中，这种发展正是取决于个人间的联系，而这种联系部分地表现在经济前提中，部分地表现在一切人自由发展的必要的团结一致中，最后表现在以当时的生产力为基础的个人多种多样的生活方式中”。② 在完全真实的共同体中，人类方才真正告别自己的“史前史”，进入到熟练应用自身行动规律，能够自由生产和自由交往，从而自觉地创造自己历史的“人类史”时期。

马克思主义追求以自由交往为主要目标的真实共同体，并把这一理想具体地落实在不同历史境遇中。谋求理想与现实的有机结合，始终要坚持个人利益与集体利益具体的、历史的辩证统一，反对以集体的利益取代个人的利益，也反对离开集体的利益抽象地谈论个人利益。已有的历史实践表明，无产阶级政党历来重视正确处理个人、集体和国家之间的利益关系，把长远发展和当前需要、地区部门利益与国家整体利益结合起来，统筹兼顾，综合平衡。那种把马克思主义和社会主义国家看作只强调集体利益而否定个人利益，并攻击马克思主义和社会主义国家必然在政治上走向集权和专制的观点，是对马克思主义共同体观念的交往逻辑及实践品格的

---

① 《马克思恩格斯选集》第3卷，第815页，北京：人民出版社，2012年。

② 《德意志意识形态》(节选本)，第122页，北京：人民出版社，2018年。

误读和歪曲。同时，我们也必须正视历史上曾经存在的认识偏差和实践失误，及时纠正在社会交往领域出现的种种错误倾向。唯此，方能真正地克服错误，有效地坚持共同体建设的正确方向。

四、人类命运共同体：共同体交往逻辑的当代建构

人类命运共同体，是中国特色社会主义进入新时代提出来的新理念、新实践。从马克思主义共同体的交往逻辑看，一方面，它主张利用世界市场又不屈从资本交往形式的统治，并始终对资本交往形式抱有批判态度；另一方面，它同样呈现出差异性与同一性、客观性与批判性以及由此达到的现实性与超越性的辩证统一，从而使人类命运共同体的交往逻辑能够把握深入国际社会的复杂现实关系，并立足新的社会历史条件做出一系列新判断、新发展。人类命运共同体理念和实践，作为马克思主义共同体理论及其交往逻辑在当代的理论建构和实践探索，所带来的启迪主要表现为如下三个方面：

(一)人类命运共同体以交往思维倡导合作共赢的互利交往

人类命运共同体理念肯定世界市场这种交往形式的积极作用，充分意识到国与国之间的关系仍主要从国家自身的战略利益出发，国家利益之于世界各国彼此之间关系仍然起到决定性影响。这表明，我们这个时代所建构的经济层面的人类命运共同体，尚具有虚假的共同体属性，即没有达到直接为自由个性发展服务。我们必须客观承认经济利益和资本逻辑具有的根本性地位，否则，就会使我们的理想追求沦为空谈。不过，当人类命运共同体的实践服务于中国特色社会主义事业之际，这种虚假的共同体会辩证地转化为真实的共同体。核心道理在于，利用世界市场和资本逻辑为解决新时代社会主要矛盾服务，最终满足人民对美好生活的需要。必须看到，长久以来，特别是最近的国际关系中，一些国家对利益的追求尊崇“零和博弈”原则，这成为人类命运共同体实践的主要阻力。零和博弈，双方间利益不是共赢的，而是一得一失，一方利益的“得”与另一方利益的“失”相互对冲，由此极易引发国家间衍生的多重矛盾甚至政治、军事冲突。有鉴于此，克服国际社会交往中的各种虚假的共同体，走向和建构真

实的共同体理应成为国际秩序演变的必然要求。可以说，人类命运共同体的倡议，首先在经济发展层面显现了自身的合理性。

我们还注意到，构建人类命运共同体不仅缘于国际交往的迫切需要，也具备客观条件。信息化的发展，世界格局的多极化，以及经济发展的全球化，使世界各国间的联系交往呈现与日俱增的趋势，国与国之间经济联系也呈“互嵌”式结构。在这一客观趋势面前，若仍以“零和博弈”的原则面对经济全球化，虽然采用狭隘的贸易保护主义政策可能一时得利，但最终难逃一损俱损的结局。人类命运共同体的理念正是顺应这一客观趋势，放弃“零和博弈”原则，指明用共赢思维取代零和思维才是合乎全人类长远利益的理性选择。可见，人类命运共同体理念强调的合作共赢互利，本质上是对“零和博弈”的超越，是当代人类交往蕴含的真实的共同体意识。对此，习近平总书记谈道：“各国要树立命运共同体意识，真正认清‘一荣俱荣，一损俱损’的连带效应，在竞争中合作，在合作中共赢。”[①]诚然，就既有的历史和现实态势来看，世界各国的社会制度和意识形态存在差异，平等交往的真实的共同体尚不可能全方位实现，但是，对于人类命运共同体内的成员来说，以一种真实的共同体观念来引领发展，减少对抗，发展合作，还是值得争取，也是可以争取的。可以展望，各国在追求自身利益的同时兼顾他国的利益，在实现自身发展的同时兼顾他国的发展，人类命运共同体的实践将打开国际关系发展的新篇章。

（二）人类命运共同体以交往思维探索和推进全球可持续发展

20世纪以来，国际社会逐渐清晰认识到，社会发展必须走可持续发展之路。人类可持续发展的探索之路已然表明，依靠个别国家无法实现其目标，它内在地要求世界各国在自由、平等交往中采取共同行动，全球可持续发展才可能得到真正的落实。人类命运共同体思想正是适应了可持续发展理念及其实践，它主张的平等发展其实就是在共生交往中谋求世界各国的平等发展。具体说来，在尊重各个国家在发展道路、制度安排、意识形态和文化的差异性基础上，通过共生交往谋求多个主体间共同走绿色发展之路，实现人与自然的和谐。人类命运共同体把差异性与同一性看作可持

① 习近平：《共同维护和发展开放型世界经济——在二十国集团领导人峰会第一阶段会议上关于世界经济形势的发言》，《人民日报》2013年9月6日，第2版。

续发展始终需要面对的、相辅相成的两个方面。不以同一性否定差异性，也不以差异性取消同一性。在世界范围内，首先尊重多主体的平等发展，同时顾及代际的平等发展，为人类长远的发展做出理性选择。缘于把差异性与同一性统一起来思考人类命运共同体之于全球可持续发展的重要性，习近平总书记指出："站在新的历史起点上，联合国需要深入思考如何在21世纪更好回答世界和平与发展这一重大课题。当今世界，各国相互依存、休戚与共。我们要继承和弘扬联合国宪章的宗旨和原则，构建以合作共赢为核心的新型国际关系，打造人类命运共同体。"[①]可见，世界各国的发展息息相关，必须从全人类的高度认识发展问题，明确发展既是发展中国家的责任，也是发达国家的责任，各国理应以共生共存的共同体交往关系谋求和谐的国际关系。由此，对整个人类命运共同体必将产生广泛的认同，从而形成全球可持续发展的一个重要推动力。

(三)人类命运共同体以平等交往思维积极推动不同文明之间广泛的平等对话

从近代资本主义兴起以来，各具特色的多种文明如何平等交往、和平共处，就成为关心人类命运的思想家关心的重大问题。随着全球化过程中，经济、政治、军事、文化、宗教等方面的冲突加剧，交往作为世界性课题日益凸显。及至21世纪，一方面，人们看到不同文明在这颗孤独的蔚蓝色星球上必然成为休戚相关的共同体；另一方面，又不得不承认，从肤色、语言、习俗，到政治、经济、意识形态观念，现实中客观存在的差异性表明，建构文明交往的共同体困难重重。以人类命运共同体的平等交往思维观之，文明的多样性本来是人类社会的基本特征，对于各种文明不宜做高低优劣之分。文明的多样性既是客观存在的事实，又是超越性视野下需要尊重和包容的价值。并且，历史的进步始终需要文明的多样性，在世界范围内过分突出某种文明，推行文化霸权是与人类文明格格不入、背道而驰的。立足文明的多样性，以交流互鉴促进世界人民相互交往，取长补短，博采众长，最终实现共同进步。正如习近平总书记指出的那样："世界上没有放之四海皆准的发展模式，各方应该尊重世界文明多样性和发展

---

① 习近平：《携手构建合作共赢伙伴 同心打造人类命运共同体——在第七十届联合国大会一般性辩论时的讲话》，《人民日报》2015年9月29日，第2版。

模式的多样化。”[①]承认文明的多样性和独特性，承认文明之间交往的平等性，批判文化和文明的“独白”立场，本质上是符合人类发展需要的健康、合理的文明观。以人类命运共同体的平等交往思维审视、推动文明间的对话交往，将为提升文明共生意识、尊重意识，超越文明隔阂和文明冲突以及促进世界和平发展开辟新的视野。

要言之，马克思主义共同体理论蕴含着共同体的交往逻辑及其历史进程的理解。马克思主义共同体理论，一方面，从人类解放的宏阔历史视野出发，透过交往视角分析真实的共同体和虚假的共同体之间的相互交织、相互作用的辩证关系，达到对共同体的本质内涵、形态演进、历史价值的多重认识；另一方面，运用差异性与同一性、客观性与批判性、现实性与超越性等对立统一关系来把握共同体的交往关系，超越以往关于共同体的知性化、单一化、片面化的种种认识，为思考和建构合乎时代要求的共同体提供理论立场和方法论原则。现时代，人类命运共同体思想秉承马克思主义共同体理论的交往逻辑意蕴及其包含的崇高的价值诉求，结合当下的社会实践，为我们打开了认识共同体的新视野，将有益于人类迈向共同体的新境界。在纷繁复杂、充满挑战的现代世界中展开交往、共生共存，人类必须放弃“独白”的思维，需要不断努力建构可以兼顾现实性与超越性、客观性与批判性、差异性与同一性多重要求的自由交往的共同体，只有这样，人类社会才能共同“建设持久和平、普遍安全、共同繁荣、开放包容、清洁美丽的世界”。[②]

---

① 习近平：《永远做可靠的朋友和真诚的伙伴——在坦桑尼亚尼雷尔国际会议中心的演讲》，《人民日报》2013年4月1日，第2版。

② 习近平：《决胜全面建成小康社会 夺取新时代中国特色社会主义伟大胜利——在中国共产党第十九次全国代表大会上的报告》，第58—59页，北京：人民出版社，2017年。

第十二章 广义马克思主义的阶级范畴

阶级理论是马克思主义思想的重要组成部分。以往，对马克思主义阶级理论主要集中在经济利益关系即生产关系层面来认识和运用，而缺少面向广泛社会生活领域的交往关系层面的把握。笔者认为，挖掘和阐释马克思主义阶级理论的交往逻辑，不仅有利于全面理解包括阶级在内的国家、政党、政体等宏观政治要素，而且有助于科学地回应当代西方政治理论对阶级理论的解构，批判它们夸大、曲解政治体系中的微观政治要素作用，廓清关于政治人、意识形态认同等问题认识的迷思。

一、生产关系与交往关系：理解阶级的两个维度

一般说来，政治要素在一定的政治体系中存在，而政治体系又是通过政治要素体现出来的。在马克思主义那里，整个政治体系中的政治要素运动和发挥作用，是围绕阶级展开的，是阶级活动或直接或间接的作用结果。这里，阶级首先体现生产关系的逻辑，是经济利益关系的反映，同时又体现着交往关系。两者之间的基本关系体现为，阶级作为生产关系的现实运动总是要经由交往关系来实现的。

就以往的阶级关系认识看，对生产关系层面把握比较深入，但是，交往关系层面的理解尚缺少必要的了解。接下来，我们从生产关系与交往关系相统一的角度，对阶级和阶级斗争展开分析。

有阶级就会有阶级之间的矛盾，这种矛盾的根源在于一定的经济利益关系。当阶级斗争成为推动阶级社会发展的直接动力时，它首先是以生产

关系面目出现的。在《共产党宣言》中，马克思、恩格斯指出："至今一切社会的历史都是阶级斗争的历史"。对于现代社会即资产阶级时代而言，阶级斗争的作用显得更加突出，"它使阶级对立简单化了。整个社会日益分裂为两大敌对的阵营，分裂为两大相互直接对立的阶级：资产阶级和无产阶级"。[①] 对此，恩格斯把历史唯物主义表达为："一切重要历史事件的终极原因和伟大动力是社会的经济发展，是生产方式和交换方式的改变，是由此产生的社会之划分为不同的阶级，是这些阶级彼此之间的斗争。"[②]"终极原因"一语的使用，已经显露出，观察阶级发挥作用是需要做理论概括和抽象的。从理论自身叙述逻辑讲，如何令概括和抽象的认识结论走向现实，就必须联系经济活动以外的社会生活。正是在这一点上，交往关系理所当然地成为阶级理论的必要构成环节。经济利益关系通过人们之间的交往活动作用于社会矛盾的方方面面，在人们之间多种多样的交往关系中实现生产关系的总体运动。因为广泛作用于人们之间的交往关系，阶级和阶级斗争必然传导至社会的各个领域，从而在整个社会结构中凸显阶级的重要地位。我们看到，《宣言》从阶级的生产关系和交往关系的两个维度出发，既考察和列举资产阶级和无产阶级之间经济利益关系对立的直接表现，也考察了经济利益关系的对立在交往关系中如何得以再生产。在理论视野上，就是将家庭、教育等广泛社会话题引入阶级关系的论说中。

从政治实践发展过程上看，社会革命以社会形态"质变"的方式客观证明了阶级的生产关系逻辑和交往关系逻辑的巨大作用。人类历史，往往通过阶级之间的经济以及各种交往的相互作用，特别反映在社会生活各个领域的先进阶级反对没落阶级，劳动阶级反对剥削阶级来解决社会矛盾和问题。据此，马克思主义认为，社会革命是阶级斗争的高级形式，是引领社会历史变迁发展的"火车头"。从实现机制上看，"火车头"的运转，显然离不开交往关系层面的革命实践。此外，社会革命作为阶级斗争的最极端表现，虽然它是推进社会形态变迁的有效方式，但并不是唯一的。马克思主义并不是一概否定和平斗争在历史中的作用，而是根据具体历史处境，充分肯定和平斗争与建设和谐社会同样具有进步意义。以和平方式推进社会发展和变迁，交往关系层面的变革显现出更加重要的作用。它突出表现

---

① 《共产党宣言》，第 27—28 页，北京：人民出版社，2018 年。

② 《马克思恩格斯文集》第 3 卷，第 508—509 页，北京：人民出版社，2009 年。

在，由于日常生活领域中的道德观念、礼仪、家庭、社区、亚文化的变化，首先带来了社会生产总运动当中的要素改变，进而，这种社会生产的日常生活要素影响着社会发展的进程。

为了进一步了解阶级理论当中包含生产关系与交往关系两个维度，还有必要重申马克思提出的如下观点：

“至于讲到我，无论是发现现代社会中有阶级存在或发现各阶级间的斗争，都不是我的功劳。在我以前很久，资产阶级历史编纂学家就已经叙述过阶级斗争的历史发展，资产阶级经济学家也已经对各个阶级作过经济上的分析。我所加上的新内容就是证明了下列几点：(1)阶级的存在仅仅同生产发展的一定历史阶段相联系；(2)阶级斗争必然导致无产阶级专政；(3)这个专政不过是达到消灭一切阶级和进入无阶级社会的过渡。”[①]

从生产关系与交往关系相统一角度看，马克思此处所阐发的阶级理论，为研究政治体系及其要素提供了如下的科学洞见：

第一，了解阶级需要认识和把握一个社会历史前提，即阶级和阶级斗争在人类社会历史中生成和消亡的规律。人类历史的生产方式变迁既是生产关系的变迁，也是交往关系的变迁，而且，随着阶级的消亡和经济强制性的消除，交往关系将成为理想的生产方式的最主要内容。所以，必须从生产关系与交往关系相统一的意义上，才能合理地确定阶级现象在人类历史中的位置和发展规律。

第二，关于阶级的认识联系着共产主义革命的自由交往要求。作为政治体系的基础要素，阶级和阶级斗争是阶级社会政治实践的基本形式，这种形式的交往逻辑在于，阶级关系限制和否定了自由交往，但是，又必须借助阶级斗争，特别是无产阶级革命来消除受压制、被物化的交往。人们交往行动的性质不同，所形成的各种政治现象就带有本质差异。从根源上看，这些都是阶级利益和阶级关系在交往关系上的体现。认识到这一点，有利于达到对政治体系及其构成要素更为具体的理解。

第三，无产阶级专政在物化交往转向自由交往过程中起着特殊作用。无产阶级专政之于阶级的交往转向自由的交往，兼具受动性与主动性两种属性，发挥两方面作用，即一方面抵御来自外部资本主义和自身历史条件的物化交往的干扰，另一方面建构自由交往。这是人类走向自由交往，从

---

① 《马克思恩格斯选集》第4卷，第425—426页，北京：人民出版社，2012年。

而也是走向无阶级社会的必经阶段。把握无产阶级专政下的交往关系，有助于共产党人认清自身的历史地位和作用，从而为加强共产党领导下的社会建设指明了历史方位和未来方向。

既然交往关系历来都是与阶级交织、缠绕在一起，那么，我们该如何具体运用这一认识来分析政治与阶级之间的复杂关系呢?

交往关系、阶级与政治之间尽管关系复杂，涉及社会生活领域宽，但根子在所有制问题上。对于这一点，可以通过马克思主义对共产主义的论述做出总体性概括。共产主义作为无产阶级的实践和追求，主要目标就是消灭资本主义所有制。“共产主义的特征并不是要废除一般的所有制，而是要废除资产阶级的所有制。”马克思、恩格斯正是在揭示资产阶级所有制的阶级斗争属性的基础上，指明了共产党人的最基本主张。因为“现代的资产阶级私有制是建立在阶级对立上面、建立在一些人对另一些人的剥削上面的产品生产和占有的最后而又最完备的表现”，所以，从无产阶级与资产阶级极端而普遍的经济对立上来讲，“共产党人可以把自己的理论概括为一句话：消灭私有制”。[①]

所有制革命，反映了共产主义运动对全部政治生活的经济基础的重塑，这必然也是生产关系与交往关系的重塑。这里，集中显示出交往关系、阶级斗争与政治斗争之间的内在联系。资产阶级私有制就是资本逻辑支配一切的经济制度。对于资本，马克思认为它不是个人的力量，不是自由交往所产生的力量，而是物化交往造成的社会力量。“资本是集体的产物，它只有通过社会许多成员的共同活动，而且归根到底只有通过社会全体成员的共同活动，才能运动起来。”在这个意义上，现代社会有效的政治斗争必然直接体现为改写财产的阶级占有性质，即“把资本变成公共的、属于社会全体成员的财产，这并不是把个人财产变为社会财产。这里所改变的只是财产的社会性质。它将失掉它的阶级性质”。[②] 占有的性质发生改变，需要得到广泛的社会生活领域的支持，由此，生产关系的根本性变革必然波及和表现为交往关系的变迁。随着资本主义所有制的灭亡和共产主义公有制的确立，阶级的交往关系逻辑的地位发生根本变化，它将主导人们的社会结合，自觉地驾驭全部生产关系。人们的经济受动性将随着共产

① 《共产党宣言》，第42页，北京：人民出版社，2018年。

② 《共产党宣言》，第43页，北京：人民出版社，2018年。

主义所有制的建立大大降低，阶级对立消失。于是，此后的人类历史，一方面是必然王国逐步缩小，另一方面是自由王国日渐伸展。

马克思、恩格斯站在批判物化交往，追求自由交往的无产阶级和人类解放的立场上，通过深入研究资本主义社会发展规律，科学揭示了交往关系、政治斗争与阶级斗争的本质联系。他们系统地证明了政治斗争在根本上反映的乃是阶级利益和阶级关系，表明了处于物化交往关系下人类社会，它内部的阶级斗争之于政治斗争不能不具有决定性意义。

首先，现实中的个人交往，特别是无产阶级的自由交往要求与资本主义生产资料所有制之间产生了冲突。个人失去了人格存在，成为资本逻辑这种物化力量的附属品。这里，源于所有制关系的阶级关系在现代社会实践中具有优先性、强制性，所以，“在资产阶级社会里，资本具有独立性和个性，而活着的个人却没有独立性和个性”。[①] 可见，资本主义社会的物化社会关系，已经达到对自由交往的彻底否定，这是以往人类历史上从未出现的情形。

其次，个人的物化交往令个性沦为偶然性的存在激发了共产主义革命的实践需要。“在现代，物的关系对个人的统治、偶然性对个性的压抑，已具有最尖锐最普遍的形式，这样就给现有的个人提出了十分明确的任务。这种情况向他们提出这样的任务：以个人对偶然性和关系的统治来代替关系和偶然性对个人的统治。”[②]在这个意义上，无产阶级革命就是要消灭资产阶级统治的物化社会关系，也就是彻底消除任何一种私有制对社会生活的交往统治，消除人的偶然性生存境遇，恢复人的个性化自由交往，实现个性自由全面发展。

再次，当以物质利益为核心的阶级统治退出历史之际，人们通过虚假的人格进行的社会交往也随之停止，此时，人类迈入自由人联合体的理想社会。共产主义革命所实现的伟大转变，正是两大对立阶级之间围绕物质利益展开的生产关系与交往关系斗争而实现的，它重塑了现代世界的全部社会生活。

最后，随着阶级斗争与政治斗争走向消亡，自由交往以及个性自由全面发展方得以真正实现。当阶级差别在发展进程中已经消失而全部生产集

---

① 《共产党宣言》，第 44 页，北京：人民出版社，2018 年。

② 《德意志意识形态》(节选本)，第 121 页，北京：人民出版社，2018 年。

中在联合起来的个人的手里的时候，公共权力就失去了传统政治的性质。传统意义上的政治权力，是一个阶级用以压迫另一个阶级的有组织的暴力，否定“作为个人的个人交往”。如果说无产阶级在反对资产阶级的斗争中一定要联合为阶级，通过革命使自己成为统治阶级，并以统治阶级的资格用暴力消灭旧的生产关系和交往关系，那么它在消灭这种生产关系和交往关系的同时，也就消灭了阶级对立的存在条件，消灭了阶级本身的存在条件，从而消灭了它自己这个阶级的统治。于是，政治斗争与阶级斗争以及物化的、扭曲的交往关系，最终一道消失在未来的自由人联合体时代的历史地平线上。“代替那存在着阶级和阶级对立的资产阶级旧社会的，将是这样一个联合体，在那里，每个人的自由发展是一切人的自由发展的条件。”①

综上可见，当马克思主义把阶级斗争理解为政治斗争中的决定性力量之际，生产关系与交往关系使阶级成为政治体系中最基本的、主导性要素。并且，阶级理论的生产关系和交往关系具有强烈的实践性，它们共同批判资本主义社会，服务于共产主义运动。

二、阶级理论视野下宏观政治要素的交往逻辑

在马克思主义阶级理论视野下，传统政治理论所关注的宏观政治要素——国家、政党、政体等等都是阶级关系在不同层面和领域的实现自身的方式，换言之，阶级要素在政治体系中有着多重宏观政治面向。在阶级要素的多重宏观政治面向中，同样存在交往逻辑。

(一)国家

国家是政治体系中的基本要素。国家不仅与政府有极大的重合度，而且研究国家还涉及个人、家庭、市场等广泛社会领域，所以，学界有人径直把政治学称为国家学。就此而论，国家或者政府在政治体系中占有极其重要地位，认识和把握它，有必要从生产关系与交往关系两个方面着手。在马克思主义看来，国家不是始终存在的，而是阶级分化与阶级斗争的产物。国家作为一种政治要素，与阶级一样，是人类社会特定的生产关系与

---

① 《共产党宣言》，第50—51页，北京：人民出版社，2018年。

交往关系阶段才存在的历史现象，有自身的产生、发展、消亡的客观规律。

对于国家，有人强调它是合法垄断暴力的机构，有人突出其维护秩序运行的公共功能。然而，就其本质而言，它是阶级矛盾在生产关系和交往关系两个层面不可调和的产物和表现，是阶级统治的工具。在社会形态意义上看国家，它是被经济基础所决定的上层建筑，以暴力为本质内容的阶级统治，在政治上反映和实现统治阶级的经济利益。同时，这种经济利益又是通过交往关系实现的。这里有必要交代的是，我们采用马克思主义的社会结构理论分析国家，不打算像国外和一些国内的教科书体例安排那样，单独讨论政府这一政治要素，而是把政府和国家一并看作上层建筑所指称的对象。

对于国家的本质，恩格斯做出深刻揭示："国家决不是从外部强加于社会的一种力量。国家也不像黑格尔所断言的是'伦理观念的现实'，'理性的形象和现实'。确切地说，国家是社会在一定发展阶段上的产物；国家是承认：这个社会陷入了不可解决的自我矛盾，分裂为不可调和的对立面而又无力摆脱这些对立面。而为了使这些对立面，这些经济利益互相冲突的阶级，不致在无谓的斗争中把自己和社会消灭，就需要有一种表面上凌驾于社会之上的力量，这种力量应当缓和冲突，把冲突保持在'秩序'的范围以内；这种从社会中产生但又居于社会之上并且日益同社会相异化的力量，就是国家。"①在恩格斯的理解中，国家的经济利益属性反映在阶级关系上，同时，阶级的经济属性又联系着社会，与人们广泛的社会交往关系密不可分。换言之，经济与政治之间的相互作用，需要凭借多种多样的社会关系推动，才可能运转起来。

对于国家消亡后的公共管理及其体现的交往逻辑，马克思指出，巴黎公社是个可供选择的社会管理形式。"公社的真正秘密就在于：它实质上是工人阶级的政府，是生产者阶级同占有者阶级斗争的产物，是终于发现的可以使劳动在经济上获得解放的政治形式。"②不过，这里讲的政治，已经不同于历史上所有压迫、剥削劳动阶级的旧式政治，它是"生产者"阶级的自我管理形式。随着阶级压迫的消失，国家必将"迄今所夺去的一切力

---

① 《马克思恩格斯选集》第4卷，第177—178页，北京：人民出版社，2012年。

② 《马克思恩格斯选集》第3卷，第102页，北京：人民出版社，2012年。

量，还给社会有机体”。[①] 这清楚地表明，上层建筑领域的变革依赖经济基础的变迁，两者始终有交往关系发挥作用。只有运用马克思主义阶级理论及其交往逻辑，才可能达到全面认识国家这一政治要素的社会历史秘密。此时，阶级斗争在经济领域的解放和政治领域的解放高度统一，人类社会将告别各种类型的虚假共同体，步入实现自由交往的自由人联合体。

没有政治斗争、没有阶级斗争的自由人联合体，是对以往各种虚假共同体的否定，但是，这种否定只应当合理地理解为辩证的否定。对此，恩格斯曾经指出：“迄今存在过的联合体，不论是自然地形成的，或是人为地造成的，实质上都是为经济目的服务的，但是这些目的被意识形态的附带物掩饰和遮盖了。古代的城邦、中世纪的城市或行会、封建的土地贵族联盟——这一切都有意识形态的附带目的，这些附带目的，它们是奉为神圣的，在城市望族的血族团体和行会中，这些附带目的来源于氏族社会的回忆、传统和象征，同古代的城邦的情况差不多。只有资本主义商业公司才是完全清醒的和务实的，然而是庸俗的。”恩格斯对比资本主义社会和前资本主义社会的上述不同之处后，提出：“未来的联合体将把后者的清醒同古代联合体对共同的社会福利的关心结合起来，并且这样来达到自己的目的。”[②]日本学者柄谷行人，在交往样式的辩证综合的意义上，也主张将古代的互酬性交往形式、商业交往形式、近代的以及国家的统治和服从的交往形式综合起来，这在一定意义上佐证了恩格斯关于消灭政治斗争和阶级斗争方式的设想具有很强的合理性和当代性。不过，柄谷行人在理论根基上与恩格斯存在原则区别。停留于交往形式分析，没有把交往形式的辩证综合置于生产方式演变的大框架中予以思考，使他的交往形式理论在实践中暴露出带有空想性质。

可见，马克思主义政治体系视野下的国家，不应当缺少从阶级的交往关系这一视角去认识。不妨说，马克思主义国家观就是马克思主义阶级理论的生产关系逻辑和交往关系逻辑在国家问题上的延伸和运用。

(二)政党

从阶级理论的生产关系与交往关系相统一的逻辑理解政党，政党首先

---

① 《马克思恩格斯文集》第 3 卷，第 157 页，北京：人民出版社，2009 年。

② 《马克思恩格斯全集》第 28 卷，第 208 页，北京：人民出版社，2018 年。

表现为生产关系的结果。“政党本质上是特定阶级利益的集中代表者，是特定阶级政治力量中的领导力量，是由各阶级的政治中坚分子为了夺取或巩固国家政治权力而组成的政治组织。”随着社会阶层分化和相应诉求的多样化趋势的发展，有的学者对马克思主义政党概念做出新的补充和界定：“政党即社会中一定阶级或阶层的活动分子，为了实现某种目标而有计划地组织起来的一种政治组织。”[①]同时，生产关系规定的经济利益实现过程，又将丰富的社会关系即人们广泛的交往关系卷入其中。没有交往关系，政党就无法现实地表达自己代表阶级的经济利益。

基于一定的生产关系与交往关系而出现的政党，有着自身形成、发展演进的历史过程。最早的政党出现在英美国家。它们是经济社会发展的产物，本质上反映着近代以来阶级斗争发展的程度。资产阶级在反对封建贵族统治的过程中，逐渐萌生、建立了表达自身利益诉求的政治组织。在英国，出现了托利党和辉格党，这是早期的资产阶级政党。在美国，逐渐演化生成了当今存在着的民主党和共和党。在西方资本主义世界，与英美这种典型的两党制政党政治比肩而立的，还有法国、意大利、德国、西班牙等国的多党制。尽管表现形式有所不同，但它们本质上都是实现资产阶级利益的政治制度。

资产阶级政党，无论是两党制还是多党制，反映的是资产阶级私有制的利益要求及其在社会交往活动中的具体实现。所以，在政党之间始终存在政党博弈。政党博弈，就它与封建社会的等级政治比较而言，固然有其形式上的进步，能够在一定程度上为社会各个阶级和基层表达利益诉求。但是，从实际的结果看，它仍然为资产阶级所主导。工人阶级政党，通过资产阶级民主制度获取的自身政治权利极其有限。这种限度的极值，就是不能危害资产阶级政党制度所维护和服务的资产阶级利益。

资产阶级政党政治的博弈，尽管表现方面和诉求五花八门，但根子仍然在于物质利益，是物质利益在交往关系中的具体实现。政党之间的竞争甚至恶斗，尽管交往形式、交往内容变化多端，却都是物质利益的特殊表现形式。在这个意义上，政党政治的博弈是阶级斗争的生产关系逻辑和交往关系逻辑的一个表现形式。

自从近代政党制度诞生以来，资产阶级政党就以自己的方式展开了政

---

① 景跃进、张小劲主编：《政治学原理》，第239页，北京：人民出版社，2015年。

治舞台上的博弈。西方政党博弈发展到当代，源于生产关系与交往关系方面的变迁呈现出如下四个显著弊端。其一，政党博弈导致“否决政治”盛行，政党之间出现不顾及社会整体利益的恶斗，政治极化现象凸显。其二，政党博弈的负面效应传导至国家治理层面，普遍出现了政党专注于选举，而选举的结果是否有利于选贤任能，反倒少人问津。其三，精英政治没落，民粹主义泛起。由于精英政治形成于欧美经济高度发展时期，主要反映了第二次世界大战之后造就的国家权力结构。随着2008年波及全球金融危机的到来，经济的萎靡不振和贫富差距问题，使既往的精英政治与大众政治诉求发生脱节，于是，历史上曾经兴风作浪的民粹主义借机抬头，从而将精英政治置于尴尬境地。其四，西方民主制度出现失败现象。在政党博弈过程中，政党为了获得选票和政权，选举中极力买好舆论和选民，往往大肆允诺增加福利和满足各方面利益要求，不顾国家财政承受能力和社会长远发展。最终，民主制度势必挖空自身存在的经济基础，使自身走向失败。

政党在历史发展中产生了不同的类型。对于马克思主义政治学来讲，最根本的两种政党类型就是代表资产阶级利益的资产阶级政党和代表无产阶级以及广大人民群众的无产阶级政党。显然，这里的政党的阶级基础同样需要从交往关系与交往关系相统一的角度来认识和把握。

(三)政体

资产阶级政体，是资产阶级政治制度的总称。它是资产阶级政党所选择的、维护本阶级统治的政体。它是在资产阶级反对封建专制、争取本阶级利益和权力的过程中形成、巩固下来的。其中，资产阶级政党对资产阶级政体的确立起到不可替代的领导、组织和宣传作用。资产阶级政体是资产阶级为实现本阶级利益而设置的政治制度和运行方式。总的说来，包括以下四个方面：(1)以宪法为核心的资产阶级的法律制度；(2)资产阶级的国家权力分立制度，即立法权、司法权和行政权相互分立、相互制衡的制度设计；(3)资产阶级的选举制度，即由选民的选举确定政府领导人和议会组成；(4)与上述政治制度设计相适应的政党制度。

资产阶级政体是资产阶级在反抗封建专制过程中建立的政治制度，首先反映资产阶级的物质利益诉求。同时，这种生产关系方面的要求，又总是经由多种多样的交往关系实现的。通过其阶级的生产关系与交往关系两个维度，我们不难发现资产阶级政体在人类政治文明中所具有的二重性。一方面，它相对于封建专制无疑具有巨大的历史进步，在一定程度上解放了人自身，使每个人从等级关系中的身份存在走向了商品世界奉行平等交换的平等存在。资产阶级政党及其政党博弈，正是完成资产阶级利益实现的合理形式。另一方面，对于无产阶级和广大劳动群众来说，这种政体带有极大的欺骗性。这种政体下的民主总是金钱支配的民主，这里的平等只是形式上的平等。在这个意义上，无产阶级应当批判和超越资产阶级的政体。

就资产阶级政党和无产阶级政党所代表的阶级利益区别而言，无产阶级政党与无产阶级和广大人民群众的根本利益是高度一致的，它一旦经过革命成为执政党，就不需要通过政党博弈的方式进行治国理政。

中国共产党领导中国人民建立的政体充分显示出这一本质特征。

中国共产党的领导作为中国特色社会主义政党政治的本质规定，对于中国道路、中国制度、中国理论、中国文化都具有全局性、根本性的意义。要言之，中国特色社会主义的最为本质特征，就是中国共产党的领导，而中国特色社会主义制度的最大优势也是中国共产党的领导。这决定了党的领导对指导思想、文化建设不能不居于决定性地位。

我国的国体是实行工人阶级领导的、以工农联盟为基础的人民民主专政。人民当家做主，人民享有广泛、真实的民主，对那些反对人民利益和愿望的各种势力实行专政。与此相适应，经过历史和实践检验，我国的政体适合采用的形式为人民代表大会制度。在这一政体之下，我国实行中国共产党领导的多党合作和政治协商制度。这种政体安排，蕴含了一系列合理因素，包括我们的历史传承、文化特色以及经济社会发展的阶段性特点等等。正是在上述因素汇聚的主客观基础上，我们循着长期发展、渐进改进、内生性演化的政治运动机理，将有中国特色的政党制度与经济社会发展结合起来，取得了令人民满意、世界刮目相看的巨大成就。

坚持中国共产党的领导地位，就必须不断加强党的自身建设。与时俱进的中国共产党，决定了加强党的建设是一项内容丰富的任务，表达所代表阶级的生产关系与交往关系要求。党的建设从性质上说，是指中国共产党为保持自己无产阶级性质和先进性、革命性而从事的自我完善的活动。

它的内容涉及生产关系与交往关系所及的各个领域，既涵盖全部党务工作，又涉及党的思想建设、政治建设、政治建设、作风建设、纪律建设以及制度建设。通过加强党的建设，使我国政治制度永葆青春和活力，从而推进中国特色社会主义事业从胜利走向新的胜利。

三、阶级理论视野下微观政治要素的交往逻辑

二战以后，随着经济社会发展进入新的历史阶段，新政治现象和相关研究理论不断涌现，一些新政治要素遂成为政治学研究焦点。政治人、利益集团、新闻媒体、软实力、社会资本、帝国、诸众以及意识形态认同等话题纷纷登场。尽管它们涉及的新政治要素复杂多样，但是，若以阶级理论的生产关系与交往关系相统一，特别是阶级的交往逻辑看，对微观政治要素能够做出较为清晰和深入的分析。

(一)政治人

政治人是指以个体形态参与到政治当中的公民、政治家、诸众。政治人概念的聚焦点是其个体。就公民来看，其作为政治人，主要表现为公民如何争取自身的利益和参与政治的动机。就政治家来看，其作为政治人，主要表现为政治家的个人性格、个人动机在政治行为上发挥的作用。与前述探讨的政治要素相比较而言，政治人体现的是微观个人交往关系层面的存在。但是，政治人不可能是脱离宏观政治分析之外的特殊存在，我们讲的微观意义上的个体仍然活动于国家、政党之中。这里着力揭示的是，制约宏观政治的阶级逻辑必然影响到微观交往中的政治人。不同之处在于，我们考察的对象转换为个人的动机、价值观、利益、权利。

在当代，政治人不仅表现为争取自身利益、实现自身动机的公民、政治家，还突出表现为资本逻辑统治下争取解放的诸众。在定义何谓诸众之前，先要确定与它相对应存在的帝国。帝国是一个总体性统治力量，它不是专指某个民族国家，而是由资本逻辑编织的新统治力量和秩序。在这种新统治方式下，公民和人民群众都改变了既有的存在方式和发挥的政治作用，成为资本逻辑再生产自身的被控制者、受奴役者。由此，那些分散的、自反的、无中心、扁平化存在的诸众走入当代政治世界。

诸众，是后现代主义语境下的一种革命主体观，是奈格里和哈特关于革命主体提出的新见解。在两人合著的《帝国》中，他们呼应斯宾诺莎关于诸众的理解，赞同法国哲学家福柯提出、后来又为意大利哲学家阿甘本所发展的生命政治理论，将政治主体研究的目光投向被操纵和控制的微观个体和他们蕴藏着的反抗潜力。正是在寻找如何打破普遍存在的微观控制中，他们发现了作为政治要素存在的新革命主体——诸众。与阶级和阶级斗争理论发现无产阶级这个革命主体不同，诸众指称的革命主体是自发的、差异化的、偶然性的、去中心化的革命主体。

如何评价诸众理论关于革命主体这一政治要素的看法呢？直接看，似乎与马克思主义的人民群众有一定重合度，实际上却恰恰相反。因为，马克思主义确认人民群众这一革命主体时，一方面源于对社会历史发展根本动力——生产方式矛盾运动的理解，即人民群众总是与生产方式中的生产力相联系；另一方面，认识和把握人民群众在政治实践中的作用，马克思主义始终强调阶级分析的必要性。而这两个方面，都是诸众理论所排斥的。它的理论基础和现实政治诉求，决定了这种观念所理解的政治主体与人民群众即便有些许相似，也是貌合神离。由此，对奈格里和哈特所发现的诸众这一政治要素可以做出如下判断。一是，诸众观对社会运动的认识和描述，接近自发的群众运动，只是人民形成自身团结之前的一种混沌态。二是，他们所分析的诸众的政治活动应当合理地理解为当代阶级斗争的特殊的、经验的表现形式，这要求我们在生命政治的研究领域贯通马克思主义的阶级观点。三是，他们对诸众的革命性质认识，绕开了改造资本主义所有制这一核心问题，所以，他们的新革命主体观仍然属于资产阶级社会的一种意识形态。四是，他们的诸众观在一定程度上反映出进入信息时代后资本主义社会矛盾运动的新机制、新趋势，这是值得我们重视的。

(二)意识形态认同

意识形态认同，也就是政治文化认同，它对身份政治和政治动员、政治共识具有直接而重大的影响。作为政治要素，它是政治文化的核心内容，是整个政治体系的软件成分。它往往通过多种多样的社会关系，即在人们的交往中塑造个体的文化政治认同来实现政治目标。

意识形态认同作为政治要素，在现代政治体系中的地位和影响十分显著，也是现代政治哲学研究的热点问题。我们知道，历史唯物主义从社会存在和社会意识之间的辩证关系出发，揭示了意识形态是社会结构中上层建筑的一个组成部分，被经济基础所决定；同时，包括意识形态在内的上层建筑对经济基础具有反作用。马克思主义所讲的意识形态认同，虽然直接发生在交往关系层面，但仍然以社会存在与社会意识、经济基础与上层建筑的基本关系为思考的理论前提。

从阶级理论的生产关系与交往关系相统一的角度看，意识形态认同作为政治要素，与国家、政党、阶级、人民群众处于相互作用的关系。总体而言，意识形态认同是一定生产关系与交往关系实现自身的政治方式。人们追求经济利益，及经济活动运作于广泛的交往关系过程中，意识形态认同呈现出强大的力量，以至于，人们将意识形态及其认同称为经济权力、政治权力、军事权力之外的第四种国家权力。不难发现，第四种国家权力在当今时代的经济、政治、军事诸领域都产生着广泛而深刻的影响。意识形态认同又具有极强的渗透性或弥散性，其权力贯通于整个社会生活的方方面面，引导和塑造着人们的生活方式和价值观。

进入现代社会，特别是二战之后，与意识形态认同这一政治要素密切相关的一组政治要素纷至沓来。其中，新闻媒体、软实力、政治文化、社会资本，它们是实现意识形态认同的渠道和形式。它们在人们日常生活和交往关系中起着日益重要的作用，深刻影响社会的政治文化认同。其中，新闻媒体的影响力尤为突出，以其他意识形态形式实现政治目的时也往往被它所左右。

新闻媒体是意识形态形成和传播的一个重要途径。新闻媒体也就是人们所讲的大众传媒，从报纸、杂志等形式的纸质媒体到广播、电视等电子媒体，再到互联网，它们已然成为现代人认识和参与社会生活的基本形式，一定程度上表征人的主体性，呈现着人们与世界之间所形成的多重交往关系。从政治要素角度看新闻媒体，它起着司法、行政、立法之外的政治作用，具体包括监督政府、营造舆论、设置社会话题、传播信息等多项内容。当代意识形态之所以具有很大权力，一个主要的实现途径就是新闻媒体塑造人们的政治文化认同。

社会资本也是实现意识形态认同的重要内容。社会资本是交往活动形成的社会发展资源，包括习俗、传统文化、教育水平、道德、宗教等。它是国家、政府、政党、阶级、人民群众诸政治要素得以运行和实现自身目标的文化条件。人类政治史一再证明，前述讨论的政治要素总是要通过社会资本展开自身运动，于是，常常遇见如下状况，相同国体、政体这些政治要素因为社会资本的差异，走向了不同的演变方向，产生迥异的政治后果。所以，推进一个国家或者地区政治发展必须尊重社会资本差异，深入了解并积极利用当地的社会资本。

软实力是实现意识形态认同的一个综合性表现。软实力是价值观及其指导下的实践结果所形成的影响力、号召力和向心力。在现代政治中，软实力是继国家经济、军事、国内政治和外交之外备受人们关注的领域。软实力虽然广泛存在于国内和国际交往中，表现为本国人民和国际社会对一个国家影响力的认可，但是，最终起决定性作用的还是整个社会结构，特别是生产方式的决定性作用。当前，包括中国在内的社会主义国家的软实力提升，根本上有赖于生产力的高质量发展。只有生产力实现了高质量发展，生产力和整个生产方式领先，才可能最终提升自身的软实力。当然，软实力建设和提升也有自身相对独立性，我们在不同时期和发展阶段，都应当努力借助各种交往形式，积极向国际社会传播美好的中国形象，通过丰富多彩的形式和渠道树立和阐释中国价值观。

发生在社会交往中的意识形态认同是政治体系中有重大影响的精神性要素。与阶级运动中的交往关系相一致，它有着产生、发展和走向消亡的过程。

这里讨论的意识形态认同的消亡，不是认识论意义上的，而是政治意义上的；不是资产阶级意义上的，而是无产阶级意义上的。当然，在马克思主义看来，这种区分并不意味着它们之间毫无关联。恰恰相反，认识论意义上的意识形态分析为政治意义上探讨意识形态提供了理论前提，批判资产阶级对意识形态终结的错误观点有助于我们真正了解意识形态消亡的过程和历史条件。我们知道，认识论上的意识形态消亡，是马克思、恩格斯在《德意志意识形态》中集中讨论的问题，意在通过意识形态批判达到真理性认识。同样，理解作为政治要素的无产阶级意识形态消亡，有必要同时弄清楚资产阶级所持有的观点。这种资产阶级的意识形态消亡，更多的是一种“欺骗”。他们置阶级对立的事实不顾，津津乐道于生活方式、价值观领域的趋同，借助交往关系中形成的相似性，刻意模糊、抹杀无产阶级与资产阶级在经济利益和世界观上的差异、对立。此外，他们还停留于交往关系上这种表面一致性，宣扬历史已经终结，即终结于资本主义价值体系及其制度下的资本主义生活方式，这也是我们需要加以分析和鉴别的。

可见，从马克思主义阶级理论的交往逻辑观之，对政治人、意识形态认同等新政治要素的理论概括，固然不能离开生产关系分析，但是，生产关系分析应当与交往关系分析统一起来，否则，本质性的认识容易走向知性化、片面化。同时，从马克思主义政治体系观的完整叙述逻辑上看，进一步探讨宏观的政治要素如何运转，必然遇到的问题是：阶级、国家、政党、政体等是如何通过其他要素实现自身的现实运动的？为此，有必要从马克思主义政治理论的完整性出发，认识微观政治层面的政治要素如何发挥作用。再者，交往逻辑的运用，要善于结合当代社会主义实践，主要是新时代中国特色社会主义伟大事业的需要，做出切合中国实际的阐释。

总而言之，马克思主义阶级理论不仅有生产关系逻辑，还同时存在交往关系逻辑。通过阶级的交往关系逻辑才能够充分认识阶级的生产关系逻辑，阐明决定阶级和阶级斗争的生产关系是如何实现在人与人关系中的。在当代，只有把包含阶级在内的国家、政党、政体等宏观政治要素，以及现代西方政治理论所关注的政治人、意识形态认同等微观政治要素置于阶级的交往关系层面来理解，才可能洞察政治体系及其诸要素在复杂社会关系中的运转过程。马克思主义阶级理论的交往逻辑分析还有助于通过对政治体系所依赖的经济基础的完整认识，进而为批判当代西方政治思潮偏颇和正确认识中国特色社会主义政治制度优越性提供科学的理论视野。

第五篇

本篇由三章构成，探讨广义马克思主义宏观视野下的问题和观点。第十三章，分析作为一般性实践形式的交往，阐发马克思主义交往观的形成、主要内容以及方法论价值。第十四章，从马克思世界交往观来分析现代社会，对现代社会的世界市场及其意识形态反映——“世界历史”作双重批判。第十五章，从交往角度分析广义马克思主义的批判理论，探寻批判理论的生长点。

第十三章　马克思主义交往观及其方法论价值

交往，是马克思主义分析人类实践和历史发展所使用的一个基础性概念，与狭义的生产理论的生产概念构成并立关系，又是广义生产理论的生产概念的内在组成部分。在本章，我们主要考察马克思本人的相关思想。马克思的交往观，从《巴黎手稿》开始提出，到《形态》科学阐发，再到《资本论》和晚年人类学、历史学笔记的补充和丰富，走过一条从萌发到丰富发展的探索之路。特别是在《形态》中，马克思交往理论首次得到科学的、系统的论证。由于交往理论深化、扩展了生产理论视野，它成为广义马克思主义确立的显著标志。这里，我们立足相关文本的细读，围绕马克思对交往概念的使用，梳理马克思交往理论的形成、发展史，并探讨它在当代的方法论价值。

一、交往与异化劳动、共产主义

早在《巴黎手稿》时期，马克思从异化劳动理论出发，在本体论研究和政治实践主张中都注意研究交往问题，明确地把交往作为分析异化劳动和建构共产主义理论的范畴。

《巴黎手稿》在批判异化劳动和论证共产主义时，既讨论了人与自然之间的交往，即生产，也讨论了人与人之间的交往问题，并借助异化交往和理想交往的对比分析，确立批判异化劳动和展望共产主义的一重尺度，从而也完成了交往思想的初步表达。

首先，交往是人的存在方式与发展方式，是共同活动中人们之间各种力量的相互交换、相互补充。在人与自然之间交往和人与人之间交往的关系上，马克思首先强调自然是人类生存的前提，与自然交往是人类生活的首要前提。“自然界，就它自身不是人的身体而言，是人的无机的身体。人靠自然界生活。这就是说自然界是人为了不致死亡而必须与之处于持续不断的交互作用过程的、人的身体。”[①]人与自然之间的交往，意味人与自然相互作用的关系是人类存在的前提条件，认清这一点，为马克思科学阐发生产力观点准备了重要的思想前提。

从交往意义上肯定自然界是人类生存的前提后，马克思又更具体地论述在如下两个方面去理解自然。一方面，与仅按照自然尺度活动的动物不同，人与自然之间的关系是由人的活动，即历史和文明尺度来建立和支配的。“整个所谓世界历史不外是人通过人的劳动而诞生的过程，是自然界对人说来的生成过程。”[②]另一方面，自然界通过劳动发挥它的社会历史作用，也需要通过人与人之间的交往才能实现。“只有在社会中，自然界对人说来才是人与人联系的纽带，才是他为别人的存在和别人为他的存在，才是人的现实的生活要素；只有在社会中，自然界才是自己的人的存在的基础。只有在社会中，人的自然的存在对他说来才是他的人的存在，而自然界对他说来才成为人。”[③]可见，马克思叙述逻辑中，描述人与自然之间的交往是以人与人之间的交往为必要条件和必经阶段。换言之，从人与自然关系中产生的生产劳动与交往相互交织，两者都是人类的基本活动形式。

其次，私有制条件下的旧式分工及其决定的交换是交往的异化形式。在从交往角度批判资本主义经济现象过程中，马克思提出分工和交换的异化性质。私有制，特别是资本主义私有制条件下，分工和交换在货币形式下将交往的异化推向极致。“货币的本质，首先不在于财产通过它转让，而在于人的产品赖以相互补充的中介活动和中介运动，人的、社会的行动异化了并成为人之外的物质东西的属性，成为货币的属性。既然人使这种中介活动本身外化，他在这里只能作为丧失了自身的人、非人化的人而活动；物的相互关系本身、人用物进行的活动变成某种在人之外的、在人之上的本质所进行的活动。”[④]货币关系即物化关系对交往的统治，导致了“进

① 《1844年经济学哲学手稿》，第56页，北京：人民出版社，2000年。
② 《1844年经济学哲学手稿》，第92页，北京：人民出版社，2000年。
③ 《1844年经济学哲学手稿》，第83页，北京：人民出版社，2000年。
④ 《1844年经济学哲学手稿》，第164—165页，北京：人民出版社，2000年。

行交换活动的人的中介运动，不是社会的、人的运动，不是人的关系，而这种抽象的关系是价值。货币才是作为价值的价值的现实存在”。①

再次，理想的交往是人类社会生活最本质内容的实现。马克思论述了克服异化交往之后的人与人之间的交往关系，把真正的“人”的、“社会”的状态下的“人的交往”“社会的交往”以及“类的交往”看作理想的交往。

“人”“社会”“类”这些概念原本是费尔巴哈的人本学唯物主义术语，用以表达由大自然和人类预定了的和谐。受费尔巴哈这一思想影响，马克思认为类生活是人类本来具有却又失去的本性，并对类生活做了自己的阐释。其一，动物和它的生命活动是直接同一的，而人的类生活能够使自己的生命活动成为自己的意志和意识的对象。这凸显了“人的类特性恰恰就是自由的有意识的活动”。② 其二，如果把动物的生命也称为一种生产的话，动物的生产总是片面的，而人的生产却是全面的。“动物只是按照它所属的那个种的尺度和需要来生产，而人却懂得按照任何一个种的尺度来生产。”③其三，理想交往使人成为真正的普遍存在。人只有“作为人进行生产”，即以理想交往进行生产才能够让人真正成为普遍性存在物。“在这种情况下，我们每个人在自己的生产过程中就双重地肯定了自己和另一个人。”④此时，无论生产还是享受，人本身都直接是人与人之间的联系纽带。

总之，无论是交往问题的提出，还是对理想交往与异化交往的区分，马克思把经济学内容作为抓手，突出了自己的唯物主义立场。不过，这种唯物主义取向并不够彻底。由于马克思对资本主义经济关系的批判借助了费尔巴哈的人本学唯物主义思想资源，不可避免地带有理想化看待人本质的问题，人类交往的历史仍然被看作异化和理想本质复归的过程。这表明，马克思离客观地把握人类交往及其发展规律还需要走一段探索之路。

二、广义马克思主义理论体系中的交往理论

马克思交往理论的确立，有赖于广义马克思主义体系的建构。我们知道，物质生产是全部马克思主义的首要的、基本的观点，它在哲学上超越

① 《1844年经济学哲学手稿》，第166页，北京：人民出版社，2000年。

② 《1844年经济学哲学手稿》，第57页，北京：人民出版社，2000年。

③ 《1844年经济学哲学手稿》，第58页，北京：人民出版社，2000年。

④ 《1844年经济学哲学手稿》，第183—184页，北京：人民出版社，2000年。

了传统哲学那种先验地把人与自然、物质与精神、主体与客体二元对立的思维方式，也是历史唯物主义的逻辑起点，同时，还为以劳动解放为核心内容的共产主义革命找到了现实基点。与狭义的马克思主义相比较而言，广义的马克思主义主张从物质生产出发，不仅通过生产关系，而且通过交往关系来实现自然、社会和人自身之间的分化和统一。在这里，有没有交往理论，是我们区分和判断“广义”和“狭义”两种马克思主义叙述逻辑的准绳。

在《形态》中，马克思依据实践理论，主要是物质生产思想系统阐发交往观：

(一)交往是指现实的个人以及各种主体之间的相互作用，既是实践的内在环节，又是实践的一种基本表现形式

就任何实践都具有社会性而言，交往构成其他社会实践的必要前提。马克思认为人类活动包括两个大的方面：“人改造自然”和“人改造人”。[①]生产以交往为前提，人对自然的改造离不开人与人之间的交往；没有人与人之间的分工和协作，没有一定的社会结合方式，就不可能有任何现实的生产。并且，马克思还指出：“生命的生产，无论是通过劳动而生产自己的生命，还是通过生育而生产他人的生命，就立即表现为双重关系：一方面是自然关系，另一方面是社会关系；社会关系的含义在这里是指许多个人的共同活动。”[②]交往又是实践形式，表现为竞争、战争、交流、对话、交际、交易等等。

(二)根据交往活动的不同特点和人们的认识角度的不同，可以对交往作多种划分

1. 从交往的基本属性看，可分为物质交往与精神交往。交往的表现形式是多种多样的，但从人的交往基本内容来看，可以把交往分为物质交往和精神交往。马克思认为，物质交往决定精神交往。“思想、观念、意识的生产最初是直接与人们的物质活动，与人们的物质交往，与现实生活的语言交织在一起的。人们的想象、思维、精神交往在这里还是人们物质行动的直接产物。表现在某一民族的政治、法律、道德、宗教、形而上学等

---

① 《德意志意识形态》(节选本)，第 33 页，北京：人民出版社，2018 年。

② 《德意志意识形态》(节选本)，第 25 页，北京：人民出版社，2018 年。

的语言中的精神生产也是这样。人们是自己的观念、思想等等的生产者，但这里所说的人们是现实的、从事活动的人们，他们受自己的生产力和与之相适应的交往的一定发展——直到交往的最遥远的形态——所制约。”①

2. 从交往的社会结构看，可分为经济的、政治的和文化的等等各个层次的交往，其中，经济交往居于最基础的位置。对这一思想，马克思主要是通过分析市民社会在整个社会结构中的决定性作用来论述的。什么是市民社会呢？马克思认为：“受到迄今为止一切历史阶段的生产力制约同时又反过来制约生产力的交往形式，就是市民社会。”②马克思主义就是“从直接生活的物质生产出发阐述现实的生产过程，把同这种生产方式相联系的、它所产生的交往形式即各个不同阶段上的市民社会理解为整个历史的基础，从市民社会作为国家的活动描述市民社会，同时从市民社会出发阐明意识的所有各种不同的理论产物和形式，如宗教、哲学、道德等等，而且追溯它们产生的过程。这样做当然就能够完整地描述事物了(因而也能够描述事物的这些不同方面之间的相互作用)”。③

3. 从交往的范围看，可分为地域交往和世界交往。人类社会发展的相当长时间里，受生产力发展特定阶段的限制，各个民族往往处于封闭的环境里发展，此时的人类交往基本上都是地域性的。资本主义大工业的兴起改变了这一状况。大工业创造了先进的交通工具和巨大的世界市场，作为大工业生产力再生产自身的后果和条件，交往逐步从地域交往拓展为世界交往。大工业“首次开创了世界历史，因为它使每个文明国家以及这些国家中的每一个人的需要的满足都依赖于整个世界，因为它消灭了各国以往自然形成的闭关自守的状态”。④

4. 从交往对主体的价值看，可分为物化交往和个性自主交往。马克思在批判资本主义制度下的交往活动时，提出了物化交往与个性自主交往两种相对立的交往形式。物化交往压抑和漠视人的主体地位，使人的存在由目的降格为手段。个性自主交往则是以承认个性为前提，交往活动服务于个性自主活动的实现。资本主义制度下的交往之所以会成为物化交往的典型，是与生产力发展阶段及其采取的生产方式紧密联系在一起的。“在以

① 《德意志意识形态》(节选本)，第 16—17 页，北京：人民出版社，2018 年。

② 《德意志意识形态》(节选本)，第 32 页，北京：人民出版社，2018 年。

③ 《德意志意识形态》(节选本)，第 37 页，北京：人民出版社，2018 年。

④ 《德意志意识形态》(节选本)，第 60 页，北京：人民出版社，2018 年。

前任何一个时期，生产力都没有采取过这种对于作为个人的个人的交往无关紧要的形式，因为他们的交往本身还是受限制的。”[①]通过批判资本主义制度下的物化交往，马克思提出未来的理想交往应当是个性自主交往。“共产主义和所有过去的运动不同的地方在于：它推翻一切旧的生产关系和交往关系的基础，并且第一次自觉地把一切自发形成的前提看作是前人的创造，消除这些前提的自发性，使这些前提受联合起来的个人支配。因此，共产主义实质上具有经济的性质，这就是为这种联合创造各种物质条件，把现存的条件变成联合的条件。”[②]

(三)交往的发展最终促成人的自由全面发展

从历史进步和社会理想讲，马克思主义的整个学说都是发现和顺应历史发展趋势，追求人类在生产和交往两个方面的解放，即自主劳动和自由交往。交往理论是同这个总的人类解放价值取向相一致的。它回答的具体问题是，为了实现人类解放的自由交往，我们应当如何处理个人发展和社会共同体之间的相互关系。马克思给出的解答是：“只有在共同体中，个人才能获得全面发展其才能的手段，也就是说，只有在共同体中才可能有个人自由。”[③]但是，并非任何共同体都具备这样积极的历史作用，因为共产主义社会到来前，以往的共同体都存在阻碍自由交往的一面，在这个意义上，它们都是“虚假的共同体”。为此，马克思区分了“虚假的共同体”与“真正的共同体”的对立。“从前各个人联合而成的虚假的共同体，总是相对于各个人而独立的；由于这种共同体是一个阶级反对另一个阶级的联合，因此对于被统治阶级来说，它不仅是完全虚幻的共同体，而且是新的桎梏。在真正的共同体的条件下，各个人在自己的联合中并通过这种联合获得了自己的自由。”[④]

由上可见，在《形态》中，主要以物质生产思想为基础的交往观得以确立。与生产劳动一样，交往是现实的个人的一种基本存在方式。现实的个人在他们的物质生活的生产再生产的同时，也是他们的交往活动展开过程。交往理论是马克思创立广义历史唯物主义，进而创立广义马克思主义

---

① 《德意志意识形态》(节选本)，第 75 页，北京：人民出版社，2018 年。

② 《德意志意识形态》(节选本)，第 68—69 页，北京：人民出版社，2018 年。

③ 《德意志意识形态》(节选本)，第 65 页，北京：人民出版社，2018 年。

④ 《德意志意识形态》(节选本)，第 65 页，北京：人民出版社，2018 年。

的显著标志，是把握人类历史演进和人自身发展富有价值的理论资源。

此后，马克思在《资本论》及其手稿中，通过资本这种现代交往方式的研究，更加具体地揭示了资本主义生产方式矛盾运动和历史发展趋势，一方面展现出资本这种交往方式使人的发展达到物化条件下的个人独立，另一方面指出将来必然实现以自主劳动和自由交往为主要内容的个性自由全面发展。到了晚年，马克思继续研究和整理《资本论》的同时，还倾注很大精力思考东方社会发展问题。为此，他写下了《马·柯瓦列夫斯基〈公社土地占有制〉一书摘要》《路易斯·亨·摩尔根〈古代社会〉一书摘要》《亨利·萨姆纳·梅恩〈古代法制史讲演录〉一书摘要》《约·布·菲尔〈印度和锡兰的雅利安人村社〉一书摘要》《给〈祖国纪事〉杂志编辑部的信》《给维·伊·查苏利奇的信》等笔记和书信。这些文献体现了马克思对资本主义社会以外的生产方式和交往形式的深入考察，为我们多角度把握马克思的交往思想提供了宝贵资料。

三、交往理论在认识社会发展动力中的方法论意义

与生产理论相互交织的交往理论有其形成、确立、发展的历史，考察这一过程，不仅是为了搞清楚这一理论的来龙去脉，更重要的是能够为观察和认识现代社会的各种交往活动、交往关系提供方法论资源。可以说，马克思交往理论具有丰富的方法论内容和多方面启示，这里，我们只就它在当代的一个凸显侧面，即理解现代社会发展的内因和外因关系做探讨。

如何认识和评估社会发展中内因与外因的各自地位，以及两者之间相互关系，虽然很早就有思想家触及了这个问题，但是，真正引起广泛注意，还是在现代社会到来之后。地理大发现、世界贸易、大工业带来了全球化。全球化作为现代人类社会发展不可逆转的大趋势，令每一个民族国家都必须面对如何认识和处理内部和外部之间关系的重大问题。

20 世纪 50 年代以来，美国为代表的西方发达国家学者从经济学、社会学、政治学等学科研究后发展国家的社会发展问题，由此形成了人们习惯上称之为的“经典现代化理论”。“经典现代化理论”是典型的内因说。它认为社会能否实现现代化关键在于一个国家的内部条件和结构。因为，一定的社会制度和文化样式决定着一个社会对环境的适应能力，所以，理解

西方为什么率先现代化，就应当明确它们的社会结构、价值取向以及自身传统所起的积极作用。反之，后发展国家之所以落后，原因大抵在于这些国家既有的制度和观念。这里，有必要肯定“经典现代化理论”看到了制度和观念在社会发展中具有重大作用，历史发展的经验也证明了制度和观念直接促进或制约着社会发展。不过，同时也不能忽视如下历史事实，“经典现代化理论”强调的制度和观念因素绝不是导致后发展国家落后的唯一原因，甚至不是最主要的原因。必须看到，外部因素不仅对理解后发展国家为什么落后，也对认识西方国家的领先具有重大影响。

与“经典现代化理论”持有的内因论对立，在拉美等后发展国家出现的依附论则认为，后发展国家的落后并非源于自身制度和观念的先天缺陷，西方国家的经济渗透与剥削才是病灶所在。依附论主张后发展国家摆脱不发达状态不能指望通过融入西方世界体系来实现，出路只有一条——与西方“中心”国家“脱钩”，走独立自主的发展道路。在方法论取向上，依附论是以外因论对抗“经典现代化理论”的内因论，其结果是用一种片面性认识反对另一种片面性认识。客观的世界历史进程告诉我们，发达国家与发展中国家之间的关系是十分复杂的，就总体而言，既有依附论所强调的剥削与被剥削的关系，同时，还有共生共存、互利合作和协调一致的关系。

马克思交往理论科学阐明生产方式运动的社会条件，能够更加完整地分析社会历史主体之间的相互作用、相互影响的关系，从而为辩证、具体地解释社会发展的动力系统及其运转过程提供合理路径。这里，我们仍然以社会发展的内外因之间的关系对此作展开说明。

第一，运用马克思交往理论能够更加完整地把握现代社会发展中内因和外因之间出现的新型关系。由于生产力发展水平的限制，前资本主义时代的各个国家、民族，由于缺乏稳定的、经常的交往联系，因而它们的发展多是在孤立的、封闭的地点上进行的。这个阶段，一个国家与其他国家之间的关系，是典型的内因与外因的关系，即内因起决定性作用，外因只是内因发生作用的条件而已。然而，当人类进入普遍交往的近现代社会以来，世界日益联结为一个整体，各个国家与世界的关系已经成为部分和整体的关系，“器官”和其所属的“有机体”的关系。这种状况要求我们，不能单纯地把一个国家所处的国际环境看作该国发展的外因。从整体和部分关系视角看，这个“外因”同时是决定自身整体属性的大系统，系统内部的各个要素和小系统受整体制约。既然任何国家都处于普遍交往的国家关系大系统之中，把握一个国家的内因就不能简单地、直接依据内部条件，需要同时把国际环境作为确定内因的参照。

第二，运用马克思交往理论能够说明一个国家内因形成的社会机制和完整社会内涵。在世界普遍交往条件下，每个国家的内因都是通过内部交往和外部交往获得的，而非纯而又纯的“土生土长”。正如人的本质在现实性上乃是“一切社会关系的总和”，作为必须参与世界交往的现代国家，它的本质也一定程度上表现为国际社会的“一切社会关系的总和”。如此定义一个国家的本质或者说它的内部条件，显然不是孤立地观察它的内部，而是联系它的世界交往。这里，我们以经济学中比较优势理论为例来具体阐述这一点。比较优势，是只有在世界经济交往中才存在的一种内在优势。因为，在存在国际贸易的情形下，一个国家的经济优势和利益体现在与他国的交往关系之中。一个国家之所以具备某种比较优势，其客观理由在于，它生产某些产品总是要相应地放弃另外一些产品的生产，于是，出现了机会成本；当某一个国家生产某种产品的机会成本在国际贸易中呈现出利益最大化之际，就可以确定它具备了生产该产品的比较优势。显然，脱离开世界经济交往的封闭国家，是无从探讨何为它的比较优势的。正是在世界交往中，我们才能够将一个国家的多重属性完整勾画出来，全面把握它发展的内因。

第三，马克思交往理论为理解现代社会发展的内因和外因，及其起作用的方式提供独特视野。进入近代以来，随着世界交往的拓展和深化，生产方式运动的社会条件走向世界化，这决定了社会发展的内因、外因越来越相对化。于是，内因和外因，往往呈现出相互纠缠、相互渗透、你中有我、我中有你的交织状态。纵观中国革命和建设的历程，尤其是中国特色社会主义的发展历程，这种“交织”状态在生产力发展、生产关系和经济体制变迁、思想文化建设、国家治理、外交等方面都得到充分印证。近些年来，“一带一路”倡议和人类命运共同体思想的提出和实践，更是将社会发展的内因和外因自觉地统合起来，在多领域的实践中取得巨大的成就。越来越多的现代社会发展经验证明，虽然社会发展最终取决于内因，但是，在世界交往如此深刻的当代世界，被外因“纠缠”的内因，当它实现自身的决定性作用之时，很多情况下是“绕经”外部因素实现的。基于此，我们无疑更方便认识到，构建双循环的新发展格局的一个重要合理性就在于，切中了变化中的社会发展内因和外因的交织状态。

第四，以马克思交往理论观之，既然任何生产方式的矛盾运动都离不开人与人之间广泛的、多领域内的相互作用，那么，完整的生产方式分析都应当具备交往方式向度。基于这个理解，马克思的交往观可以视为贯通马克思主义历史观、政治经济学批判和科学社会主义的基础理论。认识到交往理论作为广义的马克思主义之显著标志，对整个马克思主义思想体系各部分的理解将产生多重意义。比如，广义的马克思主义当中的广义历史唯物主义，将交往逻辑贯通于生产方式运动的整个过程，不仅有利于重新认识社会发展中的内外因之间的关系，还有利于达到辩证地认识社会发展中的整体和部分关系。与自然界中的相互作用、相互影响、相互转化的辩证联系的实现机制有所不同，人类社会的各种联系总要通过人与人之间的交往实现。即便是生产力，这种直接表现为人与自然之间的关系，也总是在一定生产方式中才可能存在，与人的交往方式密切相连。交往活动所造成的社会联系反映在整体与部分的关系上，就是人们从某个个体和某个部分出发，对整体的建构能力十分强大。在解释交往活动中出现的部分对整体的建构作用这个问题上，马克思以世界市场形成和作用为例，指出："各个相互影响的活动范围在这个发展进程中越是扩大，各民族的原始闭关自守由于日益完善的生产方式、交往以及因交往而自然形成的不同民族之间的分工消灭得越彻底，历史也就越成为世界历史。"此处，我们不难看出，只有通过交往逻辑才可能真正把握生产方式运动的整体性和现实性。

总之，运用马克思交往理论研究生产方式运动，从而也是研究人类社会历史发展，大大开拓了历史唯物主义乃至整个马克思主义体系的理论视野。以社会发展的内外因之间的关系理解为例，我们看到，它有助于在认识上有效克服"经典现代化理论"的内因论和"依附论"的外因论的外在对立，实现对现代社会发展动力系统更为全面和贴近实际的认识。

第十四章　世界交往与世界市场的双重批判

《形态》中的交往思想具有世界性逻辑。“各个相互影响的活动范围在这个发展进程中越是扩大，各民族的原始封闭状态由于日益完善的生产方式、交往以及交往而自然形成的不同民族之间的分工消灭得越是彻底，历史也就越是成为世界历史。”[①]世界交往思想，是广义马克思主义的组成部分，它不仅展开了“世界市场”的资本逻辑批判，而且针对世界市场的资产阶级理解——“世界历史”理论进行了意识形态批判。理解马克思世界交往思想对世界市场的双重批判逻辑，既有助于深入把握广义马克思主义的总体构成，又能够有针对性地澄清青年黑格尔派“世界历史”理论的意识形态属性。

一、对施蒂纳“教阶制”批判之再批判

在《形态》中，马克思以世界交往的视角研究世界市场的发生、发展规律，以批判青年黑格尔派的“世界历史”观念为契机。其中，对施蒂纳的“教阶制”批判进行再批判，构成了世界交往、世界市场、“世界历史”研究的直接的、最初的议题。在马克思看来，施蒂纳“教阶制”批判之所以荒谬，根源于施蒂纳错误地看待人类历史的世界交往及其形成的世界整体化趋势，把人类历史的整体化趋势想象为“唯一者”历程的独白。

施蒂纳系青年黑格尔派运动后期的重要人物，代表作是 1844 年 10 月出版的《唯一者及其所有物》。《唯一者及其所有物》追溯古希腊以来各种唯

① 《德意志意识形态》(节选本)，第 33 页，北京：人民出版社，2018 年。

心主义的表现形式，嘲笑唯心主义都是迷信精神力量的“中迷”者。在施蒂纳看来，近代人与基督教教会都承认精神具有至上的权力，基督教教会“教阶制”权力结构是近代普遍的统治方式，所以，他称近代为“教阶制”的历史。而所谓的“教阶制”批判，就是施蒂纳尝试的唯心主义批判。施蒂纳讨论历史的落脚点是解决青年黑格尔派内部的争论。他使用自己的“教阶制”批判观点，不仅批判鲍威尔自我意识哲学是迷信精神力量的“中迷”者，而且首次指出，费尔巴哈的哲学具有隐秘的唯心主义属性。施蒂纳认为，费尔巴哈所推崇的人尽管强调以感性自然为基础，但那个“人”仍然是一个超越历史、具有恒定性质的概念；当费尔巴哈要求现实的人成为“人”时，作为普遍概念的“人”将比“上帝”和“理性”实施更残暴的精神统治。他由此断定，曾经激烈反对基督教神学和重创黑格尔思辨哲学的费尔巴哈，并没有跳出“基督教魔法圈”。不过，施蒂纳批评费尔巴哈哲学含有唯心主义特性，反对费尔巴哈暗中赞同精神统治，并不是为发展唯物主义着想。施蒂纳的出发点是个人，是想象中已经摆脱物质和精神限制、唯我独尊的“唯一者”。实现“唯一者”战胜普遍性的“人”，才是施蒂纳批判费尔巴哈的理论归宿。

对比《唯一者及其所有物》与《形态》的批判运思，不难发现，施蒂纳和马克思分别从青年黑格尔派内部和外部触及同一个问题：在整体上，青年黑格尔派运动具有唯心主义性质。不过，施蒂纳的批判并不成功，因为他的“唯一者”毕竟只是同幻想做斗争的“堂吉诃德”，不可能最终跳出唯心主义的圈子。尽管如此，在反思青年黑格尔派唯心主义的探索中，施蒂纳的“教阶制”批判仍然具有不容忽视的影响。在青年黑格尔派和马克思之间，施蒂纳既为青年黑格尔派唯心主义逻辑发展画下句点，也在客观上为意识形态批判提供了起点：一方面，整个青年黑格尔派的唯心主义，在施蒂纳那里越“批”越“强”，“世界在越来越大的规模内被神圣化了”；另一方面，施蒂纳反唯心主义却更深陷入唯心主义的悖谬，提示着作为革命家的马克思思考“德国哲学和德国现实之间的联系问题”，追问青年黑格尔派“所做的批判和他们自身的物质环境之间的联系问题”。[①]可以说，正是施蒂纳“教阶制”批判直接引发马克思重新认识和评价费尔巴哈哲学，对青年黑格尔派唯心主义进行意识形态批判提供了“问题”的切入点。

---

① 《德意志意识形态》(节选本)，第10页，北京：人民出版社，2018年。

正是在此思想背景下，《唯一者及其所有物》成为广义马克思主义出生地——《形态》着墨最多的批判对象。《形态》以全书约十分之七的篇幅，以戏仿对象运思和行文的形式，系统和辛辣地批判了《唯一者及其所有物》。经此，《形态》一方面完成论证广义马克思主义理论体系；另一方面，批判青年黑格尔派的唯心主义意识形态性质。施蒂纳作为青年黑格尔派最后出场者，其“唯一者”理论带有派别的综合性，被马克思直接转化为意识形态批判对象。

二、世界市场双重批判的文本语境构成及特征

《形态》基于马克思主义新世界观对现实生活与意识关系的全新理解，通过超越施蒂纳“教阶制”批判理论，实现了对青年黑格尔派的唯心主义做出彻底的唯物主义批判。这同时指向马克思展开世界市场双重批判的文本语境：既批判世界市场自身，又批判关于世界市场的资产阶级意识形态反映。

在《形态》中，马克思明确地指出他们的新世界观与唯心主义之间的根本对立。“在思辨终止的地方，在现实生活面前，正是描述人们实践活动和实际发展过程的真正的实证科学开始的地方。关于意识的空话将终止，它们一定会被真正的知识所代替。对现实的描述会使独立的哲学失去生存环境，能够取而代之的充其量不过是从对人类历史发展的考察中抽象出来的最一般的结果的概括。这些抽象本身离开了现实的历史就没有任何价值。”[①]两种世界观的对立实质在于，关于现实生活与意识关系的不同理解，形成了“真正的实证科学”与意识形态之间的分水岭。“真正的实证科学”，即马克思主义新的科学世界观，认为现实生活决定意识，“意识……在任何时候都只能是被意识到了的存在……，而人们的存在就是他们的现实生活过程”。[②] 意识形态是指唯心主义的认识路径，它以“倒立”的方式反映意识与人的实际存在的关系。施蒂纳与意识形态关系具有二重性：当施蒂纳对唯心主义主张观念统治人表示出强烈不满时，他接近唯物主义立场；当施蒂纳“轻信”观念确实统治过人时，他必然陷入唯心主义泥淖。这种二重

① 《德意志意识形态》(节选本)，第18页，北京：人民出版社，2018年。

② 《德意志意识形态》(节选本)，第17页，北京：人民出版社，2018年。

性关系表明，施蒂纳的“教阶制”批判，并不能纠正青年黑格尔派对现实生活与意识关系的颠倒反映，毋宁说，它本身正好是意识形态最极端的一种表现形式。

对于认识《形态》语境而言，循着这种对立，我们看到，《形态》的基本结构乃是意识形态批判和马克思主义两条理论线索的铺展。马克思既批判经由施蒂纳“教阶制”批判中介而来的意识形态观念，又阐发马克思主义新世界观。用他自己的话说，就是“举出几个我们用来同意识形态相对立的抽象，并用历史的例子来加以说明”。[①]

那么，马克思批判了哪些意识形态观念，与意识形态“相对立”的科学世界观又有哪些内容呢?

《形态》涉及意识形态观念有很多，但马克思并不是被动地跟着论敌，总体看，他非常重视批判有逻辑关联的三个意识形态观念：“人”、“异化”和“人”的复归。对于《形态》所确立的双重任务而言，批判这三个意识形态观念，一方面可以直抵意识形态的理论核心，另一方面可以借机阐述马克思主义的正面主张。

第一，在批判“人”的观念过程中提出现实的个人理论。意识形态家们的“人”，最后演变为以“唯一者”为最后“范本”，是“处在某种虚幻的离群索居和固定不变状态中的人”。马克思主义主张从现实的个人出发。现实的个人之所以是现实的，因为“这些个人是从事活动的，进行物质生产的，因而是在一定的物质的、不受他们任意支配的界限、前提和条件下活动着的”。[②] 现实的个人与整个现实生活的内在联系在于，“以一定的方式进行生产活动的一定的个人，发生一定的社会关系和政治关系。经验的观察在任何情况下都应当根据经验来揭示社会结构和政治结构同生产的联系，而不应当带有任何神秘和思辨的色彩。社会结构和国家总是从一定的个人的生活过程中产生的”。[③] 一个从现实的人出发，一个从“人”出发，对历史进程也做出了截然不同的解释。马克思主义认为，历史主体没有恒定的性质，而是在历史中生成的，“历史不外是各个世代的依次更替”。[④] 与此相反，意识形态把超历史的、先验的“人”或者“自我意识”“绝对精神”“唯一

---

① 《德意志意识形态》(节选本)，第 18 页，北京：人民出版社，2018 年。

② 《德意志意识形态》(节选本)，第 16 页，北京：人民出版社，2018 年。

③ 《德意志意识形态》(节选本)，第 16 页，北京：人民出版社，2018 年。

④ 《德意志意识形态》(节选本)，第 33 页，北京：人民出版社，2018 年。

者"等等视为历史的主体，认为"人"这样的历史主体是一切已知和未知历史的不变的主角。现实的个人与"人"这种历史主体的差异，确定了马克思主义与意识形态在逻辑起点上的对立。

第二，在批判"异化"观念过程中论述分工理论。"异化"是指"人"的创造物反过来统治人自身，又特别表现为普遍观念对"唯一者"的奴役。马克思从现实的个人出发，立足物质生活的生产过程，分析"异化"观念颠倒地反映了分工与精神统治的关系。在意识形态认为是问题根源的地方，马克思却把它视为问题的表层效应。针对"异化"观念在思想内部打转，马克思鲜明地指出，所有的思想统治只是适应物质关系要求产生的。"支配着物质生产资料的阶级，同时也支配着精神生产资料……占统治地位的思想不过是占统治地位的物质关系在观念上的表现。"[①]破除思想上的阶级统治，应当在物质生活生产领域找出路。消灭这种现象赖以存在的社会历史条件，即消灭分工和阶级，就不会再有什么"异化"问题。可以说，分工理论与"异化"观念，是形成马克思主义与意识形态对立的两个思想重心。

第三，在批判"人"的复归观念过程中阐发共产主义理论。意识形态对"人"和"异化"的理解，决定它对"人"的解放的谋划。施蒂纳认为，"人"的解放是"唯一者"克服"异化"向自身的复归，是"唯一者"最终占有了整个物质和精神的世界。马克思主义反对意识形态为人类设计的终极理想，认为追求人类解放的共产主义应当是一个无止境的革命过程，任何思想不应该在共产主义实践之外限定革命目标。所以，真正的人类解放绝不是某种"人"的观念的最终实现，"共产主义对我们来说不是应当确立的状况，不是现实应当与之相适应的理想。我们所称为共产主义的是那种消灭现存状况的现实的运动"。[②] 共产主义理论和"人"的复归观念，显示马克思主义与意识形态在逻辑终点上的对立。

此外，马克思写作的语言风格也构成《形态》一书语境的一个侧面和特征。《形态》开篇，马克思就使用反讽的方式叙述整个青年黑格尔派运动，为《形态》全书的语言风格定下基调。"正如德意志思想家们所宣告的，德国在最近几年里经历了一次空前的变革。从施特劳斯开始的黑格尔体系的解体过程发展为一种席卷一切'过去的力量'的世界性骚动。在普遍的混乱

① 《德意志意识形态》(节选本)，第 44 页，北京：人民出版社，2018 年。

② 《德意志意识形态》(节选本)，第 31 页，北京：人民出版社，2018 年。

中，一些强大的王国产生了，又匆匆消逝了，瞬息之间出现了许多英雄，但是马上又因为出现了更勇敢更强悍的对手而销声匿迹。这是一次革命，法国革命同它相比只不过是儿戏；这是一次世界斗争，狄亚多希的斗争在它面前简直微不足道。”[①]马克思先戏仿青年黑格尔派语言风格，赞叹他们取得的丰功伟绩，然后，揭穿了这不过是青年黑格尔派“在纯粹的思想领域中”[②]的吹嘘和想象。《形态》语言风格的选择，适应所表达内容的要求，因为使用反讽更利于突出意识形态的虚妄及其与马克思主义的尖锐对立。鉴于《形态》大量使用反讽语言，准确理解马克思的论述本意，就必须注意作为反语使用的概念的真实含义。

总的说来，《形态》规定的文本语境构成有两个主要侧面和特征：在思想内容上，立足马克思主义新世界观批判意识形态；在语言风格上，以反讽为特色，表述马克思主义与意识形态的对立。分析《形态》的“世界历史”概念，不能脱离这个语境。

三、作为世界市场颠倒反映的唯心主义“世界历史”理论

《形态》批判独白主体的历史哲学观，集中探讨了作为世界市场颠倒反映的“世界历史”理论。“世界历史”作为一个意识形态范畴，虽然颠倒地反映现实，但有它自身的理论谱系。“世界历史”的历史哲学叙事，在黑格尔那里达到了思辨哲学的顶点。不过，因政治斗争的需要，首先进入《形态》意识形态批判视野的“世界历史”理论，是黑格尔哲学“孵化”的一种青年黑格尔派观念。

青年黑格尔派的“世界历史”观念，在施蒂纳那里获得最充分的表达。这种表达是以批判此前的“世界历史”观点展开的。费尔巴哈的“世界历史”观念，是施蒂纳“教阶制”批判的关键“靶子”。费尔巴哈思考基督教本质所得到的结论是：“人的本质是人的最高本质；最高本质尽管被宗教称为神并当作客观的本质来对待，但在实际上，它却是人自己的本质，因而世界历史的转折点在于而今之后对人来说不再是神作为神，而应是人作为

---

① 《德意志意识形态》(节选本)，第6页，北京：人民出版社，2018年。

② 《德意志意识形态》(节选本)，第7页，北京：人民出版社，2018年。

神。”[①]费尔巴哈眼中的世界历史无非是人的异化和复归的历史，人是世界历史的主体。在施蒂纳看来，费尔巴哈的世界历史观念，并没有超出他所批判的对象。从普遍性与个性、精神与感性的关系上看，费尔巴哈的“人”与基督教的神、思辨哲学的理性一样，都是压抑个性与感性的普遍性精神。施蒂纳针对费尔巴哈的观点提出自己的看法：“最高本质无疑是人的本质，但恰恰是因为最高本质是他的本质而不是他自己”，“我既非神亦非人，既非最高本质亦非我的本质。”[②]施蒂纳的新立场在于，否定普遍性精神的统治，确立个性的“唯一者”在世界历史中的主体地位。

作为“世界历史”真正主体的“唯一者”，是一个超越时空的、独白的历史主体。就其具体形象而论，它既是人生发展的成熟阶段，也是历史发展的最后形式。施蒂纳认为，人生在儿童时期从属于事物，在青年时期从属于精神，人还没有认识自我。只有在成人阶段，由于人第一次把自己的利益摆在世界的中心位置，才走出自我认识的迷宫。这个能够把整个“事物世界”与“精神世界”都据为己有的自我，就是“唯一者。”施蒂纳以人生发展阶段比附历史进程，认为历史上的古代相当于人生中的儿童，沉湎和服从于事物，近代相当于青年，迷恋和受制于精神，而将来的历史则是“唯一者”主宰整个世界的历史。“世界历史”就是“唯一者”自我发现的历史，“唯一者”是全部历史的必然的主角。

施蒂纳以“唯一者”重新书写的“世界历史”，与费尔巴哈的“世界历史”一样，都不是如实反映经验事实的历史，不是世界交往中形成的世界市场，而是关于“人”的历史想象。这种想象，都有“类”或者“唯一者”等超验的、独白的历史主体作为永恒最高“主宰”。批判“世界历史”意识形态观念，无疑有利于认清“人”的“异化”和“人”的复归观念的意识形态性质。同时，马克思还进一步深刻意识到，“世界历史”观念与意识形态家们共同的社会存在前提——世界交往所带来的人类社会整体化趋势交织在一起。

在《形态》中，与“世界历史”批判一道展开，马克思还从世界交往及其历史形式——世界市场视角探讨现代社会整体化趋势的机制和意义，从而将“世界历史”批判引向了现代社会自我理解的客观基础。

首先，马克思借批判施蒂纳关于“世界历史”形成的观点来分析世界市

① 《费尔巴哈哲学著作集》下卷，第 315 页，北京：生活·读书·新知三联书店，1962 年。

② [德]施蒂纳：《唯一者及其所有物》，第 34—35 页，北京：商务印书馆，1989 年。

场的确立。

施蒂纳认为："世界历史的形成原来完全属于高加索部落，看来至今它已经历了两个高加索时期：在第一个时期，我们务须解决、除掉我们天生的黑人性质，而后在第二个时期出现的是蒙古人性质(中国风格)，对此，最终也要不无恐惧地了结它。"[①]高加索人即白种人，他们秉承"唯一者"的本性，通过思想革命战胜黑人和黄种人，最终把分散的、支离破碎的历史联系成为一个整体，赋予整个人类历史以意义和目的。过去，白种人已经凭借精神力量战胜了黑人性质，摆脱对"事物世界"的从属；现在，白种人的任务是如何战胜统治"世界历史"的精神世界，摒弃精神信仰，成为君临"事物世界"和"精神世界"的所有者、纯粹的"唯一者"。在施蒂纳那里，认为精神力量促成以总体性为本质特征的"世界历史"的形成，而马克思认为，"世界历史"的形成，只是颠倒地反映着生产和交往所造成的世界市场。马克思结合"世界历史"批判，机智幽默地使用"反话正说"，从三个层次分析世界市场产生的客观过程。其一，生产的发展是世界市场产生的历史基础。"历史不外是各个世代的依次更替。每一代都利用以前各代遗留下来的材料、资金和生产力……从事所继承的活动，另一方面又通过完全改变了的活动来改变旧的环境。"[②]这种生产发展到一定历史阶段才可能出现世界市场。其二，随着生产活动范围的扩大，"各民族的原始封闭状态由于日益完善的生产方式、交往以及因交往而自然形成的不同民族之间的分工消灭得越是彻底，历史也就越是成为世界历史"。[③]就是说，基于生产和交往形成的世界分工及世界市场，是被唯心主义的"世界历史"理论颠倒反映的现实生活中的人类社会整体化趋势。在世界市场条件下，整体的人类历史已经渗透到人们的日常生活，比如，英国生产力进步会夺走印度和中国劳动者的饭碗。其三，揭露意识形态关于"世界历史"形成的观念不过是倒立成像的世界市场产生过程。"历史向世界历史的转变，不是'自我意识'、世界精神或者某个形而上学幽灵的某种纯粹抽象的行动，而是完全物质的、可以通过经验证明的行动，每一个过着实际生活的，需要吃、喝、穿的个人都可以证明这种行动。"[④]

---

① [德]施蒂纳：《唯一者及其所有物》，第71页，北京：商务印书馆，1989年。

② 《德意志意识形态》(节选本)，第33页，北京：人民出版社，2018年。

③ 《德意志意识形态》(节选本)，第33页，北京：人民出版社，2018年。

④ 《德意志意识形态》(节选本)，第34页，北京：人民出版社，2018年。

其次，揭示世界市场产生、发展和解体的历史逻辑，批判"世界历史"意识形态观念把世界市场力量神秘化。

"单个人随着自己的活动扩大为世界历史性的活动，越来越受到对他们来说是异己的力量的支配(他们把这种压迫想象为所谓世界精神等等的圈套)，受到日益扩大的、归根结底表现为世界市场的力量的支配，这种情况在迄今为止的历史中当然也是经验事实。"[①]世界市场来自人们的生产、交往活动，可是，反个性的事实使它笼罩上神秘感。施蒂纳不能客观地了解世界市场的历史效应，只是从"世界历史"的神秘性感叹个性的衰微。"世界历史极其残酷地与我们打交道，而精神则获得了一种全能的力量……人要承认这一切和无数其他事物的独立性；对于他来说，这些东西是不可攫取和不可接近的，应从他那里褫夺过来的。"如果"世界历史""没给予我们什么，我们就不敢想要什么"。[②]

马克思认为，科学地认识个体与世界市场的历史关系，才能破除个体与人类社会整体化的对立，从而祛除神秘的"世界历史"。那么，应该怎样看待个体交往与世界市场的关系呢？首先，世界市场并非只是个体交往的神秘对立物，因为世界市场条件下，"单个人才能摆脱种种民族局限和地域局限而同整个世界生产(也同精神的生产)发生实际联系，才能获得利用全球的这种全面的生产(人们的创造)的能力"。[③] 其次，通过共产主义革命"扬弃"世界市场为个性自由交往和发展提供条件。"各个人的全面的依存关系、他们的这种自然形成的世界历史性的活动的最初形式，由于这种共产主义革命而转化为对下述力量的控制和自觉的驾驭。"[④]再次，当共产主义革命消灭私有制，世界市场的统治将退出历史舞台。那时，世界市场，从而颠倒反映它的"世界历史"必然消失，"这种对德国理论家们来说是如此神秘的力量也将被消灭"。[⑤]

再次，意识形态家论说的"人"之"异化"，是世界市场矛盾运动孕育的无产阶级革命的意识形态幻象。

与"世界历史"神秘统治着人类社会的观点一脉相承，施蒂纳的"教阶

---

① 《德意志意识形态》(节选本)，第 34 页，北京：人民出版社，2018 年。

② [德]施蒂纳：《唯一者及其所有物》，第 104 页，北京：商务印书馆，1989 年。

③ 《德意志意识形态》(节选本)，第 34 页，北京：人民出版社，2018 年。

④ 《德意志意识形态》(节选本)，第 34—35 页，北京：人民出版社，2018 年。

⑤ 《德意志意识形态》(节选本)，第 34 页，北京：人民出版社，2018 年。

制”批判警惕各种普遍性观念对历史主体的奴役。他认为，任何普遍性观念都是虚幻的，都将阻碍“人”认识自己；委身程度越高的普遍性观念，“人”遭受的“异化”就越严重。从希腊人开始，经犹太人、基督教徒、新教徒，到思辨哲学家，白种人被一步步引向普遍的精神天国，“异化”已经登峰造极。而摆脱这种“异化”的途径，就是否定所有的普遍性观念。

如何认识青年黑格尔派提出的普遍性观念与“人”的“异化”之间的联系？马克思首先是改变问题的提法：不是虚幻的普遍性观念统治历史主体，而是现实生活中的普遍性力量压迫现实的人。马克思认为，正是世界市场完成了对现实的人的彻底剥夺。如果说，地域性的分工还留下过个性自由发展的幻想，那么，世界市场构筑的全球分工则取消了一切个性的东西。“在以前任何一个时期，生产力都没有采取过这种对于作为个人的个人的交往无关紧要的形式，因为他们的交往本身还是受限制的。”[①]而无产者的处境要更糟，因为“他们自身的生活条件，即劳动，以及当代社会的全部生存条件都已变成一种偶然的东西，单个无产者是无法加以控制的，而且也没有任何社会组织能够使他们加以控制。单个无产者的个性和强加于他的生活条件即劳动之间的矛盾，对无产者本身是显而易见的，特别是因为他从早年起就成了牺牲品，因为他在本阶级的范围内没有机会获得使他转为另一个阶级的各种条件。”[②]

与施蒂纳简单地否定普遍性不同，马克思认为，通过世界交往而形成的世界市场，这种普遍性力量不只是压迫人，同时还具有造就自己掘墓人——无产阶级，催生无产阶级共同革命的历史作用。在分析世界市场与现代无产阶级关系时，马克思“反话正说”，指出：“这种‘异化’（用哲学家易懂的话来说）当然只有在具备了两个实际前提之后才会消灭。要使这种异化成为一种‘不堪忍受的’力量，即成为革命所要反对的力量，就必须让它把人类的大多数变成完全‘没有财产的’人，同时这些人又同现存的有钱有教养的世界相对立。”[③]极端的对立引发彻底的革命。无产阶级革命必然是“各民族‘一下子’同时发生的行动”。因为，“许许多多人仅仅依靠自己劳动为生——大量的劳力与资本隔绝或甚至连有限地满足自己的需要的可

---

① 《德意志意识形态》（节选本），第 75 页，北京：人民出版社，2018 年。

② 《德意志意识形态》（节选本），第 66—67 页，北京：人民出版社，2018 年。

③ 《德意志意识形态》（节选本），第 31 页，北京：人民出版社，2018 年。

能性都被剥夺——，从而由于竞争，他们不再是暂时失去作为有保障的生活来源的工作，他们陷于绝境，这种状况是以世界市场的存在为前提的。因此，无产阶级只有在世界历史意义上才能存在，就像共产主义——它的事业——只有作为'世界历史性的'存在才可能实现一样"。[①]

最后，怀有历史终结"情结"的"世界历史"观念看不到后世界市场时代将展开异常丰富的个性自由生活。

与"人"的复归观念相呼应，"世界历史"向往人类历史的终极状态，怀着浓厚的历史终结"情结"。从西方思想史看，施蒂纳这种"世界历史"思维方式带有基督教神学历史观的痕迹。基督教把"末日审判"的到来，视为罪恶世界的结束和人获得拯救的开始。施蒂纳的"世界历史"其实也承认有这样一个特殊时刻，当"唯一者"真正成为"世界历史"主体时，"异化"将被彻底消除，从而进入"唯一者"主宰的永恒不变的历史。"如果把基督教的观点变成'我，这个唯一者是人'这样的命题的话，那么'人'这一理想就实现了。"批驳这种形而上学的历史终结论，一个有力的论据是，"扬弃"了世界市场的个性生活并没有走向终结，而是第一次获得多样性发展的最坚实的历史奠基。马克思指出，在后世界市场时代的共产主义社会里，"随着联合起来的个人对全部生产力的占有，私有制也就终结了。在迄今为止的历史上，一种特殊的条件总是表现为偶然的，而现在，各个人本身的独自活动，即每一个人本身特殊的个人职业，才是偶然的"。[②]

综上可见，马克思以批判"世界历史"为契机，阐发世界市场的产生、运行、终结及其对人的发展的意义，初步创立了世界市场理论。自此，一种根本不同于意识形态思考方式的，研究现代社会发展趋势的科学理论诞生了。尔后，在《〈政治经济学批判〉导言》中，马克思按照从抽象上升到具体的逻辑，又进一步明确地指出，世界市场是统治现代世界的资本主义生产方式的最丰富具体。至此，马克思从世界交往视角，在社会存在和社会意识两个层面完成了对世界市场的双重批判。

① 《德意志意识形态》(节选本)，第32页，北京：人民出版社，2018年。

② 《德意志意识形态》(节选本)，第77页，北京：人民出版社，2018年。

四、世界市场双重批判的理论意义

从《形态》批判世界市场的双重维度，我们已经得到一个重要认识：马克思那里不存在一个意识形态属性的“世界历史”理论，或者用晚年马克思观点讲，他不赞成以超历史方式构筑“历史哲学”。接下来，我们就马克思“世界历史”理论说提出进一步质疑和反思。

其一，马克思“世界历史”理论说研究覆盖面大，讨论的问题几乎涉及马克思所有重要的思想发展阶段，但是，由于这种研究缺少真正的新发现，“摊子”铺得再大也不过是叠床架屋工程。主张马克思有“世界历史”理论的人，不仅认为《形态》含有马克思“世界历史”思想，还从《资本论》及其手稿，以及马克思晚年关于东方社会发展道路思考中寻找证据，进而提出，创立和发展“世界历史”理论是贯穿马克思一生的理论追求。于是，像世界市场理论、东方社会发展道路理论等重要思想都成为“马克思‘世界历史’理论”的“战利品”。怎样评价《形态》以外的马克思“世界历史”理论研究呢？表面上看，马克思“世界历史”理论研究重新整合了马克思不同时期关于人类社会的整体思考，开拓出马克思主义研究新领域。实际上，既然马克思没有给“世界历史”正面含义，那么，欲使马克思“世界历史”理论内容丰富，恐怕只好走简单重复生产的路。于是，我们看到，所谓的马克思“世界历史”理论，并没有在马克思所研究的资本主义生产方式层面上有真正创新，只是重新排列马克思主义研究的已有成果，给已有的马克思理论加上个多余的标签。从后果看，它勾画的马克思“世界历史”思想发展轨迹，是以模糊马克思提出的资本主义生产方式最丰富的具体——世界市场理论为代价的，它的存在，只会干扰我们如实地呈现马克思的真知灼见。

其二，挖掘马克思研究世界历史的理论和方法，确实不应该绕过马克思批判地继承黑格尔哲学这个重要环节。但是，马克思完成思想史上这一飞跃，不是在《形态》，而是在《黑格尔法哲学批判》；不是通过批判黑格尔的历史哲学，而是通过批判他的社会哲学。

简单了解黑格尔处理历史哲学和社会哲学之间关系的方式，对于分析马克思如何批判地继承黑格尔思想，以及变革世界历史研究范式带来的影响，是很有意义的。从黑格尔思想的整体脉络观之，会遇到黑格尔哲学中一个值得玩味的表达次序，历史哲学思想的提出，并不是在《历史哲学》，而是在《法哲学原理》。按现今的知识划分，法哲学以及政治哲学皆属于广义的社会哲学。那么，这里就存在一个值得思考的问题：为什么黑格尔的社会哲学处于历史哲学的上位呢？比较《法哲学原理》与《历史哲学》，可以看到两者研究对象有着内在关联。前者分析单个国家所具有的精神整体性，认为理性国家作为客观精神把家庭和市民社会统一于自身。后者引入历史的考察，分析理性国家的实现是精神渐次成熟的漫长发展结果。从这里应该不难明白，为什么黑格尔把世界历史思想作为社会哲学思考的历史延续和补充证明。在《法哲学原理》，出于完整地说明理性国家的考虑，黑格尔首次阐述了后来《历史哲学》中细致论述的世界历史理论。深谙黑格尔哲学精髓的马克思，在新历史观探索之初，便集中精力深入研究、批判黑格尔的《法哲学原理》。正是对黑格尔社会哲学思想的批判性借鉴，为马克思观察全部人类历史找到一把钥匙。马克思在《黑格尔法哲学批判》中指出，黑格尔的最严重颠倒在于，把国家视为决定市民社会的力量。“实际上，家庭和市民社会是国家的前提，它们才是真正的活动者；而思辨的思维却把这一切头足倒置。”这个发现，促使马克思走上毕生研究资本主义生产关系的道路，包括历史研究在内的广泛课题，无不是马克思资本主义生产关系研究的进一步拓展和应用。遗憾的是，持马克思“世界历史”理论说者，他们只是简单地依黑格尔历史哲学的“葫芦”画马克思观点的“瓢”，套用马克思与黑格尔关系的常识性见解揣度《形态》关于“世界历史”的论述，而马克思与黑格尔之间真实的历史关系，反倒成了他们认识的盲区。

其三，至于说世界市场理论之于世界历史研究的重大意义，我认为，从以上的讨论能够得出主要之点在于，世界市场理论为开辟出两个思考世界历史的新方向：一是批判关于各种关于世界历史认识的种种意识形态成分；一是按照事物的真实面目及其产生情况来理解事物的实践唯物主义要求，客观地、历史地理解世界历史。所以，马克思在世界历史研究上的主要贡献应当是：超越关于世界历史认识的各种意识形态理论旧范式，创立以“世界历史”意识形态批判为己任，不断追求如实地呈现真实历史生活的新范式。以往的一些研究，由于不清楚马克思研究世界历史的独特方式，马克思有关世界历史的论述往往横遭曲解。这里，持马克思“世界历史理论”说者最明显的错误在于，颠倒了马克思的世界历史研究与世界市场研究的关系。他们坚持认为，世界市场理论是马克思研究世界历史的一个构成环节和阶段，但是，实际的情形却恰好相反。对于现代社会与非现代社会的研究，马克思的思考不是平均用力，而是着重分析现代社会，以现代社会的生产关系透视全部历史。马克思的这种“从后思索”法说明，完整再现现代社会的世界市场理论不可能是历史研究的附属环节，世界市场理论反倒应该是世界历史研究的逻辑前提。

《形态》从大工业引发的世界交往出发，揭示了世界市场的发生、发展规律，界分了它与“世界历史”意识形态的关系，在物质生产和精神生产两个层面实现了对世界市场的双重批判。意识形态家们所使用的“世界历史”概念颠倒地反映现代社会整体化趋势，是马克思批判的意识形态话语；与之相对，马克思的世界市场理论客观描述现代社会发展的内在规律和历史趋势。脱离《形态》的文本语境，直接将意识形态家“世界历史”话语强加给马克思本人，提出所谓的马克思“世界历史”理论，因存在概念的误用，所以是不成立的。

第十五章　广义马克思主义社会批判理论的交往逻辑

在后形而上学语境下，马克思主义社会批判理论应当突破以往的主体性哲学范式解释，一个有价值的研究取向是：以交往逻辑为轴心，重新挖掘马克思主义社会批判的思想资源，努力建构适应现时代需要的社会批判理论新形态。

对于马克思主义社会批判理论来讲，交往关系层面的批判并非从外部输入，而是本来就具有的。遗憾的是，此一维度长期遭到忽视。我们注意到，日本哲学家广松涉在研究《形态》时已经发现，以主体间性为主导线索的物象化理论就是一种交往批判理论。它超越了此前从属于主体哲学范式的马克思异化理论。本文在吸收广松涉的合理判断的前提下，进一步分析《形态》蕴含的社会批判理论的交往逻辑，揭示拜物教以物象化、人象化、历史象化、意识象化等多种形式统治资本主义社会的精神生产过程，并解释隐藏其中的客观机制。

一、交往关系批判的物象化课题

广松涉区分了马克思思想发展中性质迥异的两个发展阶段：异化论与物象化论。他认为历史唯物主义的创立，就是从近代主体哲学范式的异化论跃迁到现代哲学关系本体论的物象化论，换言之，物象化论是唯物史观的真正形态。

在异化论阶段，马克思关于主体的理解处于费尔巴哈水准，把作为主体的人的本质规定为“类”，“一种内在的、无声的、把许多个人自然地联系起来的普遍性”，即“单个人所固有的抽象物”。[①] 在这种主体观之下，社会历史被塞进人性失而复得历程的叙事里。在马克思异化论论证中，“将人从异化复归以及在那种状态的存在与本质的自然、自为的吻合的希望，在1843年的《黑格尔法哲学批判》中托付给了一种独特的‘民主制’国家，在《犹太人问题》中托付给‘人的解放’，而在《1844年经济学哲学手稿》中则托付给了‘共产主义社会’”。[②] 进入物象化论阶段，马克思“不是立足于主体的东西直截了当地转成物的客体存在这样的‘主体—客体’图式的想法（如果是那样的话，物象化终究是‘异化的一种形态’），如果用我们的话来说，那是在定位于‘关系的基始性’这样的存在理解的同时，立足于面向他们（fürés）和面向我们（füruns）这一构图的规定形态”。更具体地说，“马克思的所谓物象化，是对人与人的主体际关系被错误地理解为‘物的性质’（例如货币具有的购买力这样的‘性质’），以及人与人之间的主体际社会关系被错误地理解为‘物与物之间的关系’这类现象等等的称呼”。[③]

广松涉运用物象化理论来解释唯物史观，较之以往第二国际的实证主义和卢卡奇为代表西方马克思主义的人本主义两种解读方式，其显著的当代理论价值在于，首次阐发了唯物史观的主体间性逻辑，为超越近代主体哲学指出了一条可能之路。

第一，证明关系性存在优先于实体性存在。人与自然、人与人的关系不是实体间相互作用的结果，相反，处于始源性地位的关系性存在才是实体的定义者，将实体把握为关系网络中的具有功能的关系项；离开关系性存在，就无法获得人与自然、人与人相互关系的真实内容。在关系性存在视域下，近代哲学所肯定的主客二分的理论前提被超越了。

第二，把物象化理论视为马克思对关系性本体论的独特表达，它以人与人的主体间性为始源性关系，揭示人与人关系作为物与物关系存在的现实机制。在资本主义社会，资本关系是笼盖一切的“普照的光”，我们要通过资本关系这一物象化事实的分析接近世界的真相。

第三，共产主义被解读为筹划主体间性共生共在的实现方式。摒弃独白理性，走向对话理性，进而形成对话式同一性的社会生活，是广松涉物

---

① 《马克思恩格斯选集》第1卷，第135页，北京：人民出版社，2012年。

② ［日］广松涉：《物象化构图》，第24—25页，南京：南京大学出版社，2002年。

③ ［日］广松涉：《物象化构图》，第70页，南京：南京大学出版社，2002年。

象化批判的内在要求。近年来，日本哲学家柄谷行人提出“如何重建共产主义之形而上学的问题”，倡导并实施了抵抗资本统治的“新联合主义”变革方案。虽然“新联合主义”不能改变当今世界中资本强势地位，但它显示着共产主义始终关心人类追求超越资本主义视界的自由平等理想。在共同肯定和彰显历史唯物主义具有主体间性逻辑的意义上，柄谷行人的理论思考及其实践其实也是广松涉物象化理论的一种延续。

广松涉物象化论开启了历史唯物主义的主体间性视野，理论贡献很大。但我同时认为，当广松涉拿物象化理论指称整个唯物史观时，其理论逻辑是不完整的。物象化所揭示的社会关系结构只能表达唯物史观主体间性逻辑的一个层次，尽管是非常重要的层次。在物象化理论向前的延长线上，有一个更为基础性的、始源性的关系结构，即现实的个人在市民社会中生产，它是现实的个人一种“在之中”的生存论结构。《形态》一方面认为“市民社会是全部历史的真正发源地和舞台”，[①] 另一方面又强调“受到迄今为止一切历史阶段的生产力制约同时又反过来制约生产力的交往形式，就是市民社会”。[②] 这表明，市民社会虽然能够充当现实世界的被给予方式，但是，它同时又是辩证发展的，是始源性的人与人共同活动的历史构成物。与《形态》现象学还原得到的主体间性逻辑相比，广松涉所认识到的主体间性逻辑，更多的是指静态意义上的社会关系总体，个人淹没于总体的社会关系中。这样，他就既没有触及现实的个人这个全部历史唯物主义的理论起点，也没有以辩证法观念去看待主体间性逻辑始终处于自我否定、自我发展、自我实现的过程中。

从现实的个人概念的始源性规定出发，广松涉的物象化理论最多只表达出生产关系层面的主体间性关系的“颠倒”，但仍显不够深入和准确。我认为，物象化逻辑的恰当含义应当是，在生产关系层面分析现实的个人在市民社会中生产。现实的个人的生产，既形成了共同活动的生产力，也带来了生产力的客观结果：财富。而物象化批判，则是分析资本主义生产关系这一交往形式下生产力和财富采取了分工和私有制的存在形态，阐明现实的个人按照自身逻辑发展，必然反抗资本主义的生产力和财富形式——因为它们阻碍现实的个人自我实现。由此可见，在现实的个人辩证法的现

① 《德意志意识形态》(节选本)，第 33 页，北京：人民出版社，2018 年。

② 《德意志意识形态》(节选本)，第 32 页，北京：人民出版社，2018 年。

实逻辑中，共产主义革命内在于资本主义生产关系与生产力之间的矛盾运动，只有从这里我们才能发现物象化产生和消亡的必然规律。

相比较广松涉物象化理论所论及的关系性存在，现实的个人不但兼容物象化逻辑，而且超出物象化视野，能够为社会批判提供更开阔视角，展开更丰富的问题层级。从现实的个人自我发展、自我否定、自我实现的辩证法出发，在《形态》中我们还将发现，与物象化同样体现主体间性逻辑的其他社会批判观念：人象化、意识象化和历史象化。它们既与物象化理论在主体间性逻辑上一脉相承，又各自担负不同的社会批判任务，与物象化批判一道全面揭示出现实生活及其观念的多重“颠倒”。其中，先就现实生活自身的“颠倒”来看，物象化批判反映着现实的个人在生产关系层面提出的占有生产力及物质财富的共产主义要求，人象化批判则是将占有生产力及物质财富的要求落实统一到一个更完整的目标上——在“真正的共同体”，即在人格关系意义上的共同体、联合体中占有生产力，最终达到向历史唯物主义逻辑起点的回复：在新的交往形式中发展现实的个人的自由个性。

二、交往关系批判的人象化课题

这里所提出的人象化概念，是指现实的个人辩证法视野下始源性主体间性关系经由生产关系层面的物象化颠倒后，在交往关系层面的再一次颠倒。在主体间性逻辑上，人象化与广松涉所讲的物象化概念是同构的。在广松涉那里，由于没认识到唯物史观真正的逻辑起点——现实的个人在市民社会中生产，所以，他的物象化理论错失了将主体间性逻辑向更始源处延伸的可能性，无法将主体间性逻辑的终点引向现实的个人的个性自由全面发展，也就必然丢掉现实的个人辩证法自我运动过程里开展的人象化批判。

相较物象化而言，人象化达到了完整地批判现实的个人社会处境，能够全面呈现现实的个人辩证法的叙述逻辑。在《形态》，完整地把握现实的个人，意味着运用辩证法来揭示“在市民社会中生产”这个“在之中”关系结构如何从自身出发，经由一系列自我否定，最终恢复到起点——现实的个人实现自我，从而画出一个自否定圆圈。《形态》所发现的人象化事实，意在揭穿一个社会结构中更具有迷惑性的现象：仿佛是更接近人自身的人与人的关系，却又是对现实的个人生活最彻底的颠倒。

这一迷惑性现象的产生，缘于物象化事实带来了交往关系层面个人与共同体之间关系的“颠倒”。物象化事实首先造成交往形式和交往活动的非人格化。在资本主义条件下，“货币使任何交往形式和交往本身成为对个人来说是偶然的东西。因此，货币就是产生下述现象的根源：迄今为止的一切交往都只是在一定条件下个人的交往，而不是作为个人的个人的交往”。[①] 继而，非人格关系的共同活动组织起“虚假的共同体”。“从前各个人联合而成的虚假的共同体，总是相对于各个人而独立的；由于这种共同体是一个阶级反对另一个阶级的联合，因此对于被统治的阶级来说，它不仅是完全虚幻的共同体，而且是新的桎梏。”[②]“人象化”无非就是“虚假的共同体”以颠倒的方式规定着人的个性。“各个人的出发点总是他们自己……然而在历史发展的进程中，而且正是由于在分工的范围内社会关系的必然独立化，在每一个人的个人生活同他的屈从于某一劳动部门以及与之相关的各种条件的生活之间出现了差别。这不应当理解为，似乎像食利者和资本家等等已不再是有个性的个人了，而应当理解为，他们的个性是由非常明确的阶级关系决定和规定的，上述差别只是在他们与另一阶级的对立中才出现，而对他们本身来说，上述差别只是在他们破产之后才产生。”[③]

可见，资本主义生产关系层面的物象化事实，必然导致交往关系层面发生“人象化”颠倒，现实的个人创造的生产力和共同体都反过来成为剥夺个性的力量。此时，按照现实的个人辩证法所要完成的自否定圆圈路线，它应该提出扬弃物象化和人象化，谋求自我实现。

如何扬弃物象化与人象化呢？由于人象化理论是物象化逻辑的进一步发展，所以，相对于物象化逻辑它是一个特定逻辑层级，而相对于返回到始源性的人与人关系来说，它又是达到完整呈现现实的个人在市民社会中生产的逻辑总体。作为“总体”，人象化理论既是逻辑终点，同时也是再一次向逻辑起点的回复。这种回复，不是反思所能达到的，而是活生生的实践，是共产主义革命。共产主义革命的目标就是现实的个人在人格关系共

① 《德意志意识形态》(节选本)，第73—74页，北京：人民出版社，2018年。

② 《德意志意识形态》(节选本)，第65页，北京：人民出版社，2018年。

③ 《德意志意识形态》(节选本)，第65—66页，北京：人民出版社，2018年。

同体中自我实现。“共产主义和所有过去的运动不同的地方在于：它推翻一切旧的生产关系和交往关系的基础，并且第一次自觉地把一切自发形成的前提看作是前人的创造，消除这些前提的自发性，使这些前提受联合起来的个人的支配……共产主义所造成的存在状况，正是这样一种现实基础，它使一切不依赖于个人而存在的状况不可能发生，因为这种存在状况只不过是各个人之间迄今为止的交往的产物。”[①]

在广松涉的物象化理论那里，由于没搞清到底是哪一种人与人的关系“沉沦”于物与物的关系之中，所以，自然也不可能在现实世界中寻找到何去何从的出路。由此不难理解，广松涉在真正需要共产主义实践和革命的地方，在需要改造社会关系非人格属性的地方，他反而毫不掩饰地承认，要通过哲学家的独特认识能力去引导人们批判和改造物象化事实。

就马克思的思想发展历程看，作为思想萌芽的人象化批判要明显早于物象化批判的出现。《黑格尔法哲学批判》《犹太人问题》等著作已经反思、批判虚假的人格关系对现实的个人共生生活的颠倒。当然，上述批判还没有将思考引向现实生活的最始源处，没有认识到人象化颠倒来自物象化颠倒，也没有认识到所有颠倒无非是现实的个人辩证发展的历史处境，即现实的个人在市民社会中生产这一“在之中”的始源性关系尚有待实现自己。《形态》在现实的个人辩证法基础上第一次将物象化批判与人象化批判统一起来，从而在现实的个人追求自我实现的共产主义革命中完成了早年已经触及的人象化批判任务。此后，《共产党宣言》把共产主义社会理解为“每个人的自由发展是一切人的自由发展的条件”，[②] 可以说，它与现实的个人自否定辩证法表达着相同的实践诉求：作为现实的个人的“每个人”在“一切人”即“真正的共同体”中实现个性的自由发展。

三、交往关系批判的意识象化课题

《形态》的批判所指固然是意识形态及其在德国的表现，不过，其社会批判工作的重心却在现实的社会关系。因为只有具备了这个前提，马克思、恩格斯方能回答现实生活与意识之间关系为什么会发生颠倒。这种“颠倒”

---

① 《德意志意识形态》(节选本)，第68—69页，北京：人民出版社，2018年。

② 《马克思恩格斯选集》第1卷，第422页，北京：人民出版社，2012年。

在社会关系事实层面表现为：现实生活以意识的关系样态而存在，或者说，有那么一种实际存在的意识认为，现实生活被意识关系所决定。按照物象化与人象化的逻辑表达式，我们可以把这一重“颠倒”称为——意识象化。对意识象化展开的批判性分析，构成了《形态》第三重的主体间性逻辑的社会批判。第三重批判是针对现实生活的意识象化进行的，它要揭示的是，意识象化相伴现实生活物象化、人象化的发生而发生，也将随着两者的消亡而消亡。

《形态》是如何展开意识象化批判的呢？我们看到，与现实生活的物象化批判和人象化批判相呼应，马克思、恩格斯还提出意识形态那里为什么会发生现实生活与意识关系的“颠倒”，即意识象化问题，并进而探讨了意识象化的产生、运行及终结。

首先，现实生活与意识原初关系及其“颠倒”问题。指出青年黑格尔派割裂并颠倒了现实生活与意识的关系，并就此提出这样一个不同于旧唯物主义对抗唯心主义的基本问题：“颠倒”不能仅仅作为思想或哲学问题来解决，那种直接的所谓“颠倒”其实与唯心主义接受了近代主体哲学相同的错误预设——主体与客体、主观与客观处于二元对峙关系。它首先倒是我们应该如实面对的现实生活本身存在的历史现象，“正如物体在视网膜上的倒影是直接从人们生活的生理过程中产生的一样”，[①] 需要我们分析其成因，然后，方可能对症下药治疗“颠倒”。

其次，从物象化和人象化向意识象化的转化。对语言和意识，《形态》都曾在主体间性意义上理解。“语言和意识具有同样长久的历史；语言是一种实践的、既为别人存在因而也为我自身存在的、现实的意识。语言也和意识一样，只是由于需要，由于和他人交往的迫切需要才产生的。”[②]随着生产力这一由现实的个人共同活动所产生的物质力量，因分工的同步发展，使生产和交往决定的语言和意识有了“逆袭”现实生活、“颠倒”反映现实生活的可能。这种可能性转化为现实的意识形态观念，物象化和人象化就走向了进一步的“颠倒”——意识象化。“分工只是从物质劳动和精神劳动分离的时候起才真正成为分工。从这时候起意识才能现实地想象：它是和现存实践的意识不同的某种东西；它不用想象某种现实的东西就能现实

① 《德意志意识形态》(节选本)，第 17 页，北京：人民出版社，2018 年。

② 《德意志意识形态》(节选本)，第 26 页，北京：人民出版社，2018 年。

地想象某种东西。从这时候起，意识才能摆脱世界而去构造'纯粹的'理论、神学、哲学、宗教、道德等等。"①意识与生活发生的颠倒，令本来在生活层面发生的物象化和人象化颠倒再次发生精神性的颠倒：物象化和人象化被理解为发生在意识生活中，意识的物象化和人象化带来现实生活的物象化。

再次，共产主义是意识象化批判的实践载体。既然意识象化是意识活动中产生的意识与现实生活的"颠倒"，意识象化的批判就需要在意识与现实生活之间的"颠倒"机制上探讨解决问题的途径，而共产主义正是用实践的方式提供了解答。马克思指出："思想和观念的独立化是个人之间的私人关系和联系独立化的结果……意识形态家和哲学家对这些思想进行专门的系统的研究，从而使这些思想系统化，这是分工的结果"。② 这样一来，意识象化批判的分析焦点就转回到分工问题上。那么，如何消灭产生意识象化的分工呢？马克思认为是共产主义。"而在共产主义社会里，任何人都没有特殊的活动范围，而是都可以在任何部门内发展，社会调节着整个生产。"③在共产主义给予的理论视野中，才能够看清楚，"无论是思想还是语言都不能独自组成特殊的王国，它们只是现实生活的表现"。④

至此，《形态》立足现实的个人辩证法所开展的社会批判，从物象化批判与人象化批判入手，并进一步指认出意识统治的真正现实力量所在。可以说，三重批判全面揭示出整个社会生活的三次"颠倒"，勾勒出现实的个人及其世界中的多层次颠倒式的关联系统。不过，马克思的社会批判工作并没有彻底完成。因为，对于从物象化，到人象化，再到意识象化的种种"颠倒"，背后隐藏着的抽象历史思维尚未清算，所以马克思进一步将社会批判的锋芒指向它们共同的方法论——以历史哲学面目出现的唯心主义辩证法，探讨意识象化又是怎样演变为第四重"颠倒"——历史象化。

四、交往关系批判的历史象化课题

作为一部典型的论战性著作，《形态》提出的历史象化批判同样是在理

① 《德意志意识形态》(节选本)，第 27 页，北京：人民出版社，2018 年。
② 《德意志意识形态》(节选本)，第 127 页，北京：人民出版社，2018 年。
③ 《德意志意识形态》(节选本)，第 30 页，北京：人民出版社，2018 年。
④ 《德意志意识形态》(节选本)，第 127 页，北京：人民出版社，2018 年。

论争辩中展开的。相应于争辩的直接对手——青年黑格尔派思想运动最后出场、具有大结局意味的施蒂纳和间接对手——整个青年黑格尔派的思想根子黑格尔都特别突出历史哲学和历史方法在哲学中地位，前述三重批判又汇集于第四重批判——历史象化批判，即批判唯心史观的抽象同一性逻辑。

历史象化与意识象化紧密相连。对于意识象化来讲，历史象化既是它的集中表达，更是它的方法论硬核。思辨哲学，“历史”在施蒂纳和黑格尔那里占有特殊位置，这不仅表现为他们都专门讨论历史问题，更重要的是，他们历史的阐释就是辩证法；他们都在“历史”中来理解发展，并且把发展看作“历史”自我否定、自我实现的过程。

我们先来看看施蒂纳历史哲学是怎样作为历史象化存在的，马克思、恩格斯又是如何剖析它这一社会本性的。

其一，意识本质上是“历史”的自身实现，是历史主体追求自我实现意志促动意识获得具体形态。施蒂纳认为，人类历史走过黑种人、黄种人和白种人为主导的三个阶段。当前，真正的历史主体“唯一者”——现实历史中表现为“高加索人”即白种人，陷于黄种人那种观念至上的世界，丧失了真正的自我认识。施蒂纳进而认为，有必要重申“唯一者”本性是“创造性的无”，它应该超越自身以观念形态存在的历史阶段。马克思、恩格斯在批判施蒂纳神秘历史主体时，同时提及青年黑格尔派的鲍威尔，认为他与施蒂纳犯有相同错误，其“自我意识”与“唯一者”都是神秘的历史主体。实际上，历史并无自己的意志或“特殊目的”，它“不外是各个世代的依次交替……事情被思辨地扭曲成这样：好像后期历史是前期历史的目的”。[①]

其二，意识发展的机制及其历史形态演变是由“唯一者”的历史运动造成的。在施蒂纳看来，“历史向世界历史的转变”在意识象化层面，表现为个别意识向普遍意识的上升，这是唯一者“历史”与意识之间的内在关联。当然，施蒂纳不满意这种关联，因为它表明“唯一者”不成熟发展阶段——在观念世界困厄中奋斗的“创造性的无”遗留下一连串越来越具有普遍性的自我误认。马克思、恩格斯指出，历史象化及其观念形态最终来源于现实的历史，“各民族的原始封闭状态由于日益完善的生产方式、交往以及因交往而自然形成的不同民族之间的分工消灭得越是彻底，历史也就越是成

① 《德意志意识形态》(节选本)，第 33 页，北京：人民出版社，2018 年。

为世界历史”。[①]

其三，意识象化最终被历史象化所扬弃，历史意志实现了自我。施蒂纳的“唯一者”经历种种意识象化后，终将回复到自身——一个认识到自己能够在虚无中创造一切，拥有一切的“唯一者”。于是，在意识象化的“历史向世界历史的转变”完成后，意识象化“交棒”给真正历史主人——世界历史性的个人，即实现了自己的“唯一者”。马克思认为，穿过历史象化“唯一者”后得到的深层次真相是，伴随后世界市场时代迎来共产主义革命的胜利，“单个人才能摆脱种种民族局限和地域局限而同整个世界的生产（也同精神的生产）发生实际联系，才能获得利用全球的这种全面的生产（人们的创造）的能力”。[②]

马克思批判青年黑格尔派历史象化之后，指出他们并没有超出黑格尔体系，因为黑格尔历史哲学那里业已包含了历史象化的全部内容。我们知道，黑格尔的历史哲学研究的是绝对精神在世界历史中的外化历程，整个人类历史全部活动最终实现的只是绝对精神的意志。绝对精神是理性与意志的统一，理性的历史展开形态动力源泉也就是作为“奴斯”存在的意志，所以，如果将理性的概念系统视为意识象化时，贯穿于历史当中的“奴斯”意志就是真正的主体，它的自我实现过程呈现为历史象化逻辑。

黑格尔和青年黑格尔派的历史观念，看似任由思辨之马自由自在驰骋，实则留下的都是各种历史象化的踪迹。他们各自勾画的唯心主义辩证法的自否定圆圈，“历史”充当不变的主角，但这里的历史却并非人们现实生活的历史，而是种种历史象化的神秘的同一性历史。当历史象化扬弃意识象化后，历史成为最丰富、最饱满，无所不包的整体；物象化、人象化和意识象化，都只是它内部的实现形式。由此，辩证法在种种抽象形态上塑造出历史的全面统治。在马克思看来，这样的历史哲学，虽然凭借某种极端的抽象性取得包罗万象的外貌，可笑的是，它又完全不了解现实的历史。

《形态》一再讲意识、观念、科学是没有历史的，但黑格尔及青年黑格尔派那里，意识不仅高于物和人的各种关系，而且还进一步上升到更加神通的抽象同一性“历史”。如果说，意识与现实的“颠倒”来自于现实生活自

---

① 《德意志意识形态》(节选本)，第 33 页，北京：人民出版社，2018 年。

② 《德意志意识形态》(节选本)，第 34 页，北京：人民出版社，2018 年。

身的“颠倒”，那么，作为对意识进行再抽象的黑格尔的“历史”，则是更纯粹的抽象，它是“运动的抽象”，是“不死的死”。在这个发展阶段，“颠倒”的层级达到最丰富的整体，即神秘化的“历史”统治着意识，并统治着被意识统治的现实生活。

继《形态》之后，《哲学的贫困》、《资本论》及其手稿等著作延续着历史象化批判。《哲学的贫困》讥讽蒲鲁东的政治经济学试图利用黑格尔辩证法，但却止于对黑格尔哲学的皮相之见。蒲鲁东不了解黑格尔辩证法本身所强调的“历史”思维，只能停留于对现实生活和意识之间的“颠倒”的理解。“黑格尔认为，世界上过去发生的一切和现在还在发生的一切，就是他自己的思维中发生的一切。因此，历史的哲学仅仅是哲学的历史，即他自己的哲学的历史。”[①]若想把政治经济学批判与黑格尔辩证法结合起来，对黑格尔辩证法对现实的“颠倒”理解进行一次再“颠倒”是必要的前提。这里，同样体现着马克思将“物象化”、“人象化”以及“意识象化”诸批判统一到“历史象化”批判的总体思考方式。在《资本论》及其手稿中，马克思对黑格尔辩证法的“颠倒”式利用，贯穿于包括生产关系批判和交往关系批判的广义的政治经济学批判，形成了贯通现代社会的宏观社会结构和微观日常生活的自我理解，与此同时，唯物辩证法也达到了深入现实世界的更为具体的社会历史形态，由此，《形态》的历史象化批判获得进一步丰富、充实。

五、广义马克思主义交往关系批判的理论贡献和当代价值

揭示《形态》社会批判理论的交往逻辑，阐释其中的物象化、人象化、意识象化和历史象化课题的运思过程和理论结论，对于突破马克思主义社会批判理论的主体哲学范式的单一化理解，敞开马克思主义社会批判的交往逻辑及其理论贡献和当代价值，无疑具有重要意义。

（一）有助于完整理解马克思主义社会批判理论的交往逻辑

尽管广松涉的物象化理论率先道出了马克思主义社会批判的交往分析向度，不过，广松涉关于马克思主义社会批判的交往逻辑不够全面。立足

① 《马克思恩格斯选集》第1卷，第221页，北京：人民出版社，2012年。

于现实的个人的理论叙述，与物象化批判构成一个理论整体的还有人象化批判、意识象化批判和历史象化批判，这四重批判共同构成马克思主义对社会生产、生活颠倒关系的完整认识。当然，以上所列举的社会批判，也不是实证化的穷尽了社会生活的各个领域，而是引导社会批判走向立体和开放，表明马克思主义社会批判的交往逻辑能够面向和承担更多的新问题和新任务。由此可见，这里所揭示的交往批判在方法论上的优势和贡献集中体现在这样三个方面：一是在现象学还原意义上，抵达到更始源的“在之中”结构——现实的个人在交往形式中生产；二是在辩证法意义上，从始源性关系的起点，经过一系列自我否定的辩证发展，贯通了交往批判的内在逻辑；三是把现象学意义上的外在反思结合辩证法的内在反思，从而能够从交往形式变迁的角度上完整呈现出物象化批判、人象化批判、意识象化批判和历史象化批判的内在统一。

（二）有利于深入清算马克思主义社会批判理论研究中隐含的人本主义模式

我们知道，在社会批判当中，如何认识个人与社会的相互关系，一直被视为一个根本性问题。源自启蒙运动以来的资产阶级人本主义历史观的解释方向是，把人和人性的完善作为认识和评价历史的客观基础、价值尺度，这种思想成为近代社会来临之际的资产阶级理论利器。我国自改革开放以来，国内一些学者一度也以人本主义历史观解读马克思主义，提出以个人自主活动概念为中心来解释生产力、生产关系、经济基础、上层建筑等马克思主义基础概念以及相关命题。这种历史观和支撑其解读历史唯物主义的思维方式，尚没有认识到个人自主活动是在市民社会这一交往形式中历史地展开的，不了解交往形式的变迁只是现实的个人共生共在的历史形态，最后，他们非辩证地将生产关系等交往形式还原为个人自主活动。相近的观念在萨特人学辩证法那里似乎增添了辩证的理解，他提出将静态的、物化的“总体性”逻辑转向活生生的个人实践的“总体化”逻辑，个人实践辩证关系统摄总体性的社会关系。但是，萨特的人学辩证法却不能真正说清楚这个“总体化”到底如何发生、发展。究其根源，仍然是个人在整个理论起点处就是与社会分离的孤独个体，以外在于社会的个人来反过来“化”社会总体，本质上没有超出人本主义还原式思维。

(三)有效纠偏社会关系本体论的非人格化、非伦理化解释趋向

社会关系本体论反对还原论式地看待个人，力图通过个人生存于其中的社会关系更加客观地了解社会事实。虽然拒绝人本主义思维方式，但是，离客观认识社会生活和进行恰切的交往批判仍然存在很大的距离。对于个人与社会之间相互关系的认识，与人本主义历史观正好相反，它是将某种高于个人、独立于个人的社会关系、社会结构当作本体论意义上的事实。以多元的社会结构作为本体来揭示马克思主义是社会关系本体论的一个典型代表。它认为个人完全被社会结构把控，个人只是生产关系等社会结构决定下的功能性角色。此种看法完全否定社会关系、社会结构的属人性质，看不到任何社会关系、社会结构的形成和运动都需要人格关系、交往关系的推动。马克思主义社会批判的交往逻辑对这种片面认识具有显著的纠偏作用，它一方面认识到社会结构是在交往中形成和运转的，同时，又以发展的眼光审视社会关系、社会结构之于人格关系的价值，做出批判性认识和评价。

(四)有利于把向内分析与向外分析贯通

海德格尔以此在的“在世界之中存在”生存论结构作为“基础本体论”，开辟出一条将整个世界置于此在结构视域中领悟思想的路径。然而，他的这种一开始就令此在保持一向在外，与作为“在之中”世界相依存、互表里的运思方式，仍然没有实现主体向外的实质性突围。对于这一局限性，哈贝马斯在《现代性哲学话语》中评断道：“虽然海德格尔在第一步摧毁了主体哲学(目的是为了建立一个使主客体关系成为可能的参照结构)，但到了第二步，他又回到了主体哲学的概念束缚之中。他所关注的是：从世界自身出发把世界把握为一个世界事件的过程。因为唯我论意义的此在再一次占据了先验主体性的位置。先验主体性虽然不再表现为全能的原始自我，但它依然是‘人类生存的原始活动，存在者的一切生存行为都必须扎根其中’。”哈贝马斯还分析指出，海德格尔从早期的此在转向晚期直接探讨存在自身，只是“修辞术”价值，并没有真正脱离主体哲学的独白言说。马克思的现实的个人，也包含着“在之中”的始源性结构，但是，它从起点处就是主体间性的，不仅个人如此，他栖身的世界也如此——作为共生共

在的市民社会无非就是交往形式！由此，马克思在思想史上开创了向内思考与向外思考的统一模式，以主体间性逻辑实现两者历史的、具体的统一。

(五)有利于实现宏观视角与微观视角的相统一

以微观视角进行社会批判，是后现代主义带来的一种新的致思取向。后马克思主义援引后现代思想资源，否定无产阶级革命那种宏观叙事的合法性，强调“不完整的、支离破碎的和新出现的身份的多元化不一定意味着政治能力的丧失，相反，它们可以指向新的斗争形式，它们可以创造出‘更难把握’的条件”。就是说，那些后马克思主义反对把无产阶级这一虚假的宏大主体作为反抗资本主义的承担者，主张后工业社会的来临已经使社会反抗向多维度扩展，不仅有生产领域，还应该更多关注消费领域、分配领域、文化领域乃至个人生活领域处处发生着的政治性对抗。他们虽然发现了后工业社会的一些事实，正确地认识到打开微观观察视角的重要性，但是，他们没有能力看到，在唯物史观那里并不排斥微观视角的存在，宏观与微观视角自始至终都是统一的。

要之，尽管广松涉指认唯物史观社会批判理论具有主体间性逻辑，但是，并没有完整了解其中的丰富理论内容。在《形态》中，社会批判以主体间性逻辑为轴心，存在广松涉阐发的物象化理论。若将主体间性逻辑置于现实的个人及其社会历史条件中理解，还会发现与物象化批判同构性存在着人象化批判、意识象化批判和历史象化批判。这些共同构成了马克思主义拜物教批判的具体表现形式。在多种拜物教形式中，物象化、人象化显现的是现实的个人在生产关系和交往关系层面发生的“颠倒”性事实关系，而意识象化、历史象化则是由物象化、人象化在意识和思维方式上引发精神层面的“颠倒”现象。探讨上述四重拜物教批判蕴含的方法论意义，有助于在主体间性逻辑意义上深化理解马克思主义的社会批判理论。

参考文献

一、著作类

1.《马克思恩格斯全集》，第 3 卷，北京：人民出版社，1960 年。

2.[德]马克思，恩格斯：《德意志意识形态》(节选本)，北京：人民出版社，2018 年。

3.[德]马克思，恩格斯：《费尔巴哈》，北京：人民出版社，1988 年。

4.[德]马克思，恩格斯：《共产党宣言》，北京：人民出版社，2018 年。

5.[德]马克思，恩格斯：《1844 年经济学哲学手稿》，北京：人民出版社，2000 年。

6.[德]马克思：《资本论》第 1 卷，北京：人民出版社，2004 年。

7.《马克思恩格斯选集》，第 1—4 卷，北京：人民出版社，2012 年。

8.《马克思恩格斯文集》，第 1—10 卷，北京：人民出版社，2009 年。

9.《马克思恩格斯全集》，第 42 卷，北京：人民出版社，1979 年。

10.《马克思恩格斯全集》，第 28 卷，北京：人民出版社，2018 年。

11.《马克思恩格斯全集》，第 30 卷，北京：人民出版社，1995 年。

12.[日]广松涉：《文献学语境中的〈德意志意识形态〉》，南京：南京大学出版社，2005 年。

13.[德]陶伯特编：《德意志意识形态·费尔巴哈》，南京：南京大学出版社，2014 年。

14.[苏联]梁赞诺夫：《德意志意识形态·费尔巴哈》，南京：南京大学出版社，2008 年。

15. 魏小萍：《探求马克思——〈德意志意识形态〉原文文本的解读与分析》，北京：人民出版社，2010 年。

16. 赵常林：《理性与现实——〈德意志意识形态〉评述》，北京：人民出版社，1996 年。

17. 聂锦芳：《批判与建构：〈德意志意识形态〉文本学研究》，北京：人民出版社，2012 年。

18. 韩立新主编：《新版〈德意志意识形态〉研究》，北京：人民大学出版社，2008 年。

19. 黄楠森主编：《马克思主义哲学史》，北京：北京大学出版社，1993 年。

20. 陈先达：《走向历史深处》，北京：中国人民大学出版社，2016 年。

21. 陈先达，等：《被肢解的马克思》，北京：中国人民大学出版社，2016年。
22. 孙伯鍨：《探索者道路的探索》，南京：南京大学出版社，2002年。
23. 张一兵：《回到马克思》，南京：江苏人民出版社，1999年。
24. 邓晓芒，赵林：《西方哲学史》(修订版)，北京：高等教育出版社，2014年。
25. [德]黑格尔：《精神现象学》，上、下卷，北京：人民出版社，1962年、1979年。
26. [德]黑格尔：《小逻辑》，北京：商务印书馆，1980年。
27. [德]黑格尔：《法哲学原理》，北京：商务印书馆，1961年。
28. [德]黑格尔：《历史哲学》，上海：上海书店出版社，1956年。
29. [德]费尔巴哈：《费尔巴哈哲学著作选集》上、下卷，北京：商务印书馆，1984年。
30. [德]施蒂纳：《唯一者及其所有物》，北京：商务印书馆，1989年。
31. [德]海涅：《论德国宗教和哲学的历史》，北京：商务印书馆，2016年。
32. [英]麦克莱伦：《青年黑格尔派与马克思》，北京：商务印书馆，1982年。
33. 侯才：《青年黑格尔派与马克思早期思想的发展——对马克思哲学本质的一种历史透视》，北京：社会科学出版社，1994年。
34. 戴晖：《费尔巴哈、马克思和尼采》，北京：人民出版社，2015年。
35. 卜祥记：《青年黑格尔派与马克思的哲学变革》，北京：商务印书馆，2007年。
36. [德]海涅：《论德国宗教和哲学的历史》，北京：商务印书馆，2016年。
37. [德]胡塞尔：《欧洲科学的危机与超验现象学》，上海：上海译文出版社，2005年。
38. [德]海德格尔：《存在与时间》，上海：上海译文出版社，1987。
39. 陈嘉映：《海德格尔哲学概论》，北京：商务印书馆，2017年。
40. [德]卡尔·洛维特：《从黑格尔到尼采》，北京：生活·读书·新知三联书店，2019年。
41. [德]霍克海默，阿多诺：《启蒙辩证法》，上海：上海人民出版社，2006年。
42. [法]梅洛-庞蒂：《辩证法的历险》，上海：上海译文出版社，2009年。
43. [德]哈贝马斯：《在自然主义与宗教之间》(第二版)，上海：上海人民出版社，2020年。
44. [德]哈贝马斯：《现代性的哲学话语》，南京：译林出版社，2011年。
45. [德]哈贝马斯：《后形而上学思想》，南京：译林出版社，2001年。
46. [德]霍耐特：《物化——承认理论探析》，上海：华东师范大学出版社，2018年。
47. [德]霍耐特：《承认——一部欧洲观念史》，上海：上海人民出版社，2021年。
48. [德]霍耐特：《为承认而斗争》，上海：上海人民出版社，2005年。
49. [美]伊格尔斯：《二十世纪的历史学——从科学的客观性到后现代的挑战》，沈阳：辽宁教育出版社，2003年。
50. [日]广松涉：《物象化论的构图》，南京：南京大学出版社，2002年。

51. [日]柄谷行人：《世界史的构造》，北京：中央编译出版社，2012年。
52. [美]桑德尔：《金钱不能买什么——金钱与公正的正面交锋》，北京：中信出版社，2019年。
53. 陈嘉映主编：《普遍性种种》，北京：华夏出版社，2011年。
54. 陈嘉映：《价值的理由》，上海：上海文艺出版社，2021年。
55. 宁晓萌：《表达与存在：梅洛-庞蒂现象学研究》，北京：北京大学出版社，2013年。
56. 燕燕：《梅洛-庞蒂具身性现象学研究》，北京：社会科学文献出版社，2016年。
57. [日]今村仁司：《阿尔都塞——认识论的断裂》，石家庄：河北教育出版社，2001年。
58. 倪梁康：《现象学及其效应》，北京：生活·读书·新知三联书店，1994年。
59. 邓晓芒：《实践唯物论新解：开出现象学之维》(增订本)，北京：文津出版社，2019年。
60. 赵敦华：《现代西方哲学新编》，北京：北京大学出版社，2001年。
61. [英]凯蒂·索珀：《人道主义与反人道主义》，北京：华夏出版社，1999年。
62. [美]马克·波斯特：《福柯、马克思主义与历史：生产方式与信息方式》，南京：南京大学出版社，2015年。
63. 赵家祥：《马克思主义的社会形态理论简论》，北京：北京大学出版社，1985年。
64. 赵家祥，梁树发：《新技术革命与唯物史观的发展》，石家庄：河北人民出版社，1987年。
65. 赵家祥，丰子义：《马克思东方社会理论的历史考察和当代意义》，北京：高等教育出版社，2002年。
66. 丰子义：《走向现实的社会历史哲学——马克思社会历史理论的当代价值》，武汉：武汉大学出版社，2010年。
67. 丰子义：《现代化的理论基础——马克思现代社会发展理论研究》，北京：北京师范大学出版社，2017年。
68. 丰子义，杨学功：《马克思世界历史理论与全球化》，北京：人民出版社，2002年。
69. 丰子义：《现代化进程的矛盾与探求》，北京：北京出版社，1999年。
70. 韦定广：《“世界历史”语境中的人类解放主题》，北京：人民出版社，2004年。
71. 王晓升：《历史唯物主义的当代重建》，北京：社会科学文献出版社，2013年。
72. 仰海峰：《西方马克思主义的逻辑》，北京：北京大学出版社，2010年。
73. 程广云：《马克思的三大批判：法哲学、政治经济学和形而上学》，北京：中国人民大学出版社，2018年。
74. 李义天主编：《共同体与政治团结》，北京：社会科学文献出版社，2011年。
75. 韩升：《生活于共同体之中》，北京：社会科学出版社，2010年。

76.[意]阿甘本：《神圣人》，北京：中央编译出版社，2017年。

77.[意]阿甘本：《例外状态》，西安：西北大学出版社，2015年。

78. 汪民安编：《福柯文选》Ⅰ、Ⅱ、Ⅲ，北京：北京大学出版社，2016年。

79.[美]哈维：《新帝国主义》，北京：中国人民大学出版社，2019年。

80.[美]哈特，[意]奈格里：《大同世界》，北京：中国人民大学出版社，2016年。

81.[美]萨林斯：《人性的西方幻象》，北京：生活·读书·新知三联书店，2019年。

82.[美]托马斯·C. 帕特森：《卡尔·马克思，人类学家》，昆明：云南大学出版社，2013年。

83. 孙承叔：《真正的马克思——〈资本论〉三大手稿的当代意义》，北京：人民出版社，2009年。

84. 孙承叔：《打开东方社会秘密的钥匙》，北京：东方出版中心，2000年。

85. 鲁品越：《鲜活的资本论——从〈资本论〉到中国道路》，上海：上海人民出版社，2016年。

86. 顾海良，张雷声：《马克思劳动价值论的历史与现实》，北京：人民出版社，2002年。

87.[意]奈格里：《〈大纲〉：超越马克思的马克思》，北京：北京师范大学出版社，2011年。

88. 衣俊卿：《回归生活世界的文化哲学》，哈尔滨：黑龙江人民出版社，2000年。

89. 李文阁：《回归现实生活世界——哲学视野的根本置换》，北京：中国社会科学出版社，2002年。

90. 张奎良：《马克思的哲学历程》，上海：上海人民出版社，1993年。

91. 刘启良：《马克思东方社会理论》，上海：学林出版社，1994年。

92. 俞良早：《经典作家东方学说的当代发展》，北京：人民出版社，2013年。

93. 安启念：《东方国家的社会跳跃与文化滞后》，北京：人民大学出版社，1994年。

94. 尹树广：《晚年马克思历史观的变革》，哈尔滨：黑龙江人民出版社，2000年。

95.[英]齐亚乌丁·萨达尔：《东方主义》，长春：吉林人民出版社，2005年。

96. 张旭：《礼物——当代法国思想史的一段谱系》，北京：北京大学出版社，2013年。

97.[英]约翰·B. 汤普森：《意识形态与现代文化》，南京：译林出版社，2019年。

98. 刘擎：《刘擎现代西方思想讲义》，北京：新星出版社，2021年。

99. 张秀琴：《马克思意识形态概念理解史》，北京：人民出版社，2018年。

100.[美]马兹利什：《文明及其内涵》，北京：商务印书馆，2017年。

101. 陈良斌：《承认哲学的历史逻辑：黑格尔、马克思与当代左翼政治思潮》，北京：人民出版社，2015年。

102. 鹿云：《承认正义研究：以批判理论为视角》，北京：光明日报出版社，2020年。

103. 杨生平：《踪迹与替补》，北京：中国社会科学出版社，2007 年。

104. 阮新邦：《批判诠释与知识重建——哈珀玛斯视野下的社会研究》，北京：社会科学文献出版社，1999 年。

105. [英]詹姆斯・博纳：《哲学与政治经济学——历史关系的考察》，北京：商务印书馆，2021 年。

二、论文类

1. 高清海：《人是哲学的奥秘》，《哲学研究》，1993 年第 6 期。

2. 高清海：《突破真理论的传统狭隘视界》，《哲学研究》，1995 年第 8 期。

3. 高清海：《人的类生命、类本性与类哲学》，《长白论丛》，1997 年第 2 期。

4. 孙正聿：《历史的唯物主义与马克思主义的新世界观》，《哲学研究》，2007 年第 3 期。

5. 孙正聿：《历史唯物主义的真实意义》，《哲学研究》，2007 年第 9 期。

6. 孙正聿：《辩证法：黑格尔、马克思与后形而上学》，《中国社会科学》，2008 年第 3 期。

7. 仰海峰：《生产理论与马克思哲学范式的新探索》，《中国社会科学》，2004 年第 4 期。

8. 仰海峰：《政治经济学批判中的历史唯物主义》，《中国社会科学》，2010 年第 1 期。

9. 俞吾金：《从抽象认识论到意识形态批判》，《天津社会科学》，1995 年第 5 期。

10. 俞吾金：《从"道德评价优先"到"历史评价优先"》，《中国社会科学》，2003 年第 2 期。

11. 俞吾金：《作为全面生产理论的马克思哲学》，《哲学研究》，2003 年第 8 期。

12. 俞吾金：《论马克思的"劳动辩证法"》，《复旦学报(社会科学版)》，2011 年第 4 期。

13. 杨魁森：《劳动与生活》，《社会科学战线》，2010 年第 8 期。

14. 张一兵：《马克思历史唯物主义中的历史概念》，《哲学研究》，1998 年第 9 期。

15. 张一兵，姚顺良，唐正东：《实践与物质生产 —析马克思主义新世界观的本质》，《学术月刊》，2006 年第 7 期。

16. 刘森林：《回归自然：马克思与尼采的共同旨趣》，《学术月刊》，2017 年第 10 期。

17. 王南湜：《实践唯物主义的源起、意义变异与面临的问题》，《马克思主义与现实》，2015 年第 4 期。

18. 王南湜：《"历史科学"的两种模式——〈资本论〉方法论问题的再思考》，《福建论坛》，2017 年第 7 期。

19. 侯才：《〈德意志意识形态〉"费尔巴哈"章的重释与新建——兼评 MEGA2 第一部分第 5 卷〈德意志意识形态〉正式版》，《哲学研究》，2018 年第 9 期。

20. [日]大村泉：《〈德意志意识形态〉"费尔巴哈"章作者身份问题再考察(上)》，《武汉大学学报(哲学社会科学版)》，2019 年第 2 期。

21. [日]大村泉：《〈德意志意识形态〉"费尔巴哈"章作者身份问题再考察(下)》，《武汉大学学报(哲学社会科学版)》，2019 年第 3 期。
22. 柴方国：《关于〈德意志意识形态〉编排方式的考虑》，《马克思主义与现实》，2020 年第 3 期。
23. 安启念：《〈德意志意识形态〉费尔巴哈章"边注"的唯物史观价值》，《哲学动态》，2018 年第 3 期。
24. 安启念：《〈德意志意识形态〉"费尔巴哈章"思想的逻辑结构与马克思恩格斯的唯物史观》，《哲学动态》，2017 年第 2 期。
25. 王代月：《"退回到现实"：MEGA2〈德意志意识形态〉的唯物史观实质研究》，《马克思主义与现实》，2019 年第 5 期。
26. 田毅松：《〈德意志意识形态〉"第一小提琴手"再考察》，《山东社会科学》，2021 年第 2 期。
27. 聂锦芳：《文本的命运(上)——〈德意志意识形态〉手稿保存、刊布与版本源流考》，《河北学刊》，2007 年第 4 期。
28. 聂锦芳：《文本的命运(下)——〈德意志意识形态〉手稿保存、刊布与版本源流考》，《河北学刊》，2007 年第 5 期。
29. 程广云：《劳动、财产和自由——在马克思与阿伦特之间》，《马克思主义与现实》，2016 年第 2 期。
30. 程广云：《从名词体系到动名词体系——唯物史观的一个完整表述》，《哲学研究》，2015 年第 1 期。
31. 程广云：《实践唯物主义的两个还原——从物质还原到实践还原》，《哲学动态》，2014 年第 12 期。
32. 赵玉兰：《关于〈德意志意识形态〉的最新研究成果——特雷尔·卡弗教授访谈录》，《国外理论动态》，2018 年第 2 期。
33. 赵玉兰：《〈德意志意识形态〉百年文献学研究的逻辑、主题与启示》，《哲学研究》，2021 年第 4 期。
34. 韩立新：《〈德意志意识形态〉研究的四个问题》，《学术月刊》，2007 年第 3 期。
35. 韩立新：《异化、物象化、拜物教和物化》，《马克思主义与现实》，2014 年第 2 期。
36. 鲁克俭：《超越传统主客二分——对马克思实践概念的一种解读》，《中国社会科学》，2015 年第 3 期。
37. 张一兵：《伪"我要"：他者欲望的欲望——拉康哲学解读》，《学习与探索》，2005 年第 3 期。
38. 宫敬才：《论〈德意志意识形态〉的政治经济学"基因"问题》，《马克思主义哲学论丛》，2017 年第 1 期。

39. 赵庆元：《也谈〈德意志意识形态〉的政治经济学“基因问题”——兼与宫敬才教授商榷》，《河北师范大学学报(哲学社会科学版)》，2020 年第 1 期。

40. 吴猛：《〈德意志意识形态〉中的认识论问题：视野与局限》，《华中科技大学学报(社会科学版)》，2020 年第 4 期。

41. 吴猛：《马克思政治经济学批判中的认识论变革——兼论阿尔都塞对〈资本论〉的认识论建构》，《哲学研究》，2021 年第 2 期。

42. 陈飞：《重思公共性：马克思对古希腊公共性思想的扬弃》，《浙江大学学报(人文社会科学版)》，2020 年第 6 期。

43. 白刚：《辩证法的政治空间》，《学术研究》，2021 年第 4 期。

44. 白刚：《从“劳动现象学”到“劳动辩证法”——马克思对黑格尔劳动观的扬弃》，《南京社会科学》，2021 年第 1 期。

45. 陈培永：《关于劳动问题的政治哲学透视——重读马克思〈哥达纲领批判〉》，《马克思主义理论学科研究》，2020 年第 2 期。

46. 王庆丰：《〈资本论〉中的生命政治》，《哲学研究》，2018 年第 8 期。

47. 王庆丰：《资本形而上学的三副面孔》，《哲学动态》，2017 年第 8 期。

48. 倪剑青：《黑格尔的“绝对”概念》，《外国哲学》，2013 年第 2 期。

49. 孙利天，张岩磊：《哲学的人性自觉及其意义——中西马哲学会痛的一个内在性平面》，《长白学刊》，2011 年第 1 期。

50. 张永庆：《马克思交往思想的历史考察和当代意义》，《首都师范大学学报》，2005 年第 3 期。

51. 张永庆：《马克思创立了“世界历史”理论吗？——以“世界历史”概念的文本语境为视角》，《河南师范大学学报(哲学社会科学版)》，2008 年第 2 期。

52. 张永庆：《共生式同一性：共产主义的辩证逻辑——〈德意志意识形态〉共产主义理论的当代解读》，《理论月刊》，2013 年第 11 期。

53. 王天成：《生命的辩证法与辩证法》，《社会科学战线》，2017 年第 3 期。

54. 候小丰：《我们应该用什么“说”这个世界——维特根斯坦“语言救赎”的另类解说》，《浙江学刊》，2016 年第 6 期。

55. 赵士发：《从实践观的思维方式看马克思的世界历史理论》，《东南大学学报(哲学社会科学版)》，2003 年第 3 期。

56. 赵士发：《马克思对世界历史理论的革命性变革——从历史哲学视角看》，《哲学研究》，2004 年第 9 期。

57. 郗戈：《资本逻辑、全面异化与人的发展悖论》，《武汉科技大学学报(社会科学版)》，2011 年第 4 期。

58. 郗戈：《〈共产党宣言〉世界历史理论与人类命运共同体建构》，《湖南科技大学学报

（社会科学版）》，2018 年第 4 期。
59. 郗戈：《从资本逻辑看现代性逻辑的生成与发展》，《社会科学辑刊》，2010 年第 1 期。
60. 胡刘：《西方历史哲学发展逻辑的深层透视》，《学术研究》，2007 年第 5 期。
61. 胡刘：《从“概念思辨”到“资本批判”——论马克思主义辩证法对传统辩证法的改造及其实质》，《哲学研究》，2011 年第 2 期。
62. 胡刘：《论马克思历史哲学与“历史唯物主义”的关系》，《山东社会科学》，2017 年第 4 期。
63. [日]平子友长，李乾坤：《“物象化”与“物化”同黑格尔辩证法的联系》，《马克思主义与现实》，2012 年第 4 期。
64. 李乾坤：《“生”之生产：马克思与生命政治学批判的理论关联》，《马克思主义与现实》，2016 年第 2 期。
65. 李乾坤：《对〈资本论〉价值形式理论的三种哲学阐释》，《江西社会科学》，2019 年第 2 期。
66. 唐正东：《马克思拜物教批判理论的辩证特性及其当代启示》，《哲学研究》，2010 年第 7 期。
67. 唐正东：《马克思生产关系概念的内涵演变及其哲学意义》，《哲学研究》，2011 年第 6 期。
68. 唐正东：《马克思“物质生产”概念的哲学内涵》，《学术研究》，2005 年第 5 期。
69. 张梧：《〈资本论〉对黑格尔辩证法的透视与重构》，《哲学研究》，2019 年第 4 期。
70. 张梧：《后物质主义时代的文化逻辑》，《天津社会科学》，2019 年第 6 期。
71. 王浩斌：《从“感性世界”到“感性的人的活动”——马克思实践认识论的唯物主义逻辑进路》，《贵州大学学报(社会科学版)》，2021 年第 3 期。
72. [英]克里斯托弗·阿瑟：《黑格尔主奴辩证法与马克思学的神话》，《马克思主义与现实》，2009 年第 2 期。
73. 胡大平：《福柯的生命政治论与政治经济学批判的当代性》，《贵州师范大学学报(社会科学版)》，2020 年第 4 期。
74. 王行坤：《拒绝工作，寻求承认，还是走向后工作——国外左翼学者对劳动概念的重新考察》，《马克思主义与现实》，2021 年第 2 期。
75. 张盾，刘招明：《黑格尔和马克思的“世界历史”概念》，《马克思主义与现实》，2009 年第 3 期。
76. 刘珍英：《从黑格尔逻辑学到〈资本论〉的逻辑》，《当代经济研究》，2014 年第 5 期。
77. 童虎：《恩格斯对创立历史唯物主义的贡献》，《中共天津市委党校学报》，2009 年第 4 期。